WIRTSCHAFTSRECHTLICHE BEITRÄGE 1

Der Mißbrauch bei der erlaubten Preisbindung für Markenwaren

Eine kritische Darstellung des § 17 GWB

Von Dr. jur. Klaus Nöcker

ERICH SCHMIDT VERLAG

ISBN 3 503 00918 3

Druck Hans Kock Bielefeld

Dem Andenken meines Vaters

Inhaltsverzeichnis

EINLEITUNG

Ein großer Teil der Literatur und inzwischen auch die Bundesregierung [1] haben sich - aus den verschiedensten Gründen und als Ergebnis oft sehr umfangreicher Untersuchungen - gegen die Zulassung der vertikalen Preisbindung für Markenwaren durch § 16 Gesetz gegen Wettbewerbsbeschränkungen (GWB) ausgesprochen. Ihren überwiegend negativen Auswirkungen würde, so wird behauptet, auch durch die Mißbrauchsaufsicht des Bundeskartellamtes (BKartA) kein wirksamer Einhalt geboten.[2] Noch weitergehend halten einige diese Mißbrauchsaufsicht nicht nur ungeeignet, die negativen Auswirkungen der vertikalen Preisbindung zu neutralisieren; sie sei der praktischen Schwierigkeiten bei ihrer Handhabung wegen nicht einmal immer in der Lage, Auswüchsen wirksam entgegenzutreten.[3] Dagegen sehen die Befürworter der Zulassung von vertikalen Preisbindungen für Markenwaren in der richtig angewandten Mißbrauchskontrolle des BKartA ein wirksames Instrument zur Sicherung (und evtl. sogar Steigerung) der ökonomischen Vorteilhaftigkeit dieses Instituts. Die Skala der Urteilungen über die Mißbrauchskontrolle ist also außerordentlich weit.[4] Sie reicht von völliger Bedeutungs- und Einflußlosigkeit über die Verhinderung noch negativerer Folgen, als sie schon systemimmanent sind, bis hin zur Steigerung der ökonomischen Nützlichkeit als solcher.

Einen neuen Aspekt hat kürzlich Ernst Rudolf Huber aufgezeigt, indem er die Ansicht vertritt, die Mißbrauchsaufsicht sei aus verfassungsmäßigen Gründen die einer vertikalen Preisbindung adaequate Begrenzungsform. So führt er etwa aus, daß unter dem verfassungsrechtlichen Grundsatz der Verhältnismäßigkeit die Mißbrauchsaufsicht die einzig zulässige und auch ausreichende Garantie zur Sicherung der Wettbewerbsfreiheit im Bereich des Markenwarenverkaufs sei.[5]

---

1) Mit ausführlicher Begründung Drucks. BT IV/617; bestätigt in Drucks. BT IV/2564.

2) So etwa Drucks. BT IV/617 S. 23 f. und Stellungnahme der Bundesregierung zum Tätigkeitsbericht des BKartA für das Jahr 1966 (BKartA TB 1966 S. 2).

3) So etwa Hax S. 183; a.A. Drucks. BT IV/617 S. 23.

4) Bezüglich ihrer zahlenmäßigen Bedeutung in der Tätigkeit des BKartA vgl. Fikentscher in GWB-Festschrift S. 262 f.

5) Huber S. 50 ff.

An anderer Stelle legt er dar, die Wirkungen der vertikalen Preisbindung seien ambivalent.[6] "In Fällen solcher Art ist das gesetzgebungspolitisch gebotene wie verfassungsrechtlich legitime Abwehrmittel nicht das abstrakte präventive Verbot, sondern der konkrete repressive Eingriff beim Eintritt des speziellen Gefahrenfalles. Der Verfassungsvorbehalt des Art. 2 Abs. I GG läßt zur Abwehr von Gefahren für das Gemeinwohl, die sich aus der Benutzung der unternehmerischen Handlungsfreiheit zur vertikalen Preisbindung möglicherweise ergeben, als adäquates Mittel nicht die präventiv wirkende Verbotsgesetzgebung, sondern nur die repressiv wirkende Mißbrauchsgesetzgebung zu."[7]
Die spezifisch juristische Frage in diesem Bereich, die eine Vorfrage zur wirtschaftspolitischen Wertung der bisherigen Erfahrungen mit dem Institut der vertikalen Preisbindung ist, geht nun dahin, was Mißbrauch hier bedeutet und in welchen Tatbeständen er aus welchem Grund zu erblicken ist. Aus der differenzierten Fragestellung ergibt sich also, daß zunächst eine allgemeine Begriffsanalyse, die mangels einer Legaldefinition erforderlich ist, vorgenommen werden soll, um dann auf ihrer Grundlage die Untersuchungen einzelner Fallgruppen durchzuführen.

---

6) Huber S. 28 ff.

7) Huber S. 31 (im Original ist der letzte Satz gesperrt gedruckt).

ERSTER HAUPTTEIL

Allgemeine Analyse des Mißbrauchsbegriffs im Rahmen der erlaubten Preisbindung für Markenwaren im GWB

I. Einleitung

Unstreitig ist heute, daß es keinen allgemeinen Begriff des Mißbrauchs im Recht gibt. Der Begriff "Mißbrauch" hat als unbestimmter Gesetzesbegriff [1] Eingang in unsere Rechtsordnung gefunden. Sein Inhalt ist im jeweiligen Zusammenhang, in dem ein Gesetz ihn gebraucht, zu bestimmen.[2] Diese Bestimmung hat nach den allgemein anerkannten Auslegungsgrundsätzen zu erfolgen.

II. Auslegung aus dem Sprachgebrauch

Eine Bestimmung des Mißbrauchsbegriffs nach dem Sprachgebrauch ist im Rahmen des GWB in zweifacher Hinsicht nicht erfolgversprechend.
Einmal ist der Begriff "Mißbrauch" im Sprachgebrauch bereits sehr schillernd. Demgemäß kann bereits in diesem Bereich eine allgemeine Begriffsdefinition nur mit äußerst unscharfen Abgrenzungskriterien gegeben werden. Sie könnte etwa dahin gehen, daß jemand mißbräuchlich handelt, wenn er von einer ihm zustehenden Befugnis durch Tun oder Unterlassen in einer Weise Gebrauch macht, die von einem wesentlichen Teil der Allgemeinheit als negativ und mißbilligenswert angesehen wird. Eine solche Definition ist aber wegen ihrer Unschärfe für die Rechtsanwendung unbrauchbar. Aus ihr ist lediglich zu entnehmen, daß der Begriff des Mißbrauchs ein irgendwie geartetes negatives Element enthält.

---

1) Linhard-Stöhr BB 1957, 1024; Lanzenberger GRUR 1958, 596; zum unbestimmten Gesetzesbegriff allgemein vgl. Wolff I § 31 I c, S. 164 ff. mit weiteren Nachweisen.

2) So zuletzt Ballerstedt Teil A III 1.

Der sprachlichen Auslegung sind in diesem Bereich darüber hinaus enge Grenzen gezogen. Der Gesetzgeber hat mit dem GWB regelnd in den Wettbewerb und damit den Markt eingegriffen. Wettbewerb und Markt waren und sind aber Gebiete, mit denen sich außer der Rechtswissenschaft [3] vornehmlich noch die Wirtschaftswissenschaften beschäftigen. Es kann daher nicht von der Hand gewiesen werden, daß hier mindestens drei Begriffssphären nebeneinander bestehen, nämlich die des allgemeinen Sprachgebrauchs, die der Wirtschaftswissenschaft und die des Rechts. Damit ist nun nicht gesagt, daß diese notwendig unterschiedlich sein müssen. Jedoch ist diese Möglichkeit der Inkonsistenz in diesem Bereich deshalb besonders groß, weil das Recht hier in einer für es relativ neuen Materie einen im großen und ganzen passend scheinenden Begriff verwandt hat, der zudem in anderen Bereichen des Rechts bereits mit im einzelnen verschiedenen Inhalten Eingang gefunden hat.
Diese aus der Materie selbst stammenden Schwierigkeiten werden noch durch eine inkorrekte Gesetzessprache erhöht, was gleichzeitig aber auch als Beweis dafür angesehen werden kann, daß sich der Gesetzgeber des begrifflichen Problems des Mißbrauchs nicht bewußt war.

III. Auslegung aus der Systematik der gesetzlichen Regelung

1. Darstellung der Systematik

Das GWB regelt die vertikale Preisbindung in seinem Ersten Teil, Wettbewerbsbeschränkungen, im Zweiten Abschnitt, Sonstige Verträge, in den §§ 15 bis 17. Dabei ist der Gesetzgeber einen komplizierten Weg in der Art der Regelung gegangen. Zunächst erklärt er alle Primärverträge über Waren und gewerbliche Leistungen zwischen Unternehmen für nichtig, wenn in ihnen eine der Vertragsparteien beim Abschluß von Verträgen mit Dritten (Sekundär-Verträge) in der Freiheit der Gestaltung von Preisen für Waren oder gewerbliche Leistungen beschränkt wird.

---

3) Verordnung gegen Mißbrauch wirtschaftlicher Machtstellungen vom 2.11.1923, RGBl. I S. 1067 (sog. Kartellverordnung); Verordnung des Reichspräsidenten zur Behebung finanzieller, wirtschaftlicher und sozialer Notstände vom 26.7.1930, RGBl. I S. 311 (sog. Kartellnotverordnung) waren die ersten spezialrechtlichen Regelungen in Deutschland.

Diese Regel durchbricht er für Markenwaren in § 16 Abs. I Ziff. 1 dahingehend, daß er die Regelung des § 15 GWB auf die vertikale vertragliche Bindung ihrer Preise für nicht anwendbar erklärt. Voraussetzung hierfür ist materiell, daß es sich um eine Markenware nach der Definition der Abs. II und III des § 16 GWB handelt, die mit gleichartigen Waren anderer Hersteller oder Händler in Preiswettbewerb steht (§ 16 Abs. I Ziff. 1 GWB), und formell, daß die Preisbindung beim Bundeskartellamt gemeldet und von diesem der Eingang der Meldung schriftlich bestätigt worden ist (§ 16 Abs. IV S. 1 GWB); § 16 Abs. IV S. 2 bis Abs. VI GWB enthalten dann lediglich nähere Bestimmungen über die Ausgestaltung der formellen Voraussetzungen und über das beim Bundeskartellamt zu führende Preisbindungsregister. Die vertikale Preisbindung ist also kraft Gesetzes unter den dargelegten Voraussetzungen zulässig. Der Bestätigung des Eingangs der Anmeldung durch das BKartA kommt dabei nicht etwa die Bedeutung zu, daß sie eine Erlaubnis in Form eines gebundenen Verwaltungsaktes oder einer Ermessensentscheidung mit der gesetzlichen Grundlage des § 16 GWB ausspricht.[4] Vielmehr geht ihre Aussage lediglich dahin, daß das Bundeskartellamt Kenntnis davon erhalten hat, daß der Anmeldende für eine seiner Waren, die nach seiner Auffassung die Voraussetzungen des § 16 Abs. I Ziff. 1 GWB erfüllt, eine vertikale Preisbindung nach Maßgabe der in der Anmeldung bezeichneten Form durchführen will.[5] Daraus ergibt sich, daß eine vertikale Preisbindung für Markenwaren nicht aufgrund des Gesetzes für zulässig erklärt wird, sondern daß sie aufgrund des Gesetzes zulässig ist; es bedarf hierzu nicht mehr eines Umsetzungs- oder Konkretisierungsaktes. Diese Ausnahme von der generellen Zulässigkeit der vertikalen Preisbindung schränkt das Gesetz dann aber wieder durch § 17 GWB ein. Liegen die Voraussetzungen mindestens einer der dort aufgeführten Fälle vor, so entscheidet das BKartA als zuständige Kartellbehörde (§ 44 Abs. I Ziff. 1 lit. b GWB)

---

4) Gutzler BB 1964, 414 ; Koenigs GRUR 1959, 578 f.

5) Ebenso Buschmann BB 1961, 434, der die Eingangsbestätigung daher folgerichtig als beurkundenden Verwaltungsakt bezeichnet.

nach pflichtgemäßem Ermessen, ob es einen Beschluß in Form eines Verwaltungsaktes gegen das preisbindende Unternehmen erläßt des Inhalts, daß die Preisbindung mit sofortiger Wirkung unwirksam sei oder zu einem von ihm zu bestimmenden zukünftigen Zeitpunkt unwirksam werde. Darüber hinaus hat das BKartA nach pflichtgemäßem Ermessen in diesem Beschluß auszusprechen, daß dem Unternehmen die Anwendung einer neuen gleichartigen Preisbindung verboten ist. Die Aufhebung der vertikalen Preisbindung geschieht also - sofern nicht durch den Preisbinder selbst - durch Beschluß der Kartellbehörde aufgrund des § 17 GWB. § 17 GWB ist somit nicht unmittelbar wirkende Verbotsnorm, sondern § 17 GWB ist lediglich Ermächtigungsgrundlage für das Einschreiten der zuständigen Behörde BKartA zum Erlaß einer sogenannten Mißbrauchsverfügung in Form eines belastenden Verwaltungsaktes.

2. Folgerung aus der Systematik

Die dargestellte Systematik der gesetzlichen Regelung der vertikalen Preisbindung zeigt die enge Verknüpfung der einzelnen Bestimmungen. Die vertikale Preisbindung ist in der Regel verboten; sie ist für Markenwaren, die mit gleichartigen Waren anderer Hersteller oder Händler im Preiswettbewerb stehen, gemäß § 16 GWB zulässig; sie kann aber wieder von der Kartellbehörde unter bestimmten Voraussetzungen aufgrund von § 17 GWB für unwirksam erklärt werden. Es ist dies also das Prinzip Regel - Ausnahme - Begrenzung der Ausnahme. Dieses Prinzip ist hier so durchgeführt, daß es vom materiellen Gehalt her ein Regel-Ausnahme-Prinzip ist, nämlich: Regel ist Verbot, Ausnahme ist Zulässigkeit in einem enumerativ genau begrenzten Bereich für Markenwaren.

Es ergibt sich an dieser Stelle also ganz deutlich, daß das GWB das Preisbindungsprivileg für einen bestimmten Bereich gewähren will und gewährt. Dieser Umstand ist in der bisherigen Diskussion über die Formulierung des Mißbrauchsbegriffes zu wenig beachtet worden. Es ist fast immer von unternehmerischem Verhalten ausgegangen worden, und man hat dann versucht, Kriterien dafür zu finden, wann in diesem eine mißbräuchliche Handhabung liegt.

Die Systematik der Regelung des GWB spricht aber eher für einen anderen Weg. Wenn §§ 16,17 GWB in ihrem inneren Zusammenhang einen Bereich vom Verbot des § 15 GWB ausnehmen, so ist zu versuchen, diesen Bereich zu bestimmen und ihn zum Ausgangspunkt für eine Inhaltsbestimmung des Mißbrauchsbegriffs zu nehmen. Dieser Bereich wird von den einzelnen Ziffern des § 17 Abs. I S. 1 GWB umschrieben:

Ziff. 1 grenzt zunächst alles aus, was nicht die Tatbestandsvoraussetzungen für die Privilegierung nach § 16 Abs. I-III GWB erfüllt.

Ziff. 2 engt den Bereich weiter ein, indem sie die mißbräuchliche Handhabung der Preisbindung zum Eingriffsgrund erklärt.

Ziff. 3 schließlich nimmt die Fälle der Eignung zu gesamtwettbewerbswirtschaftlich schädlichem Verhalten aus.

Die gesetzliche Regelung ist also so, daß sie den Bereich erlaubten Verhaltens nicht von innen heraus bestimmt, sondern von außen her umgrenzt. Dieser so umgrenzte Bereich steht dem autonomen unternehmerischen Handeln offen, frei vom Verbot und dem Damoklesschwert einer möglichen Mißbrauchsverfügung.

IV. Auslegung aus den Materialien

Mögliche Anhaltspunkte für die Bestimmung des Mißbrauchsbegriffs könnten sich aus den Materialien ergeben.[6] Eine Definition oder Erläuterung des Mißbrauchs im Rahmen der vertikalen Preisbindung ist aber auch in ihnen nicht enthalten.

---

6) Als solche kommen in Betracht:
a) Entwurf eines GWB (Bundesregierung)mit Begründung vom 13.6.1952, Drucks. BT I/3462, identisch mit
b) Entwurf eines GWB (Bundesregierung) mit Begründung vom 22.1.1955 mit Änderungsvorschlägen des Bundesrates vom 21.5.1954, Drucks. BT II/1158
c) Beschlüsse des Ausschusses für Wirtschaftspolitik (21. Ausschuß) v. 22.6.1957, Drucks. BT II/3644
d) Schriftlicher Bericht des Ausschusses für Wirtschaftspolitik über den Entwurf eines GWB v. 28./29.6.1957, zu Drucks. BT II/3644
e) Bericht der Bundesregierung über Änderungen des GWB vom 22.8.1962, Drucks. BT IV/617
f) Antrag der Fraktion der SPD zum Entwurf eines GWB v.9.6.1964, Drucks. BT IV/2337
g) Begründung der Bundesregierung zum Entwurf eines Gesetzes zur Änderung des GWB v.18.9.1964, Drucks. BT IV/2564
h) Schriftl. Bericht des Wirtschaftsausschusses über Drucks. BT IV/2564 u. Drucks. BT IV/2337 v. 10.6.1965,Drucks. BT IV/3533.

Dem Entwurf der Bundesregierung vom 22.1.1955 [7] kommt in diesem Zusammenhang keine Bedeutung zu, da er in seinem § 12 [8] das Wort 'Mißbrauch' nicht verwendet und nur den konkreten Fall der durch die Marktverhältnisse nicht gerechtfertigten Spannen behandelt. In der Begründung der Bundesregierung zu dieser Entwurfsbestimmung [9] kommt zwar das Wort 'Mißbrauch' vor, jedoch nur in bezug auf das spezielle, in der Vorschrift genannte Problem. Aus einer so punktuellen Betrachtungsweise lassen sich keine brauchbaren Kriterien für einen generalisierenden Begriff herleiten.

Konkretere Anhaltspunkte enthält dagegen der Schriftliche Bericht des Ausschusses für Wirtschaftspolitik.[10]

Danach soll die Mißbrauchsaufsicht "zu einer Erfassung aller für die Preisbildung bzw. die Erzeugungs- und Absatzverhältnisse erheblichen Tatbestände sowie ferner aller Fälle der mißbräuchlichen Handhabung der Preisbindung" führen, durch die "dem Gesetzeszweck zuwiderlaufende Wirkungen erzielt werden". Daraus ergibt sich, daß der Mißbrauchskontrolle beide möglichen Bereiche der Auswirkung der vertikalen Preisbindung unterfallen sollen, nämlich sowohl der Mißbrauch in bezug auf die Ware im Markt als auch der Mißbrauch in bezug auf den Gebundenen als Marktteilnehmer, nämlich Anbieter auf dem Markt.

Daß der kartellbehördlichen Kontrolle alle möglichen Mißbrauchsfälle unterfallen sollen, ihrer Prüfungs- und Eingriffsmöglichkeit bei Vorliegen von Mißbrauch durch § 12 des Beschlusses des Ausschusses für Wirtschaftspolitik [11],[12] keine Grenze gesetzt ist, zeigt der Bericht auch in seinen Ausführungen zu § 12 Abs. I Nr. 2 [13]. Danach ist "die allgemein auf die mißbräuchliche Handhabung abgestellte Fassung gewählt worden, um eben den bekannten Praktiken . . . auch alle die mißbräuchlichen Anwendungsformen zu erfassen, die etwa künftig entgegen dem Gesetzeszweck entwickelt und praktiziert werden".

---

7) Drucks. BT II/1158.
8) Drucks. BT II/1158 S. 8.
9) Drucks. BT II/1158 S. 36 f.
10) zu Drucks. BT II/3644 S. 22.
11) § 17 des Gesetzes.
12) Drucks. BT II/3644 S. 14.
13) zu Drucks. BT II/3644 S. 22.

Auch aus dem schriftlichen Bericht des Ausschusses für Wirtschaftspolitik läßt sich somit eine Bestimmung des Mißbrauchsbegriffs nicht herleiten. Er stellt nur klar, daß das behördliche Einschreiten gegen Mißbräuche durch die gewählte Formulierung keiner Einschränkung unterworfen sein soll. Offen bleibt somit die Frage, wann Mißbrauch vorliegt. Zu ihrer Beantwortung läßt sich aus diesem Bericht nur entnehmen, daß der Mißbrauchsbegriff am Gesetzeszweck orientiert sein muß. Das ist aber keine besondere Erkenntnis, da jede Ausfüllung eines unbestimmten Gesetzesbegriffes nicht ohne Berücksichtigung des Gesetzeszweckes erfolgen kann. Die praktische Bedeutung dieser Aussage ist umso geringer, als es darüber hinaus an einer Artikulierung eben dieses Gesetzeszweckes mangelt.

Aus den übrigen oben aufgeführten Materialien lassen sich ebenfalls keine Anhaltspunkte für die Inhaltsbestimmung des Mißbrauchsbegriffs entnehmen, da sie alle die vertikale Preisbindung ablehnen und ihre Argumentation sich daher nicht mit der speziellen Frage des Mißbrauchs, sondern nur mit der dieser vorgelagerten des Wertes des Instituts der vertikalen Preisbindung für Markenwaren als solchem befassen [14]. Hiervon macht auch die Begründung der Bundesregierung zur Novelle 1965 [15] keine Ausnahme. Auch sie hält die Aufhebung des Preisbindungsprivilegs für Markenwaren für erforderlich, kapituliert jedoch vor den Auffassungen und Mehrheiten im Bundestag und beschränkt sich ausschließlich auf eine Stellungnahme zu den erforderlichen Erleichterungen für die Ausübung des Eingriffsrechts nach § 17 Abs. I S. 2 GWB.[16]

Aus den Materialien ist somit kein wesentlicher Anhaltspunkt für die Inhaltsbestimmung des Mißbrauchsbegriffs zu gewinnen.

---

14) So will der Antrag der Fraktion der SPD zum Entwurf eines GWB vom 9.6.1964, Drucks. BT IV/2337 S. 2, nur Verlagsunternehmen vom Verbot des § 15 ausnehmen. Der Bericht der Bundesregierung über Änderungen des GWB vom 22.8.1962, Drucks. BT IV/617 S. 24 ff., der aufgrund eines Antrags aus der Mitte des Bundestages vom 21.6.1961, Drucks. BT III/2886, gegeben wurde, lehnt das Institut der vertikalen Preisbindung mit sehr umfangreicher und eingehender Begründung ab.

15) Drucks. BT IV/2564.

16) Drucks. BT IV/2564 S. 8 f. und S. 13 f.

V. Auslegung aus dem Sinn und Zweck der Zulassung der vertikalen Preisbindung für Markenwaren

Gerade wurde festgestellt, daß das GWB den Bereich erlaubten Verhaltens von außen her umgrenzt. Daraus resultieren die mannigfachen Versuche, den Mißbrauchsbegriff selbst zu bestimmen.[17] Dem liegt wohl die Annahme zugrunde, daß, wenn der nicht mißbräuchliche Bereich von außen umgrenzt wird, dieser "Außenbereich" dann der des Mißbrauchs sein muß; und man versucht dann, diesen Außenbereich selbst zu bestimmen, ein an sich naheliegender Weg.

Dieser Weg ist aber aus rein praktischen Gründen wegen der unendlichen Vielzahl der Mißbrauchsmöglichkeiten nicht gangbar. Entweder werden einige Fälle von der Begriffsbestimmung nicht erfaßt oder aber sie ist infolge zu großer Unbestimmtheit für die

---

17) So sieht der Frankfurter Kommentar (§ 17 Rdn. 7) Mißbrauch der Preisbindung dann als gegeben an, "wenn entweder die zu ihrer Einführung oder Durchsetzung abgeschlossenen Verträge oder die Ausführung dieser Verträge fremde Interessen beeinträchtigen, und zwar derart, daß ein Mißverhältnis besteht zwischen dieser Beeinträchtigung und dem mit der Preisbindung erzielten Erfolg".

Nach von Gamm (S. 249) wird eine mißbräuchliche Handhabung im allgemeinen angenommen, "wenn die vertikale Preisbindung dazu benutzt wird, um einen dem Sinn und Zweck des GWB zuwiderlaufenden Erfolg zu erreichen, ferner, wenn die vertikale Preisbindung allgemeine Rechtssätze verletzt, die dem Schutz der Allgemeinheit und damit des Verbrauchers dienen". Ebenso Linhard-Stöhr BB 1957, 1024; Tetzner S. 111 f. Nach Rauschenbach (S. 154) "liegt ein Mißbrauch der Freistellung der Preisbindung 2. Hand vom Verbot vertikaler Bindungen namentlich dann vor, wenn sie im Verhältnis zu ihrem rechtspolitischen Grund zweckfremd ausgenutzt wird oder wenn der Rechtsausübung ein höherwertiges Interesse der Allgemeinheit an der Erhaltung eines funktionsfähigen Wettbewerbs entgegensteht, ferner dann, wenn sich aus dem Verhalten des preisbindenden Unternehmens gegenüber dem gebundenen Händler eine ungerechtfertigte Ausnutzung des Preisbindungsvertrages ergibt".

Bei Rinck (Rdn. 959) heißt es, daß das Mißbrauchsverbot das gesamte Recht der Wettbewerbsbeschränkungen überlagere und korrigiere. Nach seiner Auffassung liegt Mißbrauch in der "Diskrepanz zwischen dem Zweck des Handelns und dem Zweck des Gesetzes. Diese beiden Zwecke müssen objektiv verglichen werden. Das Gesetz geht auf einen Erfolg aus, und wenn dieser Erfolg verhindert wird, ist das Gesetz mißbraucht."

praktische Gesetzesanwendung unbrauchbar.[18]
Es könnte sich aber aus der Berücksichtigung von Sinn und Zweck der Zulassung der vertikalen Preisbindung eine Möglichkeit ergeben, diesen Bereich erlaubten Verhaltens nicht nur zu umgrenzen, sondern zu bestimmen. Gelingt das, so kann dann der Bereich des Mißbrauchs in der Weise gefaßt werden, daß eine Aussage darüber gemacht wird, in ausschließlich welchen Fällen Mißbrauch vorliegt.[19]

---

18) Das gilt insbesondere dann, wenn man, wie ein Teil der Autoren, Mißbrauch definiert als den "Gebrauch einer kartellrechtlich als solche normierten Vorzugsstellung auf dem Markt in einer gegen Normen des GWB verstoßenden Weise"; so Ballerstedt Teil A III 7. Ebenso Schwartz in GemKomm § 17 Rdn. 12; Meyer-Wegelin § 17 S. 38. In der gleichen Richtung geht die wohl differenzierteste Erfassung des Mißbrauchsbegriffs bei Christl (BB 1960, 299):
"Ein Mißbrauch im Sinne des GWB liegt vor, wenn
a) das Recht auf wirtschaftliche Betätigungsfreiheit im verbotsfreien Raum oder
b) dasselbe Recht, das durch eine Verbotsvorschrift des Gesetzes (Nichtigkeits- oder Unwirksamkeitserklärung) in einer bestimmten Weise zunächst eingeschränkt worden war, durch eine Verbotsausnahme aber wieder hergestellt worden ist,
mittels wettbewerbsbeschränkender Vereinbarungen oder Verhaltensweisen, die im Gesetz ausdrücklich genannt sind, in einer Weise gebraucht wird, daß auf bestimmten Märkten
aa) der Wettbewerb wesentlich beeinträchtigt wird oder
bb) die wesentlichen Voraussetzungen für das Wirksamwerden des Wettbewerbs beseitigt werden oder
cc) wesentlich andere, gesamtwirtschaftlich nachteilig zu beurteilende Erzeugungs-, Absatz- oder Preisverhältnisse geschaffen werden."

19) So ist nach Müller-Gries-Giessler (§ 17 Rdn. 7) Mißbrauch "alles, was die gesetzlich normierten engen Grenzen der Zulassung überschreitet und zu weiteren Beeinträchtigungen der Erzeugungs- und Absatzverhältnisse sowie berechtigter Interessen Dritter führt, als der Gesetzgeber durch Zulassung des Privilegs hinnehmen wollte". Hefermehl (Baumbach-Hefermehl § 17 Rdn. 4) ist der Auffassung, daß eine vertikale Preisbindung dann mißbräuchlich gehandhabt wird, "wenn sie in einer dem Sinn und Zweck ihrer Zulassung widersprechenden Weise durchgeführt wird". Insbesondere dürfe der Wettbewerb nicht über das zur Durchführung einer Preisbindung erforderliche Maß hinaus beschränkt werden. Im übrigen ist er aber wie Langen (§ 17 Rdn. 11), Lukes (JuS 1962, 219) und Rasch-Westrick (§ 17 Rdn. 3 ff.) der Auffassung, daß eine exakte Bestimmung des Mißbrauchsbegriffs nicht möglich sei und daß es daher "im Interesse der Rechtssicherheit" notwendig sei, pragmatisch und kasuistisch vorzugehen. Nach Immenga (S. 304) ist der Mißbrauchstatbestand erfüllt, "wenn die Inanspruchnahme der Ausnahmeregelung nicht der Verwirklichung der mit ihr verfolgten Zielsetzung dient oder wenn die Wettbewerbsbeschränkungen über ein notwendiges Maß hinausgehen, das durch die Erfordernisse der besonderen Marktordnung zu konkretisieren ist". Für Brauchitsch-Ule (S. 659 f.) schließlich ist mißbräuch-

Die Bundesregierung begründet die Zulassung wie folgt:"Markenartikel sind Waren des Massenkonsums. Die Verbindung der Marke mit einer Ware, die damit verbundene Notwendigkeit, dieser Marke durch gleichbleibende Qualität und durch längere Werbung Verkehrsgeltung zu schaffen, bringen eine besondere Situation hervor. Der Hersteller der Markenware kann sich ein Nachlassen der Qualität nicht leisten; er würde sich damit den mit erheblichem Aufwand begründeten Werbewert seiner Marke zerstören. Es besteht außerdem in der Vorstellung des Publikums eine bestimmte psychologische Verknüpfung von Festpreis und Güte der Ware. Unbeständige Verkaufspreise rufen bei Konsumenten leicht die Vorstellung wach, daß auch die Güte der Ware schwanke. Sein Vertrauen in die Qualität der Ware und damit der Wert der Marke würden beeinträchtigt werden." Im übrigen führt die Bundesregierung an, daß die Markenwaren durch ihre Geeignetheit für die Automatisierung des Vertriebs den Distributionsprozeß verbilligen. Voraussetzung für die Zulassung der vertikalen Preisbindung sei aber stets, daß die Verbindung von Ware und Marke zum Zwecke der Übernahme der Qualitätsgewähr erfolge.[20] Die Ausnahme vom Verbot des § 15 GWB sei dann aus "übergeordneten Gesichtspunkten" zuzulassen.[21]

Der in diesem Zusammenhang zunächst wesentliche Gesichtspunkt der Begründung der Bundesregierung ist die höchst umstrittene psychologische Verknüpfung von Festpreis und Güte der Ware in der Vorstellung des Publikums.[22]

Forts. zu
19) lich "eine an sich zulässige, aber in Inhalt und Durchführung dem rechtspolitischen Freistellungsgrund objektiv zweckfremde, nicht zweckangemessene oder allgemeine Rechtsgrundsätze verletzende Preisbindung".

20) Drucks. BT II/1158 S. 36.

21) Drucks. BT II/1158 S. 26.

22) Hieraus wird in der Literatur hergeleitet, ob die vertikale Preisbindung Wesenselement der Markenware ist. Bejahend Erhard MA 1954, 796; Gutenberg, 3. Aufl. S. 330. Ablehnend Röper S. 67, der im allgemeinen einheitliche und relativ feste Verbraucherpreise verlangt, die aber nicht unbedingt durch vertikale Preisbindung erreicht zu werden brauchen. Ebenso Gross S. 126; Gutenberg II S. 388; Hax S. 7,78 ff.; Mellerowicz, Markenartikel S. 39 f., 252; Nieschlag S. 118 ff., bes. S. 126; Ott, Preisbildung S. 124; Wörmer S. 38.

Auf diesen Streit kann hier aber nicht eingegangen werden, denn das Ergebnis der Diskussion dieses Problems würde ein positives oder negatives Urteil über die vertikale Preisbindung sein, nicht aber die Frage der Fassung des Mißbrauchsbegriffs lösen.

Ist jedoch die Motivation der Bundesregierung, die überdies nicht expressis verbis im Gesetz steht, höchst angreifbar, gleichwohl in diesem Zusammenhang aber einer Überprüfung entzogen, so ist zu versuchen, den Zweck unmittelbar und allein aus dem Bedeutungszusammenhang des Gesetzes zu ermitteln.

Das Gesetz ist in sich nur sinnvoll, wenn Zweck der Zulassung die Erreichung einer längerfristigen Preisstabilität und einer damit notwendig zusammenhängenden Preiseinheitlichkeit ist. Ein Weg zur Erreichung einer solchen Preisstabilität ist der der vertikalen Preisbindung, den das Gesetz als Instrument unternehmerischer Absatzpolitik in § 16 Abs. I Ziff. 1 GWB zugelassen hat.[23)]

Ist aber Motivation des Gesetzgebers bei § 16 Abs. I Ziff. 1 GWB, den Unternehmern dieses Instrument zur Erreichung von Preisstabilität der Markenware an die Hand zu geben, so ergibt sich unter Berücksichtigung des strikten Verbotes vertikaler Bindungen des § 15 GWB, daß die vertikale Preisbindung nur und soweit zugelassen sein soll, wie es zur Erfüllung der oben genannten Funktionen erforderlich ist.

Neben dieser qualitativen Limitierung der vertikalen Preisbindung ist jedoch auch noch eine quantitative [24)] vorzunehmen. Sie gibt Antwort auf die Frage, ob eine erlaubte vertikale Preisbindung in der gerade beschriebenen Ausgestaltung stets auch unter dem Gesichtspunkt der Mißbrauchsaufsicht unbedenklich ist. Hier könnte die Begrenzung in der Quantität der durch die konkret praktizierte vertikale Preisbindung herbeigeführten Wettbewerbsbeeinflussung liegen. Diese Aussage klingt zunächst paradox, sofern man an die systembedingte Wettbewerbsbeschränkung denkt. Diese hat die Bundesregierung in der Begründung zum Entwurf des GWB dahin

---

23) So auch BKartA, Beschluß vom 9.12.1964 "Tapetenpreisbindung", WuW/E BKartA 886. Das gleiche wirtschaftliche Ergebnis ließe sich erzielen z.B. durch Parallelverhalten oder (dominierende oder barometrische) Preisführerschaft auf (teil-)oligopolistischen Märkten, open-price-systems, Verkaufsverpflichtungen zu zuvor veröffentlichten Preisen etc.

24) Der Begriff "quantitativ" ist gewählt worden, da diese Beschränkung der Preisbindungsbefugnis, wie im Text anschließend gezeigt wird, basiert auf der Quantität der Wettbewerbsbeeinflussung.

charakterisiert: "Die vertikale Preisbindung verhindert nur den Wettbewerb zwischen den Angehörigen der dem Hersteller nachfolgenden Wirtschaftsstufe (Großhändler und Einzelhändler), und auch das nur in bezug auf ein einzelnes Erzeugnis eines bestimmten Herstellers, nämlich in bezug auf den preisgebundenen Artikel. Die vertikale Preisbindung läßt jedoch die Konkurrenz gleichartiger Erzeugnisse oder Leistungen unberührt. Der Preis dieser Erzeugnisse oder Leistungen bildet sich nach den allgemeinen Grundsätzen des freien Wettbewerbs; die vertikale Preisbindung bindet also lediglich in bezug auf das einzelne Erzeugnis eines Herstellers die Verdienstspanne innerhalb des Verteilungsapparates."[25)]

Hieraus ergibt sich, daß der Gesetzgeber also die systembedingte Wettbewerbsbeschränkung erkannt und durch Zulassung des Instituts der vertikalen Preisbindung mit sanktioniert hat. Das geschah aufgrund einer Interessenabwägung, bei der dem Interesse des Preisbinders an der Preisstabilität für seine Markenware auf der anderen Seite die Qualitätsgarantie, die Erleichterung des Distributionsprozesses, die hohe Distributionsdichte und der von § 16 Abs. I GWB postulierte Preiswettbewerb gegenüberstehen. Der systembedingte wettbewerbliche Nachteil bei der vertikalen Preisbindung für Markenwaren ist also gerechtfertigt durch für diesen Bereich spezifische Vorteile.

Eine solche Rechtfertigung sucht man aber vergeblich für negative, nicht systembedingte und damit auch nicht systemnotwendige Wettbewerbseinflüsse, die durch eine vertikale Preisbindung ausgelöst werden. Dieser Fall tritt insbesondere auf bei ihrer Kopplung mit anderen horizontalen und/oder vertikalen Wettbewerbsbeschränkungen. Bei derartigen Kombinationen wird man regelmäßig davon ausgehen können, daß auch diese anderen Wettbewerbsbeschränkungen isoliert gerechtfertigt sind. Kommen nun eine oder mehrere dieser Wettbewerbsbeschränkungen mit einer vertikalen Preisbindung zusammen, so wird man das solange als unbedenklich ansehen müssen, wie sich die Wettbewerbseinflüsse <u>und</u> die Recht-

---

25) Drucks. BT II/1158 S. 36.

fertigungen lediglich addieren.[26] Ein Einschreiten ist dagegen immer dann angezeigt, wenn aus der Kombination originär Wettbewerbseinflüsse hervorgehen, denen keine Rechtfertigungsgründe mehr gegenüberstehen. Dies wird insbesondere dann der Fall sein, wenn ein oder mehrere Rechtfertigungsgründe der einen Wettbewerbsbeschränkung durch die andere Wettbewerbsbeschränkung gerade annulliert werden.[27] Diese Differenzierung hat die Bundesregierung überhaupt nicht gesehen. Im Schriftlichen Bericht des Wirtschaftspolitischen Ausschusses klingt sie nur an, ist aber nicht mit der notwendigen Schärfe herausgearbeitet worden.[28]
In diesen Fällen treten nicht gerechtfertigte Wettbewerbsbeschränkungen auf, die ebenfalls ein Einschreiten der Kartellbehörde erfordern.[29]

Thesenhaft läßt sich somit sagen, daß die Kartellbehörde tätig zu werden hat, wenn die vertikale Preisbindung

a) qualitativ weitergeht, als es zur Erreichung der ihr vom Gesetz zuerkannten Funktion erforderlich ist und
b) quantitativ Ursache nicht gerechtfertigter Wettbewerbsbeschränkungen ist.

Das erhärtet sich noch weiter aus der Einleitung der Regierungsbegründung zum Entwurf des GWB [30], wo es u.a. heißt, daß

---

26) Ununtersucht bleiben soll in diesem Zusammenhang die Frage, ob ein Mißbrauch nicht auch dann vorliegen kann, wenn die Kumulation der Wettbewerbsbeschränkungen und eine Addition ihrer sämtlichen Rechtfertigungsgründe vorliegt, der Wettbewerb auf dem Markt aber dennoch sehr stark eingeschränkt wird. Einmal kann dieses Problem nicht generell gelöst werden, da es dazu zu sehr auf die Verhältnisse auf dem konkreten Markt ankommt. Zum anderen ist das Problem auch praktisch nicht so besonders wichtig, weil in einem solchen Fall das BKartA auch die Preisbindung nach § 17 Abs. I S. 1 Ziff. 1 iVm. § 16 Abs. I Ziff. 1 GWB aufheben kann wegen Fortfalls der Tatbestandsvoraussetzung ausreichenden Preiswettbewerbs.

27) Ballerstedt Teil B III 5.

28) Drucks. BT II/3644 S. 22.

29) Das ist nichts anderes als die von Hoppmann aus dem neoklassischen Wettbewerbskonzept herausgearbeitete These: "Mißbrauch liegt jedenfalls auch dann vor, wenn durch die in dem Ausnahmebereich gewonnene und geduldete Marktmacht künstliche Wettbewerbshemmnisse über den Ausnahmebereich hinaus geschaffen werden." Hoppmann in Festschrift für Wessels S. 174.

30) Drucks. BT II/1158 S. 21.

das GWB wirtschaftliche Macht da beseitigen soll, wo sie "die bestmögliche Versorgung der Verbraucher infrage stellt". Da die Existenz von Markenwaren ökonomisch vorteilhaft ist und die vertikale Preisbindung als Mittel zur Erreichung der für Markenwaren notwendigen Preisstabilität zugelassen ist, erfordert es die bestmögliche Verbraucherversorgung, die vertikale Preisbindung nur soweit zuzulassen, wie sie zur Erreichung von Preisstabilität ohne sonstige wettbewerblich negative Nebenwirkungen erforderlich ist.

Die Grenzen dieser Erforderlichkeit begrenzen somit den erlaubten Bereich der vertikalen Preisbindung. Wenn aber die Ausnahme nach § 16 Abs. I Ziff. 1 GWB materiell nur für diesen Bereich besteht, so kann unter Mißbrauch im Sinne von § 17 GWB nur ein Gebrauch verstanden werden, der über diesen Bereich hinausgeht, d.h. ein Gebrauch der vertikalen Preisbindung, der nicht mehr für die Erhaltung der Preisstabilität bei Markenwaren und damit letztlich für die Erhaltung der Ware als Markenware im Sinne von § 16 GWB mittels vertikaler Preisbindung erforderlich ist und/ oder ungerechtfertigte Wettbewerbsbeschränkungen verursacht. Wo hier aber die Grenzen des noch Erforderlichen liegen, kann nicht mehr abstrakt untersucht werden, sondern beurteilt sich nach den jeweiligen konkreten Umständen. Daher soll eine Prüfung in dieser Richtung anhand typischer Problemstellungen im zweiten Hauptteil dieser Arbeit vorgenommen werden.

VI. Endverkaufspreis als alleiniges Bezugsobjekt der Untersuchung

Unter V. ist herausgearbeitet worden, daß die vertikale Preisbindung als Mittel zur Erreichung von Preiskonstanz bei Markenwaren zugelassen ist. Daraus ist gefolgert worden, daß Mißbrauch nur, aber auch immer dann vorliegt, wenn die konkret vorgenommene Bindung nicht bzw. nicht mehr erforderlich ist zur Gewährleistung von Preiskonstanz. Das Postulat dieser Preiskonstanz ist vom Gesetzgeber aber aufgestellt, weil er in der Vorstellung der Verbraucher eine psychologische Verknüpfung von Preisänderungsgeschwindigkeit und Qualität annimmt. Da es sich bei dieser Verknüpfung um eine psychologische, sich in der Vorstellung der Verbraucher einstellende, handelt, kann es auch für das Merkmal der

Preiskonstanz, d.h. des bestimmten einheitlichen Preises über einen längeren Zeitraum, nur auf die Vorstellung der Verbraucher ankommen.

Der Grund dafür ist, daß sich die psychologische Verknüpfung einstellt, wenn der Verbraucher die Vorstellung von Preisinkonstanz hat. Dieser Eindruck von Preisinkonstanz kann sich aber durchaus unabhängig von dem rechtlichen oder wirtschaftswissenschaftlichen Kriterium einstellen, da der Verbraucher den Markt nicht rechtlich oder wirtschaftswissenschaftlich analysiert.[31] Er tut dies vielmehr mit einer nach seiner Meinung vernünftigen, wirtschaftlichen, für ihn vorteilbringenden Betrachtungsweise. Daher kann es bei der folgenden Untersuchung primär auch nicht auf die rechtliche oder wirtschaftswissenschaftliche Fassung der jeweiligen Begriffe und Zusammenhänge ankommen, sondern primär muß auf die Vorstellung der Verbraucher abgestellt werden. Das heißt, es ist eine wirtschaftliche Betrachtungsweise geboten, innerhalb derer die rechtlichen und wirtschaftswissenschaftlichen Gesichtspunkte lediglich mit zu berücksichtigen sind, nicht aber allein ausschlaggebend sein dürfen.

Dieses Ergebnis läßt sich auch aus dem Gesetz selbst (§ 16 Abs. I GWB) herleiten. Dort heißt es, daß ein Unternehmen seine Abnehmer binden oder sie verpflichten kann, ihren Abnehmern die gleiche Bindung aufzuerlegen. Als heute einhellige Meinung kann bezeichnet werden, daß dem Unternehmen diese Bindungen nicht nur alternativ, sondern auch kumulativ zur Verfügung stehen. Daraus könnte man schließen, daß die Auswirkungen auf jede Absatzstufe untersucht werden müßten. Eine solche Betrachtungsweise würde aber Sinn und Zweck der Privilegierung nicht berücksichtigen. Die Preisbindung ist als Mittel zur Preisstabilisierung zugelassen, damit nicht die Qualitätsvorstellung bezüglich der Markenware infolge von zu Preisinkonstanz führender autonomer Preispolitik der Zwischenstufen des Absatzweges leidet. Die Qualitätsvorstellung braucht aber nur beim letzten Glied der Absatzkette

---

31) Wäre das der Fall, so wäre dem Gesamtkomplex 'vertikale Preisbindung' der Boden entzogen. Denn dann würde der Verbraucher sich auch der Zufälligkeit des exakt proportionalen Zusammenhangs zwischen Preisänderung und -uneinheitlichkeit einerseits und Qualitätsänderung andererseits bewußt, und ihm brauchte nicht durch feste Preise der Eindruck konstanter Quantität vermittelt zu werden.

vorzuliegen, also beim Endverbraucher, da letztlich nur seine Nachfrage, das heißt sein Konsum über den wirtschaftlichen Erfolg einer Ware entscheidet. Daraus ergibt sich, daß die Preiskonstanz auch nur dem Endverbraucher als Endglied der Kette gegenüber und nicht auch gegenüber den Zwischengliedern der Kette bestehen muß.

Gegen diese Auslegung könnte der Wortlaut des § 16 Abs. I GWB sprechen, wonach sowohl die alleinige Bindung eines Zwischengliedes als auch eine durchgehende Bindung erlaubt ist. Daraus könnte man schließen, daß eben auch bei den Zwischengliedern die Preiskonstanz ebenfalls als Hauptzweck realisierbar sein soll. Unberücksichtigt bleibt bei dieser Argumentation aber, zu welchem Zweck auch die Preise bei den Zwischengliedern gebunden werden können bzw. eine Bindung auch ausschließlich bei den Zwischengliedern möglich ist: Grundanliegen war die Erreichung von Preiskonstanz gegenüber den Endabnehmern. Diese ist zwar theoretisch nur zu erreichen durch Bindung des vorletzten Gliedes der Kette hinsichtlich seiner Verkaufspreise. Faktisch gibt es aber durchaus Märkte, wo das gleiche Resultat erzielt werden kann, indem man etwa die Großhandelsabgabepreise bindet und die Einzelhandelsabgabepreise ungebunden läßt. In diesen Fällen kann der Preisbinder sicher sein, daß der Einzelhandel bei gleichem Einkaufspreis zu gleichen Preisen die Ware weiterveräußern wird, das heißt, daß der Einzelhandel bei gleichem Einkaufspreis generell die gleichen Handelsspannen berechnen wird. Grund dafür dürfte wohl in den meisten dieser Fälle ein Kollektivgefühl, ein Korpsgeist der Einzelhändler dieses betreffenden Marktes sein. Als weitere Gründe sind aber auch denkbar die Angst, als Niedrigpreisgeschäft verschrien zu werden, von den Kollegen geschnitten zu werden, einen gesellschaftlichen Prestigeverlust zu erleiden etc. Außerdem kommen gesetzliche Vorschriften in Betracht, so z. B. bei Arzneimitteln, deren Handelsspanne kraft Gesetzes einen bestimmten Prozentsatz des Einstandspreises ausmacht.[32)]

---

32) Vgl. Deutsche Arzneitaxe in der Fassung der Verordnung zur Änderung der Deutschen Arzneitaxe 1936 vom 19.4.1952, Bundesanzeiger Nr. 83 vom 30.4.1952.
Besonders problematisch ist in diesem Zusammenhang die Bindung der Preise im Distributionsprozeß mit Ausnahme der Endverkaufspreise bei Tabakwaren; bei diesen ist der Endverkaufspreis ge-

Ebenso wie eine solche Aufzählung nie enumerativ sein kann, ist auch eine generelle Aussage über die Situation auf den einzelnen Märkten und in den einzelnen Branchen unmöglich. Diese Situation muß der Preisbinder in seiner Markt- und Absatzforschung zu erkennen versuchen, um den für ihn günstigsten Weg der Bindung ausfindig zu machen. Ebenso wie es in einigen Fällen ausreichend ist, ein Zwischenglied zu binden, um beim Verkauf an den Endabnehmer Preiskonstanz zu erreichen, gibt es aber auch Märkte, auf denen die Bindung der Letztveräußerer nur theoretisch zur Preiskonstanz führen würde, das heißt mit anderen Worten, wo die Letztveräußerer sich nicht an die Preisbindung halten würden, sondern jeden von der vorgelagerten Stufe erhaltenen Vorteil an ihre Abnehmer weitergeben würden. Hauptgrund hierfür wird in aller Regel ein besonders scharfer Wettbewerb im Einzelhandel sein. Dieser kann etwa beruhen auf einer Übersetzung des Handels, dem Aufkommen neuer Vertriebsformen (z.B. cash-and-carry, Versandhandel, Filialbetriebe, Supermärkte) oder einem verstärkten Abwandern der Kundschaft auf den sog. grauen Markt. In diesen Fällen soll der Preisbinder die Möglichkeit haben, auch die vorgelagerten Absatzstufen zu binden, um dem Einzelhandel gleichsam die wirtschaftliche Basis für die Verletzung der Preisbindungsverträge und damit für Preiswettbewerb zu nehmen.

§ 16 Abs. I GWB läßt somit nicht den Schluß zu, daß die Auswirkungen in bezug auf jedes Glied der Absatzkette zu untersuchen sind. Bei richtigem Verständnis dieser Vorschrift ergibt sich vielmehr, daß sie einzig auf den Endverkaufspreis ausgerichtet

---

Forts.
32) setzlich durch § 28 Tabaksteuergesetz v. 6.5.1953 (BGBl. I S. 169) festgelegt. Hier könnte man in der Tat annehmen, eine vertikale Preisbindung sei nicht gerechtfertigt, weil das in der Regel mit ihr legal verfolgbare Ziel bereits mit noch größerer Durchsetzungskraft vom Gesetzgeber selbst realisiert worden ist. Andererseits ist hier aber zu berücksichtigen, daß die Hersteller in diesem Fall wegen des relativ engen, teiloligopolistisch strukturierten Marktes und des gesetzlich fixierten Verkaufspreises auf dem Verbraucher-Einzelhändler-Markt keine Möglichkeit haben, auf den Absatzprozeß irgendeinen Einfluß auszuüben, und d.h. insbesondere, für die erforderliche Distributionsdichte zu sorgen; auf diese sind sie aber in besonderem Maße angewiesen (insoweit ähneln sie den Zeitungsverlegern). Es ist hier daher die vertikale Preisbindung auf den Zwischenstufen des Handels als Korrelat dafür anzusehen, daß der Aktionsparameter Preis auf der Endabnehmerstufe dem Markt völlig entzogen ist. Aus einer solchen Ausnahmesituation lassen sich daher keine allgemeinen Ableitungen vornehmen.

ist und nur wegen der unterschiedlichen faktischen Gegebenheiten auf den einzelnen Märkten differenzierte Mittel zur Verfügung stellt. Dann sind aber auch die Auswirkungen nur auf die Endverkaufspreise und damit auf die Verbraucher zu untersuchen.

VII. Der durch § 17 GWB geschützte Personenkreis

Bei der Prüfung des Mißbrauchstatbestandes könnte sich für das BKartA eine Begrenzung aus dem durch § 17 GWB geschützten Personenkreis ergeben. Insoweit könnte man nämlich argumentieren, daß Ziel des § 17 GWB allein der Schutz des Verbrauchers sei, da nur er überhaupt eines staatlichen Schutzes bedürfe. Beim gebundenen Händler sei ein solcher Schutz deshalb nicht erforderlich, da er ja die Möglichkeit habe, bei einer unangemessenen Bindung die entsprechende Ware in seinem Sortiment zu ersetzen. Diese Möglichkeit sei ihm durch das Postulat in § 16 I GWB gewährleistet, daß die Markenwaren mit gleichartigen Waren anderer Hersteller oder Händler in Preiswettbewerb stehen müssen. Der Verbraucher habe diese Wahlmöglichkeit dagegen bei den für ihn infrage kommenden Händlern nicht notwendig, da durchaus der Fall eintreten könne, daß alle Händler, etwa wegen besonders hoher Handelsspannen, nur dieselbe Ware führten.

Richtig ist an dieser Argumentation, daß der Fall eintreten kann, daß einem Verbraucher in concreto von allen für ihn in Betracht kommenden Händlern nur eine Ware angeboten wird, er also bei einem für unangemessen gehaltenen Preis nicht auf ein echtes Substitut ausweichen kann. Eine solche Zufallskonstellation rechtfertigt aber noch nicht eine Beschränkung des § 17 GWB lediglich auf den Schutz des Verbrauchers. Unberücksichtigt geblieben ist in dieser Argumentation die Interdependenz zwischen Händlerangebot und Kundennachfrage. Gewiß kann nicht geleugnet werden, daß ein geschickter Händler seine Kunden bis zu einem gewissen Grade, auch im Hinblick auf die zu kaufende Ware, "erziehen" kann. Dem sind jedoch relativ enge Grenzen gesetzt; der Händler ist nicht in der Lage, dem Verbraucher eine Ware aufzuoktroyieren. Der Regelfall ist vielmehr die relativ starke, wechselseitige Beeinflussung und Abhängigkeit von Händler und Verbraucher. In einem solchen Fall ist aber kein einleuchtender Grund für die Benachteiligung der Händler durch Vorenthaltung des durch die Mißbrauchsaufsicht gewährten Schutzes mehr ersichtlich. Hinzu kommt, daß bei Markenwaren oft selbst bei Vorliegen von Wettbewerb mit gleichartigen Waren anderer Hersteller oder Händler trotzdem häufig ein so starkes Meinungsmonopol in der Verbraucherschaft besteht, daß diese Waren nur als Pseudo-Wettbewerbswaren gewertet werden können. Gerade hierzu trägt der preisbindende Markenwarenproduzent noch in erheblichem Umfang durch seine meist beachtliche Ausmaße annehmenden Werbemaßnahmen bei.[33)]

Aber auch aus der Sicht des Verbrauchers ist es keineswegs vorteilhaft, den Händler nicht in die Mißbrauchsaufsicht mit einzubeziehen. Der Händler hat seine Funktionen sowohl dem Hersteller als auch dem Verbraucher gegenüber zu erbringen.[34)] In der Erfüllung dieser Funktion würde er aber durch den Preisbinder manipuliert werden können, wenn man nicht auch hier das Filter der Mißbrauchsaufsicht einschalten würde.[35)] Ein Verzicht darauf könnte z. B. zu einer Monopolisierung des Verbraucher-Händler-Marktes führen oder, als anderes Extrem, zu einer Übersetzung desselben - beides für den Verbraucher gleich negative Auswirkungen.

Ergebnis ist somit, daß die Mißbrauchsaufsicht des § 17 GWB sowohl den Schutz des Verbrauchers als auch den des Händlers zum Gegenstand hat. Dabei wird man zwischen beiden auch kein Rangverhältnis annehmen können, sondern sie als gleichwertig ansehen müssen, da jeder unmittelbare Mißbrauch gegenüber dem einen Schutzobjekt gleichzeitig eine mittelbare negative Auswirkung auf das andere Schutzobjekt hat.

---

33) Letzteres Bedenken hat bereits die Bundesregierung beim Entwurf des GWB gehabt; vgl. Drucks. BT II/1158 S. 36.

34) Dies nur dann nicht, wenn man den Händler nur als verlängerten Arm des Herstellers sieht, eine Auffassung, die kaum Anhänger findet. Der Händler wird auch bei der vertikalen Preisbindung nicht zu einer bloßen Verteilerstation des Herstellers, wie teilweise behauptet wird. Ihm ist lediglich der Preis als Aktionsparameter seiner Absatzpolitik entzogen.Alle übrigen Funktionen, wie Sortimentspflege, Werbung,Kundendienst etc. sind ihm verblieben.

35) Überdies hat Hoppmann, Preisbindung S. 47 ff., bereits dargelegt, daß durch die vertikale Preisbindung der Preis für die Dienstleistungen des Handels zementiert wird, obgleich er an sich entsprechend diesen Leistungen gestaffelt sein müßte.

VIII. Das Verhältnis der drei Alternativen des § 17 Abs. I S. 1 GWB zueinander

Nach Auffassung des Ausschusses für Wirtschaftspolitik sollte § 17 GWB materiell eine Generalmißbrauchsnorm sein. Er sollte neben den bekannten Praktiken auch alle die mißbräuchlichen Anwendungsformen erfassen, die etwa künftig entgegen dem Gesetzeszweck entwickelt und praktiziert würden.[36)] Fraglich ist, ob und in welcher Weise diese Vorstellung Gesetz geworden ist.
Bei der Lösung dieses Problems ergeben sich erhebliche Schwierigkeiten aus der inkorrekten Gesetzessprache. Der Begriff des Mißbrauchs erscheint in § 17 GWB an drei Stellen, in Abs. I S. 1 Ziff. 2, in Abs. I S. 3 und in Abs. II; davon liegt Bedeutungsidentität - Erfassung des gesamten Bereichs rechtswidrigen Verhaltens - aber nur in den Fällen zwei und drei vor. Außerdem differieren § 17 Abs. I S. 1 Ziff. 2 und Ziff. 3 im Ansatzpunkt der sprachlichen Erfassung.
Der Begriff des Mißbrauchs hätte in § 17 GWB an den drei Stellen, wo er vom Gesetzgeber gebraucht wurde, nur dann denselben Inhalt, wenn man Abs. I S. 1 Ziff. 2 als Generalmißbrauchsklausel ansieht und Ziff. 1 und 3 als Normierungen von Unterfällen. Diese Auslegung ist aber aus folgenden Gründen nicht haltbar. Einmal spricht dagegen die Stellung (mitten zwischen den 'Unterfällen') und die Fassung (nicht etwa: '...die Preisbindung mißbräuchlich gehandhabt wird, insbesondere wenn ...'). Zum anderen stellt Ziff. 1 keinen Mißbrauchsfall dar. Rechtsmißbrauch setzt nämlich ein existentes Recht voraus, das mißbraucht werden kann und wird.[37)] An einem solchen fehlt es aber gerade in den Fällen der Ziff. 1. Vielmehr handelt es sich bei dieser Ziffer stets um eine Rechtsanmaßung. Sieht man schließlich Ziff. 2 nur als Generalklausel gegenüber Ziff. 3 [38)], so ist kaum einzusehen, warum das Gesetz einen Bereich mißbräuchlichen Verhaltens in einer sehr weiten generalklauselartigen Regelung abschließend beispielhaft aufführt, nämlich den gegenüber dem Verbraucher in der Form der Eignung zur Beeinträchtigung des Marktes, nicht aber den einzigen weiteren Bereich des Mißbrauchs,

---

36) zu Drucks. BT II/3644 S. 22.

37) Sarnighausen, Diss. S. 88.

38) So Schwartz in GemKomm. § 17 Rdn. 11; Kirschstein WuW 1959, 239.

nämlich den gegenüber den Vertragspartnern der Preisbindungsverträge. Ziff. 2 ist daher als unglücklich formuliert anzusehen, da er den von ihm gemeinten Bereich nicht klar umschreibt und daher zu Mißverständnissen in bezug auf Abs. I S. 1 Ziff. 3, Abs. I S. 3 und Abs. II Anlaß bietet.
Desgleichen muß die Verwendung des Begriffs Mißbrauch in § 17 Abs. I S. 3 GWB und in § 17 Abs. II GWB als unglücklich angesehen werden. Selbst wenn man nämlich entgegen der hier vertretenen Auffassung der Eigenständigkeit der einzelnen Ziffern des § 17 Abs. I S. 1 GWB der Meinung folgen würde, die die Ziff. 3 als einen Unterfall von Ziff. 2 ansieht [39], so ergibt sich dennoch ein eigenartiges Ergebnis. Auch dann nämlich bleibt es dabei, daß zumindest die Ziff. 1 keinen Mißbrauchsfall darstellt mit der Konsequenz, daß für sie Abs. I S. 3 und Abs. II keine Gültigkeit haben. Hinsichtlich Abs. I S. 3 kommt dem kaum eine praktische Bedeutung zu, da es sich bei dem Gebot der Berücksichtigung aller Umstände um einen allgemeinen Rechtsgrundsatz handelt [40], dem folglich auch ohne besondere Erwähnung die Ziff. 1 unterfällt. Hier liegt die Bedeutung mehr im formalen Bereich der inneren Geschlossenheit einer gesetzlichen Bestimmung. Anders ist dagegen die Situation bei Abs. II. Dieser läßt sich zwar als eine Konkretisierung des Grundsatzes der Verhältnismäßigkeit und wohl auch desjenigen der Verwaltungsökonomie begreifen. Entbehrlich wäre die Bestimmung aber nur dann, wenn sie sich notwendig und zwingend aus diesen Grundsätzen ergäbe, was aber sicherlich nicht der Fall ist. An einem einsichtigen Grund für die Ausklammerung der Ziff. 1 aus Abs. II mangelt es jedoch.
Ebenso erschwerend für die Abgrenzung der einzelnen Ziffern des § 17 Abs. I S. 1 GWB gegeneinander wirken sich die unterschiedlichen Ansatzpunkte der Fassung der Ziff. 2 und 3 dieser Bestimmung aus. Während die Ziff. 2 nämlich auf das Handhaben und das heißt auf eine Handlung abstellt, geht es in Ziff. 3 um die Eignung zu wirtschaftlichen Auswirkungen der Bindung, die sich auf dem Markt ergeben bzw. ergeben können.
Aus dieser unglücklichen Formulierung ist denn auch der Schluß gezogen worden, daß Ziff. 3 insofern weiter sei als Ziff. 2,

---

39) Schwartz in GemKomm. § 17 Rdn. 11; Kirschstein WuW 1959, 239.
40) Vgl. etwa §§ 133,157,242 BGB, § 346 HGB und die umfangreiche Literatur zu diesen Bestimmungen.

als sie bereits für den kartellbehördlichen Eingriff die Eignung zu negativen Marktfolgen ausreichen läßt.[41] Indes beruht dieser scheinbare Unterschied nicht darauf, daß das Gesetz da, wo es um die Auswirkungen auf den Markt geht, bereits eher eingreifen will als da, wo es um die Tätigkeit des Preisbinders geht, etwa deshalb, weil es den ersteren Fall für gefährlicher hielte. Vielmehr resultiert er aus dem unterschiedlichen Ansatzpunkt der Formulierung des gesetzlich mißbilligten Verhaltens. Dieser Ansatzpunkt ist in Ziff. 2 das Verhalten selbst, in Ziff. 3 dagegen die Folge des Verhaltens auf dem Markt. Wenn man die beiden Ziffern aber auf denselben Ansatzpunkt bezogen liest, verschwindet der prima facie vorliegende Unterschied. Denn vom Verhalten her gefaßt, müßte Ziff. 3 lauten: '...die Preisbindung (bezogen auf den Markt) mißbräuchlich handhabt, was dann der Fall ist, wenn sie oder ihre Verbindung ...'[42]. Umgekehrt müßte Ziff. 2 umformuliert etwa lauten: '..., daß die Ausgestaltung und/oder Handhabung der Preisbindung geeignet ist, den Gebundenen in der Wahl seiner Aktionsparameter mehr zu beschränken, als es zweck- und systemnotwendig ist.' Daraus ergibt sich also, daß Ziff. 3 nicht im Hinblick auf die für einen kartellbehördlichen Eingriff erforderliche Quantität des Mißbrauchs von Ziff. 2 differiert, sondern nur im Hinblick auf den Ansatzpunkt der Formulierung.[43]

Richtig dürfte daher sein, die einzelnen Ziffern des § 17 Abs. I S. 1 GWB wie folgt abzugrenzen:

Ziff. 1: Rechtsanmaßung als Fehlen der Voraussetzungen des § 16 Abs. I bis III GWB

Ziff. 2: Mißbräuchliche Handhabung gegenüber den Vertragspartnern der Preisbindungsverträge

---

41) Baumbach-Hefermehl § 17 Rdn. 1, Fikentscher in GWB-Festschrift S. 280 u. Frankfurter Kommentar § 17 Tz. 2 vertreten die Ansicht, daß die Ziff. 2 und 3 sich überschneiden, während Schwartz in GemKomm. § 17 Rdn. 27 und das BKartA (WuW/E BKartA 493) Ziff. 3 als Spezialfall der Ziff. 2 ansehen.

42) Eine solche Formulierung würde etwa der Auffassung Ballerstedts, Teil A III 2, entsprechen, daß das durch den Begriff des Mißbrauchs "ausgesprochene Unwerturteil unternehmerisches Handeln trifft." Vgl. auch Ballerstedt in Böhm-Festschrift S. 179 ff., bes.S.182.

43) A.A. die überwiegende Meinung, zuletzt Fikentscher in GWB-Festschrift S. 261; ebenso BKartA, Beschluß vom 4.7.1962 "Kindernährmittel", WuW/E BKartA 498.

Ziff. 3: Mißbräuchliche Handhabung mit der Konsequenz der Eignung zu negativen Auswirkungen auf den Markt.

Bei dieser Auslegung ist der gesamte Bereich möglichen rechtswidrigen Verhaltens erfaßt und zum anderen in der gewählten gesetzlichen Regelung ein sinnvoller innerer Zusammenhang zu erkennen.

ZWEITER HAUPTTEIL

Der Mißbrauch, untersucht anhand einzelner Fallgruppen, geordnet nach Problemkreisen.

A. Kopplung von Ware und gewerblicher Leistung

1. Einleitung

Gemäß § 16 Abs. I GWB gilt § 15 GWB nicht für die vertikale Preisbindung von Markenwaren, d.h., es dürfen - bei Vorliegen der übrigen Voraussetzungen des § 16 GWB - die Preise für Markenwaren vertikal gebunden werden. Dabei soll hier auf die Bestimmung dessen, was Markenware im Sinne des § 16 GWB ist, verzichtet werden, da das primär nicht ein Problem des Mißbrauchs im Sinne von § 17 GWB, sondern vielmehr ein Problem der Zulässigkeit der vertikalen Preisbindung nach § 16 GWB ist.[1] Ebenso ist in diesem Zusammenhang nicht zu erörtern die Frage, ob durch § 16 GWB auch die vertikale Preisbindung für ausschließlich gewerbliche Leistungen, gleichgültig ob des Bindenden, des Gebundenen oder eines Dritten, zugelassen ist, da auch das eine, im übrigen allgemein verneinte [2], Frage des § 16 GWB ist. Dagegen ist hier die Frage zu behandeln, ob es unter dem Aspekt der Bindung von Preisen für Waren Umstände geben könnte, die die Preisbindung zusätzlich auch für gewerbliche Leistungen erforderlich machen. Ist das nämlich der Fall, so kann sinnvollerweise eine derartige Bindung nicht verboten werden; wenn der Gesetzgeber schon die Bindung zugelassen hat, wird man auch davon ausgehen können, daß er sie in einer ökonomisch rationalen Ausgestaltung sanktioniert hat.

---

1) Dabei wird nicht verkannt, daß alle Fragen des § 16 GWB im Rahmen des § 17 GWB wegen dessen S. 1 Ziff. 1 bedeutsam sind. Im I. Hauptteil ist dieser Fall des § 17 Abs. I S. 1 Ziff. 1 GWB als ein solcher der Rechtsanmaßung qualifiziert worden. Es soll daher auch hier im II. Hauptteil das Thema so verstanden werden, daß darunter nicht die Probleme, die sich aus § 17 Abs. I S. 1 Ziff. 1 GWB ergeben, erörtert werden.

2) RG v. 16.2.1937, RGZ 154,55; BGH v. 20.5.1958 "Sursum Corda", WuW/E BGH 267; BKartA TB 1959 S. 36; Frankfurter Kommentar § 16 Tz.9; Langen § 16 Rdn. 15; Rasch-Westrick § 16 Rdn. 5; Schwartz in GemKomm § 16 Rdn. 29.

Die daran anschließende Frage wäre dann, wann eine derartige Bindung eine mißbräuchliche Handhabung der vertikalen Preisbindung darstellt.

2. Der Meinungsstand

Das OLG Hamburg hat in seinem Urteil vom 11.5.1967 [3] die kombinierte Preisbindung der Agfa Gevaert AG für Film und Entwickeln für zulässig erachtet, da das Entwickeln gegenüber dem Filmverkauf keine selbständige gewerbliche Leistung darstelle, sondern lediglich Kundendienst sei. Außerdem liege in den Fällen, in denen der Preisbinder eigene gewerbliche Leistung im Preis binde, kein Verstoß gegen § 15 GWB vor, da dieser nur die Bindung der Preise für fremde gewerbliche Leistung verbiete.[4]
Das BKartA hatte sich in den Fällen "Tapetenpreisbindung I[5] und II[6]" und "Farbumkehrfilme"[7] mit dem hier anstehenden Problem ebenfalls zu befassen.[8]
Die Beschlußabteilung ist dort der Ansicht, daß Wortlaut und systematischer Zusammenhang des § 16 GWB über die Bindung der Abgabepreise einer Ware in den verschiedenen Handelsstufen hinaus nicht auch das Binden der Preise für Dienstleistungen, die im Zusammenhang mit dem Absatz von Markenwaren erbracht werden, gestatte. Diese Auffassung führe auch nicht zur Lückenhaftigkeit des Preisbindungssystems, da selbst bei Weitergabe der Provision durch den Agenten an den Endabnehmer nicht ein Preisbestandteil an diesen gelange, da Kaufpreis und Provision auf verschiedenen Rechtsgrundlagen basierten. Im übrigen sei nicht die Bindung der Provisionshöhe, sondern nur das Verbot der Weitergabe der Provision - das aber nicht vereinbart ist - geeignet, den von Preisbindern verfolgten Zweck zu erreichen. Einziger Gesichts-

---

3) Mitgeteilt vom BKartA in seinem Beschluß vom 22.6.1967 "Farbumkehrfilme", WuW/E BKartA 1127 ff.
4) WuW/E BKartA 1128.
5) Beschluß des BKartA v. 9.12.1964, WuW/E BKartA 883 ff.; vgl. auch BKartA TB 1964 S. 34.
6) Einspruchsentscheidung des BKartA vom 13.7.1965, WuW/E BKartA 943 ff.
7) Beschluß des BKartA vom 22.6.1967, WuW/E BKartA 1127 ff.
8) Der in BKartA TB 1959 S. 36 genannte Fall - Filmverleiher schreiben Filmtheaterbesitzern die für die Vorführung des vermieteten Films zu berechnenden Eintrittspreise vor - gehört nicht in diesen Zusammenhang, da dort nur die Preise für eine gewerbliche Leistung gebunden werden u. nicht im Zusammenhang mit Preisen für Markenwaren.

punkt für die Bindung der Provision sei daher ein absatzpolitisches Interesse der Hersteller. Dieses Interesse werde aber durch § 16 GWB nicht als schutzwürdig anerkannt.
Die Einspruchsabteilung hat mit Beschluß vom 13.7.1965 [9] den Aufhebungsbeschluß der Beschlußabteilung mit gleicher Begründung bestätigt. Darüber hinaus führt sie an, daß bindungsfähig nur die Preise innerhalb der vom Hersteller zum Endverbraucher führenden Erwerbskette seien, nicht aber die für Leistungen eines Außenstehenden gegenüber einem Mitglied der Erwerbskette.[10]
Der dem Beschluß vom 22.6.1967 [11] zugrunde liegende Sachverhalt war, daß mehrere Hersteller von Farbumkehrfilmen ihre Preise auf allen Wirtschaftsstufen für ihren Farbumkehrfilm (etwa 2/3 des Preises) und das spätere Entwickeln (etwa 1/3 des Preises) als einheitlichen Preis gebunden hatten; das Entwickeln geschah in unternehmenseigenen oder in selbständigen, autorisierten Laboratorien. Das BKartA hat die Preisbindung nach § 17 Abs. I S. 1 Ziff. 1 GWB für unwirksam erklärt. Zur Begründung führt es aus, daß preisbindungsfähige Markenware nur der unbelichtete Film sei, da durch die Belichtung eine Sache entstehe; der belichtete Film und die Markenware des Herstellers stünden also in einem aliud-Verhältnis. Das Entwickeln sei auch nicht lediglich Kundendienst. Das folge einmal aus der Relation von Kaufpreis und Entwicklungsentgelt. Zum anderen fehle dem Entwickeln das typische Kundendienstmerkmal, nämlich kaufakzessorische Händlerleistung und fakultative Inanspruchnahme durch den Verbraucher, da nicht der Händler, sondern der Hersteller die Leistung erbringe und der Verbraucher die Leistung in Anspruch nehmen müsse.

Dieser Auffassung hat sich der BGH in seinem Urteil vom 5.12.1968 [12]

---

9) WuW/E BKartA 943 ff.

10) Dem kann in dieser Allgemeinheit wohl nicht zugestimmt werden. Entscheidend muß vielmehr sein, ob es sich bei der Leistung des Außenstehenden um eine solche handelt, daß die Markenware immer noch die des Preisbinders ("seine Markenwaren") im Sinne von § 16 Abs. I Ziff. 1 GWB bleibt.

11) WuW/E BKartA 1127 ff. "Farbumkehrfilme".

12) BGHZ 51, 163 = NJW 1969, 1024 ff. = JuS 1969, 492 Nr. 8.

entgegen der Auffassung des KG [13] angeschlossen.
Die Literatur hat sich mit diesem Problem nicht beschäftigt. Sie verhält sich nur über die Frage, ob die Preisbindung von gewerblichen Leistungen generell § 17 Abs. I S. 1 Ziff. 1 GWB unterfällt, was sie nahezu ausnahmslos bejaht.[14]

3. Eigene Lösung

Nach der hier vertretenen Auffassung unterfällt die Verbindung einer vertikalen Preisbindung für eine Markenware mit einer vertikalen Preisbindung für eine gewerbliche Leistung für diese Markenware dann § 16 GWB und damit nicht § 17 Abs. I S. 1 Ziff. 1 GWB, wenn sie von Einfluß ist auf die Erhaltung der Preiskonstanz bei Markenwaren. Das Merkmal Preiskonstanz bezieht sich dabei auf die Markenware. § 17 Abs. I S. 1 Ziff. 1 GWB liegt daher in diesen Fällen dann nicht vor, wenn das Erzeugnis und die auf es zu erbringenden preisgebundenen gewerblichen Leistungen eine Einheit bilden. Dabei ist diese Einheit nicht rechtlich, sondern wirtschaftlich zu verstehen, weil auf den Verbraucher abzustellen ist und dieser die Markenware wirtschaftlich betrachtet; den Verbraucher interessiert nicht die rechtliche Erfassung der Markenware, sondern ihre wirtschaftliche Vorteilhaftigkeit gegenüber anonymer Ware.

---

13) Das KG hatte in seiner einstweiligen Anordnung v. 10.8.1967 (WuW/E OLG 850 ff., im wesentlichen gleich mit dem Beschluß des KG v. 12.12.1967,WRP 1968,108 ff.) ausgeführt, daß Farbumkehrfilm und Entwickeln zusammen nach der allein maßgeblichen Auffassung der betreffenden Verkehrskreise als "Ware" im Sinne der §§ 15,16 GWB anzusehen seien. Außerdem liege hier zwar kein Werklieferungsvertrag direkt, aber ein dem analoger Fall vor, und auf diesen Vertragstyp sei Kaufrecht anzuwenden, woraus sich wiederum ergebe, daß die Gesamtheit von Film u. Entwickeln als Ware im Sinne von §§ 15,16 GWB zu werten sei.

14) Baumbach-Hefermehl § 16 Rdn. 13; Fischer DB 1958,888; Frankfurter Kommentar § 16 Tz. 9; Koenigs GRUR 1959, 578; Lukes JuS 1962,163 f.; Rasch-Westrick § 16 Rdn. 5; Rauschenbach S. 151; Rinck Rdn. 736; Roidl BB 1960,1297; Schwartz in Gem Komm § 16 Rdn. 29; Tetzner S. 109. A.A.Ley DB 1958,595; Langen § 15 Rdn. 26. Langen, a.a.O., glaubt jedoch nicht, über § 16 GWB zu einer Lösung kommen zu können, sondern will allenfalls die Kundendienstleistungen als Sonderverbindungen in diesem speziellen Bereich Verkehrssicherheit im Wege der Auslegung des § 15 GWB für möglich erklären, sie dann aber der Mißbrauchskontrolle durch das BKartA nach § 17 GWB unterstellen; anders aber Langen § 16 Rdn. 15.

Auch bei wirtschaftlicher Betrachtungsweise ist aber die auf eine Markenware zu erbringende gewerbliche Leistung gegenüber der Markenware selbst ein aliud. Zwar wird man nicht bestreiten können, daß diese gewerblichen Leistungen in Qualität und Preis einen Einfluß auf den Kaufentschluß hinsichtlich der Markenware ausüben. Sie sind insofern Bestandteile der Motivation des Käufers, nicht aber, wirtschaftlich betrachtet, Bestandteile des Kaufgegenstandes, das heißt der Markenware.
Die Richtigkeit dieser Überlegungen zeigt sich in dem viel diskutierten Fall der Kundendienst-Inspektion und des Reparaturdienstes bei Kraftfahrzeugen.[15]
Richtig ist, daß Kraftwagen heute so komplizierte Gebilde sind, daß ihre Eigentümer oder Besitzer nicht in der Lage sind, die Wartungs- und Reparaturarbeiten selbst vorzunehmen oder die von einer Werkstatt durchgeführten Arbeiten zu überprüfen. Der daraus gezogene Schluß, der Kunde müsse daher gegen mögliche mißbräuchliche Ausnutzung der technischen Überlegenheit der Werkstätten geschützt werden, geht insofern aber fehl, als der Kunde gerade nicht in der Lage ist zu prüfen, ob die berechneten Arbeiten erforderlich waren bzw. tatsächlich durchgeführt wurden. Es ist also nicht so, daß dem Kunden Preisvergleiche hinsichtlich bestimmter Arbeiten nicht möglich sind, sondern unmöglich ist ihm lediglich die Kontrolle der Erforderlichkeit, der tatsächlichen Durchführung und der Qualität der berechneten gewerblichen Leistung. Gegen eine mißbräuchliche Ausnutzung der fachlichen Überlegenheit der Werkstätten in dieser Richtung vermag die vertikale Preisbindung nichts auszurichten.

Ebenfalls vermag das Argument, die vertikale Preisbindung zumindest des Inspektionsdienstes sei der Verkehrssicherheit wegen erforderlich, nicht zu überzeugen.[16] Gewährleistet der Wettbewerb die bestmögliche Versorgung der Verbraucher zu den günstigsten Bedingungen, dann ist nicht einzusehen, warum nicht im Wettbewerb aller Kraftfahrzeugwerkstätten ein optimales Ergebnis erzielt werden soll, sondern daß das hier nur erreichbar sein soll im Wege vertikaler Preisbindung. Es ist eine irrige Annahme,

---

15) Vgl. dazu etwa Fischer DB 1958,888; Ley DB 1958,595; Roidl BB 1960, 1297; Tetzner S. 109.
16) Im übrigen ist nicht ersichtlich, was die Verkehrssicherheit mit dem Spezifischen des Markenartikels zu tun haben soll. Verkehrssicher im weiteren Sinne muß jede Ware sein.

daß allein die Existenz von Preiswettbewerb zu einem Qualitätsnachlaß führen muß. Vielmehr dürfte es näher liegen, daß sich dann infolge des ingesamt schärferen Wettbewerbs - schon allein der größeren Zahl der Wettbewerber wegen - sowohl Preis als auch Qualität positiv entwickeln werden.

Schließlich wird mit Nachdruck darauf hingewiesen, daß beim Kraftfahrzeug der Kunden- und Reparaturdienst sowohl hinsichtlich der Dichte als auch hinsichtlich Qualität und Preis einen der wesentlichsten Faktoren für den Kaufentschluß bilde. Einmal ist diese Aussage selbst angreifbar, denn ebenso bedeutsam sind u.a. die Höhe der zu entrichtenden Steuern und Versicherungsprämien, der Kraftstoffverbrauch, die Reparaturanfälligkeit und -kostspieligkeit und der Wiederverkaufswert des Fahrzeugs. Zum anderen ist erforderlich, die Kundenforderung nach Dichte des Kundendienstnetzes etwas genauer zu betrachten. Der Kunde würde sich schnell daran gewöhnen, die erforderlichen Arbeiten in einer "anonymen" Werkstatt durchführen zu lassen. Daß diese Werkstätten dazu durchaus in der Lage sind und bereits jetzt vielfach aufgesucht werden, beweist die immer wieder von Vertragswerkstätten vorgebrachte Klage über die Abwanderung der Kunden zu diesen anonymen Werkstätten. Erforderlich ist aber eine gewisse Dichte der Ersatzteillager und eine Preiskonstanz bei den Ersatzteilen. Da die Ersatzteillager heute aber in weitem Umfang mit den Kundendienstwerkstätten gekoppelt sind, verlangt der Kunde nach diesen, obgleich es ihm im Grunde auf jene ankommt. Die Preiskonstanz bei den Ersatzteilen ist dann aber keine Frage mehr der vertikalen Preisbindung für gewerbliche Leistungen, sondern für Markenwaren selbst, also eine Frage des § 16 GWB.

Die hier am Beispiel für Kraftfahrzeuge entwickelten Überlegungen sind aber nicht auf diese beschränkt. Sie gelten heute ihrer Kompliziertheit wegen für alle technischen Geräte; sie gelten aber auch für alle anderen Waren, wie etwa die oben erwähnten Fälle der Buchbindereien, "Tapetenpreisbindung" und "Farbumkehrfilme" beweisen.

Da festgestellt ist, daß die vertikale Preisbindung für gewerbliche Leistungen, die auf preisgebundene Markenwaren erbracht werden, ohne Einfluß auf die Preiskonstanz der Markenware ist, unterfällt sie § 17 Abs. I S. 1 Ziff. 1 GWB. Damit bleibt kein Raum mehr für die Prüfung der Frage, wann eine Bindung des Preises für eine Markenware, die mit einer solchen für auf die Markenware zu erbringende gewerbliche Leistungen gekoppelt ist, mißbräuchlich ist.

B. Preis und Preisbestandteil

I. Einleitung

In der gesetzlichen Regelung ist in § 16 Abs. I GWB bestimmt, daß eine Bindung bestimmter Preise zulässig ist. Nach § 17 Abs. I S. 1 Ziff. 3 GWB liegen die Voraussetzungen für eine Mißbrauchsverfügung der Kartellbehörde vor, wenn die Preisbindung oder ihre Verbindung mit anderen Wettbewerbsbeschränkungen geeignet ist, in einer durch die gesamtwirtschaftlichen Verhältnisse nicht gerechtfertigten Weise die gebundenen Waren zu verteuern oder ein Sinken ihrer Preise zu verhindern. § 17 Abs. I S. 2 GWB schließlich stellt die Vermutung auf, daß die Voraussetzungen von § 17 Abs. I S. 1 Ziff. 3 GWB vorliegen bei Bestehen eines erheblichen sog. grauen Marktes und/oder bei Preisspaltung in größerem Umfang.
Nur diese Bestimmungen beziehen sich ausdrücklich auf den gebundenen Preis. Aber daß diese Regelung für den Mißbrauch bei der erlaubten Preisbindung für Markenwaren nicht abschließend und damit restriktiv aufgefaßt werden darf, ergibt sich einmal daraus, daß § 17 Abs. I S. 1 GWB in seinen Ziff. 2 und 3 insgesamt materiell eine Generalmißbrauchsklausel darstellt, und zum anderen aus § 17 Abs. I S. 3 GWB, wonach bei der Beurteilung, ob eine mißbräuchliche Handhabung vorliegt, alle Umstände zu berücksichtigen sind. Es hat somit die Überprüfbarkeit des Preises der Ware durch die gesetzliche Regelung keine Einschränkung erfahren. Zu untersuchende Frage ist daher in diesem Abschnitt, welche möglichen Mißbräuche bei der Festsetzung der Preise durch den Preisbinder auftreten können. Sie soll an folgenden Problemkreisen dargestellt und zu beantworten versucht werden:

- Bestimmter Preis
- Bindung von Rabatten, Skonti, Zugaben und Geschäftsbedingungen
- Preisbindung und genossenschaftlichen Warenrückvergütung
- Angemessener Preis.

II. Bestimmter Preis

1. Einleitung

§ 16 Abs. I Ziff. 1 GWB gestattet die Festsetzung bestimmter Preise, die bei der Weiterveräußerung von Markenwaren, die mit gleichartigen Waren anderer Hersteller oder Händler in Preiswettbewerb stehen, eingehalten werden sollen. § 17 GWB erwähnt dagegen die Bestimmtheit des festgesetzten Preises nicht. Daraus könnte der Schluß gezogen werden, daß das Problem des bestimmten Preises ausschließlich ein solches des § 16 GWB ist.

Hierbei wird aber zweierlei nicht beachtet. Einmal will § 17 GWB alle Fälle möglicher mißbräuchlicher Handhabung erfassen, also auch solche im Zusammenhang mit der Bestimmtheit des Preises. Zum anderen hat das Problem der Bestimmtheit des Preises zwei Aspekte. Es ist hier zu unterscheiden die Frage, wie der Preis festgesetzt wird (Bruttopreis, Nettopreis, Rahmenpreis oder auch Angabe des Verfahrens, wie der Preis vom Gebundenen selbst zu errechnen ist), von der Frage, wofür der Preis festgesetzt wird (Preis ab Herstellerwerk, ab Auslieferungslager, ab Letztverkäufer, frei Haus oder aber Preis für nach allgemeiner Auffassung unvollständige Ware, etwa Fahrrad ohne Lichtanlage und Klingel). Die erste Frage, also die des Wie der Preisfestsetzung, ist in der Tat eine solche des § 16 GWB und gewinnt im Rahmen des § 17 GWB nur mittelbare Bedeutung durch § 17 Abs.I S. 1 Ziff. 1 GWB. Sie soll daher im Rahmen dieser Arbeit nicht erörtert werden. Dagegen gehört die zweite Frage, also die des Wofür der Preisfestsetzung, in den Problemkreis des § 17 GWB unmittelbar. Das ergibt sich aus folgender Überlegung: § 16 GWB gestattet die Festsetzung eines bestimmten Preises für eine bestimmte Markenware. Die Verbindung zwischen Preis und Ware ist also rein technischer Natur, nämlich dergestalt, daß der festgesetzte Preis für die bestimmte Ware gilt. Es ist damit noch nichts darüber ausgesagt, daß diese im Preis gebundene Ware in dieser bestimmten Ausgestaltung gebunden werden darf, denn das ist keine technische, sondern eine wertende Frage. Wertende Fragen gehören aber in den § 17 GWB. Das ergibt sich schon daraus, daß gemäß § 17 Abs. I S. 3 GWB alle Umstände zu berücksichtigen sind. Eine solche Vorschrift ist nur für eine

Wertung von Bedeutung, nicht dagegen für eine Überprüfung einer technischen Verknüpfung, weshalb auch eine solche Regelung in § 16 GWB fehlt.
Hier zu untersuchende Frage ist daher, welche Konsequenzen aus dem Postulat der Bestimmtheit des Preises für die Ermittlung der näheren Ausgestaltung der vertikalen Preisbindung zu ziehen sind.

2. Der Meinungsstand

Entscheidungen und Beschlüsse zu diesem Problem sind bisher noch nicht ergangen. Als Quelle kommt daher zunächst nur der Tätigkeitsbericht 1962 des BKartA in Betracht.[17)]
Dort sieht das BKartA, bezogen auf den Pkw-Markt, die Bindung des Preises ab Werk trotz der Uneinheitlichkeit der Überführungskosten nicht als Verstoß gegen das Postulat der Bestimmtheit des Preises an. Der Händler ließe sich vom Käufer mit den Überführungskosten Aufwendungen ersetzen, die ihm tatsächlich entständen und die örtlich verschieden hoch seien. Dadurch bliebe der gebundene Preis unberührt. Erforderlich sei allerdings, daß der Händler in seiner Werbung gebundenen Verkaufspreis und berechnete Überführungskosten gesondert ausweise.
Dagegen hält das BKartA die Preisbindung für ein unvollständiges Fahrzeug (etwa PKW ohne Heizung, ohne Lenkradschloß, ohne Batterie) für mißbräuchlich. Diese Bestandteile würden stets mitverkauft aufgrund des Verlangens des Kunden und der Zulassungsvorschriften für den Straßenverkehr. Bei einem unvollständigen Fahrzeug werde daher ein Preis für ein nicht angebotenes Erzeugnis gebunden.
In der Literatur ist lediglich eine nicht näher begründete Aussage bei Tetzner zu finden. Danach wird das Erfordernis des bestimmten Preises durch die bei Kraftfahrzeugen übliche Bindung der Ab-Werk-Preise bei örtlich unterschiedlichen Überführungskosten nicht verletzt.[18)] Neuerdings hat sich grundsätzlich Fikentscher dahin geäußert, daß Gegenstand der Preisbindung nur ein tatsächlich angebotenes Erzeugnis sein dürfe.[19)]

---

17) BKartA TB 1962 S. 28.
18) Tetzner S. 104.
19) Fikentscher in GWB-Festschrift S. 266.

3. Eigene Lösung

Auszugehen ist auch hier wieder von der Tatsache, daß die vertikale Preisbindung zugelassen ist als ein Mittel zur Erreichung von Preiskonstanz über einen längeren Zeitraum hin. Von dieser Preiskonstanz schließt der Nachfrager zurück auf die Qualität des angebotenen Erzeugnisses, also der Markenware. Nun kann zwar rein begrifflich auch eine unvollständige Ware Markenware sein; das ist nur eine Frage der Definition. Da aber im Rahmen der §§ 16, 17 GWB entscheidendes Moment die psychologische Verknüpfung in der Vorstellung des Verbrauchers ist und der Verbraucher gleich Nachfrager die Interdependenz von Qualität und Preis zwischen nachgefragter Ware und dafür verlangtem Preis sieht, kann hier die Markenware in ihrer Ausgestaltung nicht mehr begrifflich betrachtet werden. Preisbindungsfähig ist daher nur eine Markenware in der Konsistenz, in der der Verbraucher sie gewöhnlich nachfragt, oder anders ausgedrückt, in der sie die Nachfrageseite des Marktes als Angebot erwartet. Dabei ist es unerheblich, welche Bestimmungsgründe beim Verbraucher für seine Vorstellung, das heißt für die gewöhnliche Nachfrage bezüglich der Ausgestaltung der Ware maßgeblich gewesen sind. Das können die vom BKartA erwähnten gesetzlichen Vorschriften sein [20]; das können objektive Momente, etwa solche der Zweckmäßigkeit oder längeren Lebensdauer sein; das können aber auch rein subjektive Vorstellungen, die sich etwa bei einer naturwissenschaftlichen Betrachtung als falsch erweisen, sein (etwa die weiße Farbe als Zeichen der Sauberkeit, die wenn auch noch so geringe Schaumstoffauflage als Zeichen besonderen Komforts bzw. besonderer Sicherheit); ja, es können sogar subjektive Momente sein, die nicht einmal mangels sprachlicher Faßbarkeit näher bezeichnet werden können.

Wird nicht eine solche Ware im Preis gebunden, sondern nur ein minus davon, so wird der Verbraucher nicht die Vorstellung von Preiskonstanz gewinnen, da der für die von ihm verlangte Ware geforderte Preis aufgrund des nicht preisgebundenen, vom Anbieter frei kalkulierten Teils nicht konstant sein wird. Eine derartige Preisbindung ist also nicht in der Lage, den von ihr verlangten Effekt zu erzielen. Ist das aber nicht der Fall, so

---

20) BKartA TB 1962 S. 28.

ist sie mißbräuchlich.
Fraglich ist in diesem Zusammenhang noch, ob zu der Vollständigkeit der Markenware im gerade bezeichneten Sinne auch der Vertriebsweg gehört. Diese Frage wird man regelmäßig bejahen müssen. Für die Vorstellung des Nachfragers ist der von ihm verlangte Gesamtpreis maßgeblich. Eine psychologische Verknüpfung wird sich wohl kaum nachweisen lassen, wenn der Verbraucher den Gesamtpreis erst aus vielen Beträgen zusammenrechnen muß. Ausnahmen können wohl nur da zugelassen werden, wo es sich nicht um Güter des Massenkonsums handelt und wo der Nachfrager an die Aufspaltung des Gesamtpreises in "Preis ab ---" und Vertriebskosten gewohnt ist; außerdem ist die gesonderte Ausweisung des gebundenen Preises und der berechneten Vertriebskosten in der Werbung und Preisauszeichnung des Anbieters erforderlich. Da diese drei Voraussetzungen bei Kraftfahrzeugen vorliegen, ist die oben wiedergegebene Stellungnahme des BKartA insoweit richtig. Maß muß sich nur klar darüber sein, daß sie nur unter diesen engen Voraussetzungen gilt und nicht verallgemeinert werden kann.
Es ist somit festgestellt, daß mit der geringen Ausnahme der gesonderten Berechnung der Vertriebskosten die Bindung von Preisen für unvollständige Markenwaren mißbräuchlich ist. Dieser Fall beurteilt sich nach § 17 Abs. I S. 1 Ziff. 2 GWB, da dem Gebundenen der Verzicht auf eine autonome Preispolitik als eines absatzpolitischen Instruments nicht zugemutet werden kann, wenn der generell mit der Preisbindung angestrebte Effekt mit der konkret gehandhabten Preisbindung nicht erreicht werden kann. Für die Anwendung der Ziff. 3 fehlt es an der über die bloße systembedingte Wettbewerbsbeschränkung hinausgehenden Eignung zu marktschädlichen Auswirkungen.

III. Bindung von Rabatten, Skonti, Zugaben und Geschäftsbedingungen

1. Einleitung

Ein besonders häufig erörtertes Problem ist das der Bindung von Rabatten, Skonti, Zugaben und Geschäftsbedingungen. Da diese Begriffe im allgemeinen Sprachgebrauch oft synonym gebraucht werden und selbst in der Fachliteratur oft nicht mit der erfor-

derlichen Schärfe zwischen ihnen getrennt wird, erscheint eine terminologische Abgrenzung sinnvoll.
Unter Rabatten sollen hier nur die echten Rabatte verstanden werden. Dies sind Preisnachlässe für Waren oder Leistungen, die gewährt werden für die Übernahme unternehmerischer Leistungen. Dadurch wird erreicht, daß ein formell einheitlicher Angebotspreis gegenüber verschiedenen Abnehmern unter verschiedenen Umständen oder zu verschiedenen Zeiten differenziert wird.[21)] Dazu gehören einmal und vor allem die Funktionsrabatte (auch Grundrabatte, Händlerrabatte oder Wiederverkäuferrabatte genannt), die gewährt werden für die Erbringung der üblichen unternehmerischen Leistung dieser Handelsstufe.[22)] Bezogen auf den gesamten Distributionsprozeß stellen diese Leistungen sich dar als solche, die notwendigerweise erbracht werden müssen, damit die Ware oder Leistung vom Hersteller bzw. Erbringer zum Endabnehmer gelangt. Weiterhin gehören aber auch hierher Preisnachlässe, die gewährt werden für normalerweise von dieser Stufe nicht mehr zu erbringende Leistungen, also für Leistungen, die entweder von der vorgelagerten oder nachfolgenden Stufe der Vertriebskette erbracht werden oder aber überhaupt nicht erbracht würden. Hierunter fallen die Mengenrabatte aufgrund der mit einem Mal angenommenen Warenmenge, die Umsatzrabatte incl. der Umsatzboni oder Jahresboni aufgrund der in einer Periode abgenommenen Menge, die Treuerabatte aufgrund der Abnahme von nur einem bestimmten Hersteller, die Saisonrabatte aufgrund der Abnahme zu einer bestimmten Zeit des Jahres, die Einführungsrabatte aufgrund der Neuheit und damit Unbekanntheit der Ware, die Frühbezugsrabatte aufgrund der Abnahme vor einem bestimmten Zeitpunkt, um nur die häufigsten zu nennen.[23)] Rabatte gehören stets der absatzpolitischen Seite an. Dabei ist abrechnungstechnisch zu bemerken, daß nur der Funktionsrabatt zu den Kosten zu rechnen ist [24)], während alle übrigen Rabatte Erlösschmälerungen des Anbieters darstellen, ebenso wie die noch zu behandelnden Skonti [25)]. Nicht zu

---

21) Wirtschaftslexikon II S. 761; HdSW S. 664.
22) HdSW S. 665.
23) Vgl. hierzu Mellerowicz, Handelsspanne S. 6 ff.; Mellerowicz, Markenartikel S. 170; Batzer S. 13 ff.; Wirtschaftslexikon II S. 761 ff.; HdSW S. 664 ff.; Sölter, Rabattkartell S. 13 ff.
24) Gutenberg II S. 38.
25) Gutenberg II S. 38; Henzel S. 30.

den Rabatten in diesem Sinne gehören danach die Sonderrabatte, wie Personalrabatt, Beamtenrabatt, Vereinsrabatt und die sog. Preisrabatte, die Preisnachlässe ohne besondere Gegenleistung darstellen.
Unter Skonto (auch Barzahlungsrabatt genannt) sollen Preisnachlässe verstanden werden, die dem Abnehmer der Ware oder Leistung für frühzeitige Zahlung gewährt werden [26]. Der Skonto ist somit Preis für die Kreditnutzung bzw. Vorfinanzierung, die bei der Warenlieferung dem Abnehmer eingeräumt wurde.[27] Insofern gehören die Skonti nicht wie die Rabatte der absatzpolitischen Seite an, sondern der finanziellen. Wie die Rabatte - mit Ausnahme des Funktionsrabattes - stellen sie für den Anbieter Erlösschmälerungen dar.[28]
Unter Zugabe ist eine Ware oder Leistung zu verstehen, die neben einer Hauptware oder Hauptleistung ohne besonderes oder zumindest ohne nennenswertes Entgelt angeboten, angekündigt oder gewährt wird, um dadurch einen Anreiz auf den Kunden zum Vertragsschluß auszuüben.[29] Nach dieser Definition stellen lit. b und c des § 1 Abs. II ZugabeVO keine Zugaben dar. Vielmehr sind beides Preisnachlässe [30], die je nach ihrem Gewährungsgrund entweder Rabatte im obigen Sinne oder sog. Preisrabatte sind.[31] Daran ändert auch ihre Erwähnung in der ZugabeVO nichts. Sie sind eben durch die ZugabeVO erlaubte, echte Rabatte bzw. Preisrabatte, niemals aber Skonti, da sie nicht zur finanziellen, sondern zur absatzpolitischen Seite gehören.

Die Geschäftsbedingungen setzen sich zusammen aus Zahlungsbedingungen und Lieferbedingungen. Während die Zahlungsbedingun-

---

26) HdSW S. 664.
27) Wirtschaftslexikon II S. 1062.
28) Gutenberg II S. 346, der ihm aber von einer gewissen Höhe ab Rabattfunktion beilegen will. Das ist aber ungenau, denn stehen Leistung und Gegenleistung des Skonto in einem Mißverhältnis dergestalt, daß der Skonto "zu hoch" ist, so ist nur der verhältnismäßige Teil Skonto und die Rechtsnatur des anderen Teils gesondert zu bestimmen.
29) BGHZ 11, 278; BGHZ 34, 267; Baumbach-Hefermehl Übersicht Rdn. 1 ZugabeVO.
30) Lit. b und c des § 1 Abs. I Zugabe-VO stellen beide Preisnachlässe dar, unterscheiden sich nur in der technischen Durchführung. In beiden Fällen wird für die gelieferte Ware ein niedrigerer als der formelle Preis in Rechnung gestellt.
31) Baumbach-Hefermehl § 1 Rdn. 78 ZugabeVO; Völp,Preisbindung S. 94 f.

gen Zahlungsort, -zeitpunkt und -mittel [32], also die finanzielle Geschäftsabwicklung regeln, bestimmen die Lieferbedingungen die näheren Einzelheiten der Geschäftsabwicklung im Bereich der Güter und Leistungen.[33]
Hier zu untersuchende Frage ist somit, ob die vertikale Bindung von Rabatten, Zugaben und Geschäftsbedingungen als solchen, wenn sie im Zusammenhang mit einer erlaubten vertikalen Preisbindung erfolgt, zulässig ist. Ist das der Fall, so wird zu erörtern sein, wann ihre nähere Ausgestaltung mißbräuchlich im Sinne von § 17 Abs. I S. 1 GWB ist. Dagegen soll hier nicht untersucht werden, ob ihre isolierte Bindung durchgeführt werden kann, da das ausschließlich eine Frage des § 16 GWB ist, die im übrigen sicher zu verneinen ist.

2. Der Meinungsstand

a) Rabatte

Das BKartA hat sich erstmals mit der Bindungsfähigkeit von Rabatten in einem Brief vom 7.12.1962 [34] beschäftigt. Dort heißt es, daß die Gewährung von Rabatten Ausfluß allgemeiner kaufmännischer Gepflogenheit sei. Sie sei in dem unser Wirtschaftsleben weitgehend beherrschenden Rabattsystem und Rabattdenken begründet und als solche vom kartellrechtlichen Standpunkt aus nicht zu beanstanden.[35] In dem Beschluß vom 4.6.1964 "Doornkaat"[36] führt das BKartA aus, daß die Festsetzung der Rabatthöhe in erster Linie eine unternehmerische Entscheidung ist, die von der Kartellbehörde nur im Fall eines Mißbrauchs beanstandet werden kann. Deshalb werde gegen eine Mengenrabattstaffel in der üblichen Form einer organisch verlaufenden Kurve regelmäßig nichts einzuwenden sein.[37] In der Einspruchsentscheidung vom 13.7.1965 "Tapetenpreisbindung II" [38] sagt das BKartA ausdrücklich, daß der Preisbinder berechtigt ist, u.a. Rabatte vorzuschreiben, die gegenüber den Abnehmern einzuhalten sind.[39] Auch die vertikale Bindung der Funktionsrabatte

---

32) Wirtschaftslexikon II S. 2021.
33) Wirtschaftslexikon I S. 102.
34) WuW/E BKartA 649 ff.
35) WuW/E BKartA 651.
36) WuW/E BKartA 823 ff.
37) WuW/E BKartA 824.
38) WuW/E BKartA 943 ff.
39) WuW/E BKartA 944.

steht den Preisbindern frei.[40] Das hat der BGH in seinem Urteil vom 27.9.1962 [41] ausdrücklich entschieden.[42] Im übrigen geht die Praxis bei sämtlichen Beschlüssen zum Problem der genossenschaftlichen Warenrückvergütung von der Bindungsfähigkeit von Rabatten aus, denn sie untersucht in diesem Zusammenhang stets, mit welchem Inhalt Gesamtumsatzrabatte vertikal gebunden werden können, wenn in der Branche auf der oder den gebundenen Stufen gleichzeitig Genossenschaften tätig sind [43], bzw. ob das Verbot von Gesamtumsatzrabatten das Verbot der genossenschaftlichen Warenrückvergütung praejudiziere.[44]
In der gleichen Richtung geht die Auffassung in der Literatur.[45] Begründet wird das damit, daß Rabatte Preisbestandteile seien, und zwar deshalb, da sie unmittelbar das Tauschverhältnis Ware-Geld betreffen und nur eine besondere Berechnungsart des Kaufpreises sind insofern, als die Mitbeteiligung des Käufers am Absatzprozeß und -risiko mit berücksichtigt wird.[46] Von einer Bindung an einen bestimmten Preis könne daher dann keine Rede mehr sein, wenn der hinsichtlich des Bruttopreises Gebundene die Preisermäßigung in Form der Rabattgewährung von sich aus vornehmen dürfte.[47] Es wird dem Preisbinder nicht nur das Recht der Rabattbindung zugestanden, sondern es wird ihm eine solche sogar empfohlen. Mangels einer

---

40) BKartA vom 4.6.1964 "Doornkaat", WuW/E BKartA 824 f.
41) BGHZ 38, 100 ff. "Agfa".
42) Im Rahmen eines erlaubten Kartells nach § 3 GWB hat das KG mit Beschluß v. 15.12.1959 (WuW/E OLG 317 ff.) entschieden, daß Funktionsrabatte zwar rechtlich zulässig seien, ihre Nichteinräumung jedoch nicht zu beanstanden sei (WuW/E OLG 319 f.).
43) Vgl. etwa BKartA v. 29.7.1958 "Alpenmilch", WuW/E BKartA 3 ff.; Schreiben des BKartA v. 4.12.1964, BB 1965,431 f.; Beschlüsse des BKartA "Genossenschaftliche Warenrückvergütung" v. 20.7.1964, WuW/E BKartA 959 ff., und vom 17.5.1966, WuW/E BKartA 1077 ff.
44) BGH v. 16.12.1965, BB 1966,344 ff., mit Anm. von Poeche; LG Frankfurt/Main v. 23.12.1964, WuW/E LG/AG 243 ff.
45) A.A. etwa Lukes, JuS 1962,169, der meint, auch in diesen Fällen werde der Festpreis angegeben, und daher gehe bei den Abnehmern auch nicht die Beziehung zwischen Güte und Preis der Markenware verloren.
46) Gleiss NJW 1953,1457;Linhard-Stöhr BB 1957,1023;Schopp Diss. S.125. A.A. hinsichtlich Jahresboni Menzel DB 1959,508.
47) So etwa Baumbach-Hefermehl § 16 Rdn.37;Müller-Gries-Giessler § 16 Rdn.44; Dörinkel GRUR 1960,13;Kemmer BB 1961,467 f.; Nibler NJW 1954, 369 ff.

solchen Festlegung soll eine Rabattgewährung des gebundenen Abnehmers verboten sein.[48] Daran ändern auch die Vorschriften des RabG nichts, da sie nur Ausnahmen vom generellen Rabattverbot zulassen, sie aber nicht garantieren. Spengler meint darüber hinaus, auch mit einer begriffsjuristischen Definition zu diesem Ergebnis zu kommen, da nämlich zwischen einer gesetzmäßigen Preisbindung und Preisnachlässen - und auch der Rabatt ist ja ein solcher - das Verhältnis der begrifflichen Inkompatibilität bestehe.[49]

b) Skonti

Im Tätigkeitsbericht für das Jahr 1958 teilt das BKartA mit, daß es die Preisbindung eines Unternehmens beanstandet habe, weil es "nach dem Rabattgesetz zulässige Barzahlungsnachlässe ausgeschlossen" habe.[50] Diese Barzahlungsnachlässe stellen in der hier gewählten Terminologie Skonti dar. Gegen die Bindungsfähigkeit jedenfalls der durch das Rabattgesetz geregelten Gewährung von Skonti hat sich das BKartA weiter in den Tätigkeitsberichten 1959 und 1963 ausgesprochen.[51] Wesentlicher Grund für die Ablehnung der Bindungsfähigkeit des Skonto im Beschluß "Fotofilme I" vom 5.3.1960 [52] ist für das BKartA, daß die Skontogewährung, jedenfalls sofern sie nach dem RabG erfolgt[53], die Bestimmtheit des gebundenen Preises nicht berührt. Ausschlaggebend für die Privilegierung des Markenartikels durch § 16 GWB sei die vom Gesetzgeber angenommene psychologische Verknüpfung von bestimmtem Preis und Güte der Ware in der Vor-

---

48) Frankfurter Kommentar § 16 Tz. 62; Müller-Gries-Giessler § 16 Rdn. 48; Schwartz in GemKomm § 16 Rdn. 55; Koenigs GRUR 1959, 579; Völp WRP 1958, 361.
49) Spengler MA 1954, 6.
50) BKartA TB S. 53.
51) BKartA TB 1959 S. 37; BKartA TB 1963 S. 36.
52) WuW/E BKartA 172 ff.
53) Hierbei hat das BKartA wohl an das Prinzip "de minimis lex non curat", wie es etwa in § 7 Abs. II OWiG a.F. = § 47 OWiG v. 24.5.1968 seinen Niederschlag gefunden hat, gedacht. Denn mit dem Hinweis auf das RabG kann nur dessen § 2 S. 1 angesprochen sein, der die Rabattgewährung höhenmäßig für den Geltungsbereich dieses Gesetzes auf 3 % begrenzt. Es ist aber absolut nicht einzusehen, warum hinsichtlich desselben Instituts "Preisnachlaß" für die Überlassung von Waren oder gewerblichen Leistungen des täglichen Bedarfs an den letzten Verbraucher - so § 1 Abs. I RabG - etwas anderes gelten soll, als im gesamten übrigen Geschäftsverkehr.

stellung der Verbraucher. Daher müsse für die Prüfung des Merkmals 'bestimmter Preis' auch auf die Vorstellung der Verbraucher abgestellt werden. Für diese werde die Bestimmtheit des gebundenen Preises durch die Skontogewährung nach dem RabG deshalb nicht berührt, weil die Preisauszeichnung der Ware und der in Rechnung gestellte Betrag der gebundene Preis sei und zudem die Skonti oft nicht sofort, sondern erst nach Erreichung einer bestimmten Gesamtkaufsumme gewährt werden. Für den Verbraucher erscheine daher selbst bei Skontogewährung ausschließlich der gebundene Preis als der bestimmte Preis. Im Skonto erblicke er vielmehr ein Werbemittel des Händlers, das auch von diesem zu finanzieren sei.[54] Die zum gleichen Fall ergangene Einspruchsentscheidung des BKartA vom 16.8.1960 [55] schließt sich den Ausführungen der 3. Beschlußabteilung (Vorinstanz) an. Die gesetzliche Begrenzung des § 2 S. 1 RabG auf 3 % schließe bereits eine Verfälschung des gebundenen Preises aus. Im übrigen sei der Barzahlungsrabatt aber auch deshalb nicht bindungsfähig, da es sich bei ihm um eine Geschäftsbedingung handele - was eingehend zu begründen versucht wird -, und Geschäftsbedingungen seien gemäß §§ 15, 16 GWB bindungsunfähig.[56] Aus diesem Grunde sei ein Eingriff nach § 17 Abs. I S. 1 Ziff. 1 GWB vorzunehmen gewesen.
Das KG Berlin wendet sich in seinem Beschluß vom 14.3.1961 [57] gegen die Auffassung des BKartA, daß es sich beim Barzahlungsrabatt um eine Geschäftsbedingung handele. Vielmehr sei er echter Preisbestandteil. Dennoch sei ein Einschreiten nach § 17 Abs. I S. 1 Ziff. 1 GWB gerechtfertigt, denn § 16 GWB sei als Ausnahmevorschrift eng auszulegen, woraus zu folgern sei, daß nur solche Preisbindungsvereinbarungen zugelassen seien, "die notwendig sind, um die Eigenschaft einer Ware als Markenware sicherzustellen. Hierzu gehört der Ausschluß der Gewährung von Barzahlungsnachlässen in einer Preisbindung jedoch nicht." Hiergegen wendet sich der Kartellsenat des BGH in seinem Urteil vom 15.2.1962 "Agfa-Filme" [58]. Zunächst einmal ist er der Auf-

---

54) WuW/E BKartA 174 f.
55) WuW/E BKartA 236 ff.
56) WuW/E BKartA 237 f. Ebenso Buschmann DB 1961, 732; Kirschstein WuW 1959, 236; Koenigs GRUR 1959, 579; Lanzenberger GRUR 1958, 596 f.; Menzel DB 1959, 508.
57) WuW/E OLG 386 ff.
58) BGHZ 36, 370 ff.

fassung, daß es eine Notwendigkeit der Bindung zur Sicherstellung der Eigenschaft der Ware als Markenware nicht gebe, da nur für einen Teil der Markenwaren überhaupt Preisbindungen bestünden. Vielmehr sei entscheidend, daß für Markenwaren das Preisbindungsprivileg geschaffen sei, um das Fordern einheitlicher Preise sicherzustellen. Dann müsse aber auch alles ausgeschlossen werden können, was zu Preisunterbietungen führe, das heißt auch die Gewährung von Barzahlungsrabatt nach dem RabG. Dagegen spreche auch nicht § 2 RabG, denn dieser begrenze die Zulässigkeit, garantiere sie aber nicht.[59)]
In der Literatur wird bei der Frage der Bindungsfähigkeit der Skonti vielfach zwischen Skonto und Barzahlungsrabatt unterschieden und der Barzahlungsrabatt als bindungsfähiger Preisbestandteil und der Skonto als bindungsunfähige Zahlungsbedingung deklariert.[60)] Zur Begründung hierfür wird angeführt, daß der Skonto nur bei Zielkauf angewandt werde und eine Liquiditätsprämie darstelle, während der Barzahlungsrabatt einen Barkauf voraussetze und gewährt werde für gute Zahlungsmoral des Käufers.[61)] Als Liquiditätsprämie habe der Skonto aber nichts mehr mit dem unmittelbaren Austauschverhältnis Ware-Geld zu tun, sondern finde seinen Grund in der Abwicklung des Leistungsaustausches, das heißt ganz konkret in der Modalität der Leistungserbringung des Käufers. Weiterhin wird mit dem Wortlaut des § 2 GWB argumentiert, der nach einer verbreiteten Auffassung den Skonto klar zu den Zahlungsbedingungen rechnet.[62)] Andere vertreten die Auffassung, daß sowohl Skonto als auch Barzahlungsrabatt bindungsfähig und damit auch verbietbar seien. Entweder wird hierfür zur Begründung angeführt, daß sowohl Skonto als auch Barzahlungsnachlaß als Preisbestandteile ange-

---

59) Die Bindungsfähigkeit von Rabatten, Boni und Skonti nimmt jetzt auch das BKartA an; vgl. Beschluß vom 13.7.1965 "Tapetenpreisbindung II", WuW/E BKartA 944. Im Ergebnis ebenso bereits LG Hamburg, Urteil vom 7.4.1954, MA 1954, 466; LG Mönchen-Gladbach, Urteil vom 25.2.1955, MA 1955,268.

60) Baumbach-Hefermehl § 16 Rdn. 39; Langen § 16 Rdn. 68 f.; Rasch-Westrick § 16 Rdn. 19; Schwartz in GemKomm § 16 Rdn. 56; Gleiss MA 1954, 412;Gleiss NJW 1953, 1458; Reimann MA 1959, 32; Schopp, Diss. S. 122 f. Ebenso BKartA, Brief vom 7.8.1958, WuW/E BKartA 15; BKartA, Brief vom 24.10.1958, WuW/E BKartA 15 f.

61) Frankfurter Kommentar § 16 Rz. 64.

62) Schwartz in GemKomm § 16 Rdn.56;Dörinkel GRUR 1960,13;Lanzenberger GRUR 1958,597;Lukes JuS 1962,169, der den Skonto als Zinsvergütung für vorzeitige Zahlung bezeichnet.

sehen werden müßten [63] - vielfach wird hierfür auf die Anschauungen der Verbraucher hingewiesen - oder aber selbst wenn man sie als Geschäftsbedingung wertet, hält man sie dennoch für bindbar um der Erreichung der Lückenlosigkeit willen.[64] Als weitere Begründung findet man, daß, wenn der Hersteller schon einen bestimmten Preis binden darf, er erst recht berechtigt sein muß, einen in bestimmten Grenzen variablen Preis vorzuschreiben.[65] Nach Reimann ist jeder Rabatt, worunter er auch wohl Barzahlungsrabatt und Skonto versteht, Zugabe, andererseits aber jede Zugabe Preisnachlaß und daher bindbar.[66]

c) Zugaben

Bezüglich der Bindungsfähigkeit von Zugaben gemäß der ZugabeVO vertritt das BKartA in seinem Schreiben vom 24.10.1958 [67] und in seinen Beschlüssen vom 5.3.1960 [68] und 16.8.1960 [69] den gleichen Standpunkt, wie er gerade für Skonti dargestellt worden ist. Das KG Berlin ist in seinem Beschluß vom 14.3.1961 [70] der Auffassung, daß die Zugabe eine den Preis nicht beeinflussende "im Rahmen der Zugabeverordnung zulässige Wettbewerbsmaßnahme des Verkäufers zur Förderung des Absatzes der Hauptware" ist. Ihre Bindungsfähigkeit sei deshalb zu verneinen, da dadurch anderer als Preiswettbewerb auf der Handelsstufe ausgeschlossen werde, was durch § 16 GWB nicht gedeckt werde.[71] In der Literatur geht eine Meinung dahin, daß wegen der Geringwertigkeit der Zugaben diese auf den bestimmten Preis keinen Einfluß haben und daher nicht ausgeschlossen werden können.[72] Andere halten Zugaben als Geschäftsbedingungen für

---

63) Müller-Gries WRP 1961,178; Linhard-Stöhr BB 1957,1023 f.
64) Basson MA 1961, 304; Völp, Preisbindung S. 84 ff.; Völp WRP 1958, 4; Völp WRP 1959, 8 ff., wo aber ein vertraglicher Ausschluß des Skonto verneint wird; Völp MA 1960, 614 ff.
65) Bormann MA 1954,813; Spengler MA 1954, 6.
66) Reimann WRP 1957, 69ff.
67) WuW/E BKartA 15 f.
68) WuW/E BKartA 172 ff.
69) WuW/E BKartA 236 ff.
70) WuW/E OLG 386 ff.
71) WuW/E OLG 390.
72) Langen § 16 Rdn. 70; Schwartz in GemKomm § 16 Rdn. 56; Lanzenberger GRUR 1958, 597; im Ergebnis ebenso Rasch-Westrick § 16 Rdn. 20.

nicht bindungsfähig.[73] Die Gegenmeinung sieht Zugaben für bindungsfähig an, da die Zugabegewährung, wirtschaftlich betrachtet, sich wie der Barzahlungsnachlaß als Preisermäßigung auswirkt [74]; es werde die Relation von Leistung und Gegenleistung verändert.[75]

d) Geschäftsbedingungen

Umstritten ist ebenfalls die Bindungsfähigkeit von Geschäftsbedingungen. Überwiegend wird angenommen, daß Geschäftsbedingungen nicht gebunden werden können, denn § 16 GWB sehe nur eine Ausnahme vom Verbot der vertikalen Preisbindung des § 15 GWB vor, nicht aber vom Verbot der vertikalen Bindung von Geschäftsbedingungen.[76] Eine Ausnahme soll nur für die Fälle gelten, in denen sonst die Lückenlosigkeit bzw. das Merkmal 'bestimmter Preis' aufs Spiel gesetzt würde.[77] Diese Meinung wird von anderen für sehr unglücklich gehalten, da auch die Geschäftsbedingung - insbesondere wenn man auf die Sicht des Verbrauchers abstellt - einen Einfluß auf die Relation von Leistung und Gegenleistung ausübt. Sie halten eine Trennung von Leistung und Gegenleistung einerseits und Geschäftsbedingung andererseits für nicht möglich.[78] Andere begründen die Bindungsfähigkeit von Geschäftsbedingungen aus Sinn und Zweck des Gesetzes mit einem a maiore ad minus-Schluß: Wenn der

73) Buschmann DB 1961,732. Nach Lukes JuS 1962,169, wirken sich die Zugaben nicht auf die Beziehung zwischen Güte und Preis der Markenware in der Verbrauchervorstellung aus.

74) Müller-Gries-Giessler § 16 Rdn. 61; Basson MA 1961,304; Linhard-Stöhr BB 1957,1024; Müller-Gries WRP 1961,179; Reimann MA 1959, 32.

75) Frankfurter Kommentar § 16 Tz. 66; Reimann WRP 1957, 69 ff. Völp WRP 1959,8; Völp MA 1960,622; Völp,Preisbindung S.94 ff.

76) Baumbach-Hefermehl § 16 Rdn. 36; Langen § 16 Rdn. 73; Müller-Gries-Giessler § 16 Rdn. 55; Rasch-Westrick § 16 Rdn. 19; Schwartz in GemKomm § 16 Rdn. 55; Buschmann DB 1961, 732; Lanzenberger GRUR 1958,597; Gleiss MA 1954, 412, der de lege ferenda aber eine Änderung für notwendig hält. Ebenso WuW/E BKartA 15,15 f.,236 ff.; BGHZ 36,370 ff.

77) Baumbach-Hefermehl § 16 Rdn.38;Frankfurter Kommentar § 16 Tz.59 f.;Dörinkel GRUR 1960,13;Gleiss NJW 1953,1582;Kirschstein WuW 1959,236;Koenigs GRUR 1959,579;Lukes JuS 1962, 168,nach dessen Ansicht der Gesetzgeber das bereits selbst durch Zulassung der sog. durchlaufenden Bindung zum Ausdruck gebracht habe.

78) Mellerowicz, Markenartikel S. 170 ff.;Völp,Preisbindung S. 78 ff.; Völp WRP 1958,4.

Gesetzgeber die strenge Bindung von bestimmten Preisen gestattet habe, könne er nicht die weitaus schwächere Bindung von Geschäftsbedingungen verboten haben; wenn der Gesetzgeber die stärkere horizontale Absprache über Geschäftsbedingungen erlaubt habe, könne er nicht die weitaus schwächere Form der vertikalen Bindung verboten haben.[79)]

3. Eigene Lösung

Im I. Hauptteil ist herausgearbeitet worden, daß die vertikale Preisbindung als Mittel zur Erreichung von Preiskonstanz bei Markenwaren zugelassen worden ist. Es ist weiter herausgearbeitet worden, daß es auf die Vorstellung der Verbraucher, unabhängig von etwaigen anderen rechtlichen oder wirtschaftswissenschaftlichen Kriterien ankommt. Das bedeutet für die folgende Untersuchung der Institute Rabatt, Skonto, Zugabe und Geschäftsbedingung, daß eine sozialpsychologische Betrachtungsweise geboten ist, innerhalb derer die rechtlichen und wirtschaftswissenschaftlichen Gesichtspunkte lediglich mit zu berücksichtigen sind, nicht aber allein ausschlaggebend sein dürfen.

a) Funktionsrabatt und Endabnehmer

Bei den Rabatten ist bei der Prüfung zu unterscheiden zwischen Funktionsrabatten und sonstigen Rabatten. Theoretisch ist diese Unterscheidung geboten, weil es sich bei den Funktionsrabatten für den Gewährenden abrechnungstechnisch um Kosten und bei den sonstigen Rabatten um Erlösschmälerungen handelt. Betriebswirtschaftlich läßt sich diese Differenzierung damit begründen, daß die Funktionsrabatte einen notwendigen Teil des Absatzprozesses entgelten und die übrigen Rabatte nur Entgelte für Begünstigungen des Absatzprozesses darstellen. Diese unterschiedliche abrechnungstechnische und betriebswirtschaftliche Sicht könnte auch eine differenzierte Auffassung der Endabnehmer bedingen. Dann müssen die Funktionsrabatte den Endabnehmern aber überhaupt als solche entgegentreten. Aus der Definition des Funktionsrabattes als eines in Form eines Preisnach-

---

79) Spengler MA 1954, 6.

lasses gewährten Entgelts für die Erbringung einer innerhalb des Absatzprozesses notwendigen Leistung folgt, daß er dem Endabnehmer nie direkt gewährt werden kann, da dieser Endglied der Absatzkette ist und daher keine für den Absatzprozeß erforderliche Leistung mehr zu erbringen haben kann; die Ware hat ja bereits, wenn sie ihm angeboten wird, die gesamte Absatzkette durchlaufen und steht der Endnachfrage gegenüber. Der Funktionsrabatt kann dem Endnachfrager daher nur entgegentreten als von einem vorgelagerten Glied der Kette an ihn weitergeleitet. Daß dem Verbraucher ein Preisvorteil zugestanden werden kann und in der Realität tatsächlich auch im Einzelfall zugestanden wird, dessen wirtschaftliche Grundlage ein an ein vorheriges Glied der Absatzkette gewährter Funktionsrabatt ist, ist nicht zu bestreiten. Da es aber auf die Sicht des Verbrauchers ankommt, reicht diese Art der Verknüpfung nicht aus. Viel mehr ist entscheidend, ob sich dieser Preisvorteil auch in den Augen des Verbrauchers noch zumindest als Ausfluß des Funktionsrabattes darstellt. Die vorgelagerte Absatzstufe gibt aber den ihr als Funktionsrabatt gewährten Preisvorteil weiter in Form eines von vornherein niedrigeren Preises oder durch Gewährung von Preisnachlässen; sie bezieht ihn also in ihrer Kalkulation mehr oder weniger direkt in den von ihr geforderten Preis ein, ohne daß für den Nachfrager eine Möglichkeit der Kenntnisnahme von den Kalkulationsgrundlagen bestünde.[80] Bei einer solchen Situation kann aber nicht mehr davon gesprochen werden, daß der Preisvorteil dem Verbraucher gerade als Funktionsrabatt entgegentritt. Der Funktionsrabatt als solcher geht somit nicht in die Vorstellung des Verbrauchers ein. Er ist vielmehr im Rahmen der Preisbindung gleich zu achten all den Preisvorteilen, die innerhalb der Vertriebskette gewährt werden mit Ausnahme derjenigen an das Endglied. Diese sind aber - unter der Voraussetzung, daß diese Glieder nicht ihrerseits im Preis gebunden sind - nicht bindungsfähig, da sie ebenfalls nur ein Datum für

---

80) Und selbst dazu ist noch zu bemerken, daß auch das nur möglich ist, wenn die vertikale Preisbindung nur eine Zwischenstufe erfaßt und in einem solchen Fall auf die Preisbildung auf der Endstufe ausnahmsweise nicht außerwettbewerbliche Einflüsse wirken.

die Kalkulation des Vorteilsempfängers darstellen und in seinen Preis bzw. den von ihm gewährten Preisnachlaß eingehen, nie aber in ihrer spezifischen Eigenart dem Verbraucher entgegentreten.[81)]

b) Rabatte

Fraglich ist, ob die Gewährung der sonstigen Rabatte an den Endabnehmer gebunden werden kann. Das hängt davon ab, was der Verbraucher als Entgelt für den Erhalt der Ware ansieht, denn auf die Konstanz dieses Entgelts in den Augen des Verbrauchers kommt es an. Entscheidend für den Kaufentschluß des Verbrauchers ist nicht der nominell ausgezeichnete gebundene Endverkaufspreis, sondern der Preis, den er bei Abnahme der Ware für seine Zwecke zu zahlen hat. Es wäre unrealistisch, etwa dem Großabnehmer zu unterstellen, nicht bei seinem Kaufentschluß bereits den angekündigten Mengenrabatt zu berücksichtigen. Täte er das nämlich nicht, so müßte er z. B. eine bestimmte Ware lieber beim Händler A zum Preise von 98 ohne jegliche Rabattgewährung kaufen als ceteris paribus beim Händler B zum ausgezeichneten Preis von 100, der aber bei der nachgefragten Menge einen Mengenrabatt von 5 % gewährt. Bereits dieses eine Beispiel zeigt, wie wirklichkeitsfremd es wäre, allein auf den ausgezeichneten Preis abzustellen und nicht die jeweils beim konkreten Käufer beim konkreten Geschäft in Betracht kommenden Rabatte zu berücksichtigen. Diese Rabatte sind in der Vorstellung der Verbraucher kein aliud gegenüber dem für die Ware zu zahlenden Entgelt, sondern sein Bestandteil. Das bedeutet, daß diese Rabatte gebunden werden können. Daraus folgt aber gleichzeitig, daß sie nur gewährt werden dürfen, wenn der Preisbinder eine positive Regelung getroffen hat, weil sonst über eine autonome Rabattgewährung jedes einzelnen Händlers das Erfordernis des bestimmten, überall gleichen Preises aufgehoben würde. Enthält daher eine Preisbindungsvereinbarung keine Rabattregelung, so ist eine

---

81) Die Festsetzung des Funktionsrabattes bei einer durchgehenden Bindung spricht nicht dagegen. In einem solchen Fall handelt es sich nicht eigentlich um die Bindung des Funktionsrabattes. Vielmehr ist seine Starrheit eine denknotwendige Nebenfolge der durchgehenden Bindung. Auf den Sinn ihrer Zulassung wurde aber bereits oben eingegangen.

Rabattgewährung ausgeschlossen.[82] Wird sie dennoch praktiziert, so ist das Preisbindungssystem lückenhaft.[83] Ergebnis ist somit, daß eine Bindung von Rabatten zulässig ist. Ihre positive Regelung im Preisbindungsvertrag ist sogar um der Klarheit der Rechtslage willen empfehlenswert.

c) Insbesondere Gesamtumsatzrabatte

Bestritten ist zum Teil die Bindungsfähigkeit von Gesamtumsatzrabatten. Diese würden erst nach Abschluß einer bestimmten Periode gewährt und bezögen sich auf eine große Menge einzelner Waren in ihrer Gesamtheit, so daß die Verbindung zwischen dem einzelnen Preis und der jeweiligen Ware verlorengegangen sei. Der Abnehmer wisse im Zeitpunkt der Abnahme noch nicht, ob und gegebenenfalls welchen Rabatt er entsprechend der Rabattstaffel erhalten werde, da er noch nicht Kenntnis von seiner Abnahmemenge habe.

Diese Argumentation ist aus folgendem Gesichtspunkt nicht stichhaltig: Vertreibt der den Gesamtumsatzrabatt Gewährende u.a. auch preisgebundene Markenwaren, so weiß der Abnehmer im Zeitpunkt der Abnahme bereits, daß er, wenn er die meist sehr niedrige Mindestabnahme übersteigt, einen Preisnachlaß auch auf die Markenwaren erhält, und es ist für ihn nur noch fraglich, welche Menge exakt er nachfragen wird, und damit, welche Höhe genau der Preisnachlaß erreichen wird. Bei der Bestimmtheit des gebundenen Preises reicht es für die Bindbarkeit bereits aus, daß der Nachfrager weiß, daß er nicht den gebundenen Preis zu zahlen braucht, und es ist nicht erforderlich, daß er bereits im Zeitpunkt des Kaufs weiß, um genau wieviel sich der von ihm zunächst zu zahlende Preis ermäßigen wird. Es ist bereits in diesem Fall die Bestimmtheit des gebundenen Preises aufgehoben. Aus diesem Grunde unterliegt der Gesamtumsatzrabatt keiner anderen kartellrechtlichen Beurteilung, als die übrigen Rabattarten.

---

82) Ob der Preisbinder zur Zulassung der Rabattgewährung und damit zur Aufstellung einer Rabattregelung verpflichtet ist, betrifft die Frage der Angemessenheit des Preises im weiteren Sinne und soll daher erst in diesem Rahmen untersucht werden.

83) Zur Lückenhaftigkeit vgl. Abschnitt D. dieses Hauptteils.

d) Skonto und Barzahlungsrabatt

Problematischer ist die Bindungsfähigkeit der Skonti. Dabei soll an dieser Stelle zunächst auf das Verhältnis von Skonto und Barzahlungsrabatt im Rahmen der vertikalen Preisbindung eingegangen werden, da die Lösung dieser Frage möglicherweise eine einheitliche Untersuchung hinsichtlich der Bindungsfähigkeit ermöglicht. Eine solche einheitliche Untersuchung ist aber nur dann möglich, wenn Barzahlungsrabatt und Skonto bei vertikaler Preisbindung in den Augen der Verbraucher identisch erscheinen.

Ansatzpunkt für eine Differenzierung in der Vorstellung der Verbraucher könnte die begriffsjuristische Unterscheidung sein. Diese geht dahin, daß eine Skontogewährung nur möglich ist bei Zielkauf, während der Barzahlungsrabatt grundsätzlich ein Bargeschäft voraussetzt. Daraus ergibt sich für den Verkäufer, daß der Skonto eine Liquiditäts- und Risikoprämie darstellt, während der Barzahlungsrabatt ein Preisnachlaß ist, dem wirtschaftlich kein Äquivalent gegenübersteht. Weiterer Ansatzpunkt könnte die Modalität des Gewährens von Skonto und Barzahlungsrabatt sein. Der Skonto wird vom Käufer selbst grundsätzlich sofort vom Rechnungsbetrag abgesetzt; eine nach Begleichung der Rechnung erfolgende Skontorückgewährung ist ex definitione ausgeschlossen. Der Barzahlungsrabatt dagegen kann sofort, bei Erreichung einer bestimmten Kaufsumme oder zu einem bestimmten Stichtag (etwa jeweils zum 30.6. und 31.12. d.J.) gewährt werden.[84]

Eine solche Betrachtungsweise stellt nun sowohl auf den begrifflichen Aspekt als auch auf die Sicht des Anbieters ab, aber gerade nicht auf die des Endabnehmers. Diese ist jedoch, wie oben ausgeführt, die einzig relevante. Nur wenn sich beim Endabnehmer diese Differenzierung ebenfalls vornehmen läßt, ist eine getrennte Behandlung von Skonto und Barzahlungsnachlaß geboten. Der Skonto stellt sich für den Verbraucher als ein Entgelt für unverzügliche, das heißt relativ kurzfristige Zahlung dar, obwohl er innerhalb dieser Frist rechtlich noch nicht zur Zahlung verpflichtet war. Darauf ist die Modalität der Gewährung der Vergünstigung völlig ohne Einfluß. Den Barzahlungsrabatt sieht der Verbraucher als Prämierung 'guter

---

84) Darauf weist etwa hin Schopp, Diss. S. 122 f.

Zahlungsmoral' an, nämlich als Prämierung des Umstandes, daß er sofort gezahlt hat, obgleich er aufgrund der Kulanz des Verkäufers nicht unbedingt hätte so schnell zahlen müssen.
In beiden Fällen also erhält der Verbraucher einen Preisnachlaß für sofortiges Zahlen, obwohl er das nicht unbedingt mußte, und der Unterschied liegt nur in dem Grund, warum er nicht unbedingt sofort zahlen mußte. Einmal ist der Grund ein rechtlicher, nämlich Zielkauf, und zum anderen ein faktischer, nämlich die Kulanz des Verkäufers. Unterstellt man nun den Verbraucher als normalen, wirtschaftlich denkenden Menschen, so kann man nicht davon ausgehen, daß er sich bei einem ihm gewährten Preisnachlaß Gedanken darüber macht, worauf dieser letztlich beruht. Für ihn ist einzig entscheidend, daß er für die Zahlung zu einem Zeitpunkt, zu dem er noch nicht unbedingt hätte zahlen müssen, einen Preisnachlaß erhält.
Ist das aber der Fall, dann kann innerhalb der vertikalen Preisbindung sinnvollerweise der Barzahlungsrabatt keine andere Behandlung erfahren als der Skonto.[85]

e) Skonti

Zu untersuchen ist nun die Frage der Bindungsfähigkeit des Skonto. Das bereits eben für den Rabatt Ausgeführte, auf den Skonto übertragen, ergibt, daß er nur, aber auch immer dann gebunden werden kann, wenn er sich in den Augen des Verbrauchers als Bestandteil des in seinem Fall als Entgelt zu zahlenden Betrages bei Abnahme der Ware darstellt, das heißt, nicht in einem aliud-Verhältnis zu diesem Entgelt steht. Ein aliud-Verhältnis kann aber nur dann angenommen werden, wenn der Verbraucher bei seinem Kaufentschluß Preis und Skonto separat wertet.
In die Motivation des Kaufentschlusses geht beim Endabnehmer seine eigene Zahlungsfähigkeit und -willigkeit als Datum ein.[86]

---

85) Der begrifflichen Einfachheit halber wird im folgenden nur noch von Skonto gesprochen werden, worunter der Barzahlungsrabatt aber stets mit erfaßt sein soll.
86) Dies wird auch von der ganz herrschenden Rechtsprechung u. Lehre zu § 263 StGB angenommen, wenn sie bei einem Geschäftsabschluß davon ausgeht, daß der Käufer durch Abschluß des Kaufvertrages oder zumindest Annahme der Leistung zum Ausdruck bringt, willens u. in der Lage zu sein, seine Vertragspflichten zu erfüllen, u. d.h. in erster Linie zu zahlen.

Das folgt schon allein daraus, daß sich der Endabnehmer bei den zum Kaufentschluß führenden Überlegungen über seine finanziellen Möglichkeiten Rechenschaft zu geben hat. Diese Rechenschaft über die finanziellen Möglichkeiten beinhaltet aber gerade die Fragen 'Kann ich überhaupt zahlen?' und 'Wann zahle ich am für mich günstigsten?'. Das Ergebnis dieser Überlegungen wird beim Verbraucher dahin gehen, daß er für eine bestimmte Sache zu einem bestimmten Zeitpunkt eine bestimmte Geldsumme ausgeben kann. Das bedeutet aber, daß die finanziellen Möglichkeiten in der Vorstellung des Verbrauchers nie in einem nackten Geldbetrag bestehen, sondern stets in Abhängigkeit vom Zahlungszeitpunkt gesehen werden. Wenn das aber der Fall ist, dann ist nicht einzusehen, warum der Verbraucher den Zeitfaktor nicht auch bei der Betrachtung der Kaufpreisforderung mit berücksichtigen soll.
An einem konkreten Beispiel ausgedrückt, bedeutet das:
Wenn der Verbraucher bei der Überprüfung seiner finanziellen Möglichkeiten zu dem Ergebnis kommt, daß er es sich im Augenblick leisten kann, für das Gut A 500 auszugeben, kann vernünftigerweise auch nur davon ausgegangen werden, daß er bei einem Vergleich der Preise von verschiedenen Anbietern von A nur die Preise heranziehen wird, die diese Anbieter im Augenblick verlangen. Dabei interessiert es ihn nicht, ob diese konkreten Preise die ausgezeichneten Preise sind oder infolge Skontoabzugs errechnet worden sind.
Dieses Ergebnis wird bestätigt durch die sehr häufig zu machende Beobachtung, daß der Käufer, etwa beim Kauf eines Kühlschranks, die Frage nach dem Kaufpreis sofort verbindet mit dem Hinweis "...aber bei Barzahlung".
Das zeigt ganz deutlich, daß den Verbraucher nicht die Skontoregelung im einzelnen interessiert, sondern der Preis, den er für das gewünschte Gut in dem in Aussicht genommenen Zeitpunkt zu zahlen hat. Diesen Preis setzt er dann in Beziehung zu dem bei Betrachtung seiner finanziellen Möglichkeiten ermittelten. Es interessiert insoweit nicht die Regelung der Bedingungen, sondern nur der konkrete Preis. Ist aber der Skonto nur eine Art der Bestimmung des konkreten Preises, so steht er zum für die gewünschte Ware zu zahlenden Entgelt nicht in einem aliud-Verhältnis, sondern geht in ihm auf. Ergebnis ist somit,

daß der Skonto, zumindest im Rahmen der vertikalen Preisbindung, nicht als unbindbare Zahlungsbedingung angesehen werden kann, sondern daß er bindbarer Preisbestandteil ist.

Die enge wirtschaftliche Beziehung zwischen Rabatt und Skonto, die eine gleiche Behandlung im Rahmen der vertikalen Preisbindung nahelegt, läßt sich auch an folgendem Beispiel zeigen: Der Endabnehmer E benötigt innerhalb eines Monats 300 Einheiten des Gutes A. E hat nun die Möglichkeit, alle 300 Einheiten von A am 1. d. M. zu erwerben oder jeweils am 1., 10. und 20 d. M. je 100 A. Es sollen sowohl Mengenrabatt als auch Skonto gewährt werden. Erwirbt E nun alle 10 Tage je 100 A, so würde er keinen oder einen geringeren Mengenrabatt erhalten, als wenn er am 1. d. M. sofort 300 A erwürbe. Unterstellt man nun, daß E bei Abnahme von je 100 A in der Lage wäre, den Skonto auszunutzen, bei Abnahme von 300 A aber nicht, so zeigt sich die innere Beziehung wirtschaftlicher Natur zwischen Skonto und Rabatt deutlich. Es läßt sich in diesem Fall der gewährte Mengenrabatt u. a. auffassen als wirtschaftlicher Ausgleich dafür, daß der Abnehmer unter Verzicht auf Skontoausnutzung Absatzfunktionen (nämlich die, für die der Mengenrabatt gewährt wird) übernimmt. Besteht aber eine so enge wirtschaftliche Verknüpfung zwischen Skonto und Rabatt, so ist das auch ein Argument für eine gleiche rechtliche Behandlung. Ergebnis ist somit, daß der Skonto im Rahmen der vertikalen Preisbindung als echter Preisbestandteil bindbar ist.

f) Zugaben

Während Rabatt und Skonto eine Veränderung im Sektor Entgelt herbeiführen, bringt sie die Zugabe im Sektor Ware. Das läßt die Vermutung aufkommen, daß die Zugabe als Bestandteil des Warenbereichs im Rahmen der vertikalen Preisbindung als eben nicht Entgeltbestandteil nicht bindbar ist. Dieses Ergebnis ist dann richtig, wenn innerhalb der vertikalen Preisbindung Ware und Entgelt in einem beziehungslosen aliud-Verhältnis zueinander stehen; in der Vorstellung der Verbraucher muß sich also eine separate Betrachtung von Ware und Entgelt vollziehen. Das anzunehmen ist aber schon logisch unmöglich. Der beziehungslose Preis ist ohne jede Aussagekraft. Diese erhält er erst dadurch, daß er in Verbindung gebracht wird mit einer ganz konkreten Ware. Es ist also bereits für eine sinnvolle Angabe eines Preises erforderlich die Benennung des Bezugsobjektes des Preises, also der Ware. Das erklärt sich daraus, daß Ware und Entgelt wesensmäßig etwas gleiches beinhalten; unterschiedlich ist nur der Ansatzpunkt. Im Bereich der Ware ist es das stoffliche Element, im Bereich des Preises das monetäre Element der pretialen Wertschätzung, oder volkswirtschaftlich ausgedrückt die Knappheitsrelation.[87)] Besteht aber zwischen Ware und Preis eine derartige Beziehung, daß, bezogen auf das zu zahlende Entgelt, eine sinnvolle und klare Aussage beide Elemente konkret bezeichnen muß, so zeigt das, daß im Rahmen der vertikalen Preisbindung, wo es gerade um die Frage des Entgeltes geht, die begriffliche Differenzierung zwischen Ware und Preis der wirtschaftlichen Realität nicht gerecht wird. Ist die Benennung der Ware aber nur gegenüber dem Preis eine andere Individualisierungsart, so hat das Gebot der Bestimmtheit, wie es in bezug auf den Preis ganz allgemein postuliert wird, im gleichen Umfang in bezug auf die Ware Gültigkeit. Ebenso wie beim Preis die Bindung von Mindest- und/oder Höchstpreisen der Besorgnis der Unklarheit wegen nicht möglich ist, muß aus dem gleichen Grunde die Ware genau bestimmt werden. Eine Unschärfe bei der Bestimmung der Ware hätte Rückwirkungen auf die Bestimmtheit des Preises. Dieses Ergebnis wird auch durch die Realität bestätigt. Es wäre nämlich wohl als wirklichkeitsfremd zu bezeichnen, wollte man unterstellen, der Nachfrager würde beim Preisvergleich für eine bestimmte Ware etwa gewährte Zugaben unberücksichtigt lassen. Ergebnis ist somit, daß der Bestimmtheitsgrundsatz in gleicher Weise für Preis und Ware gilt und daß daher die Zugaben im Rahmen der vertikalen Preisbindung bindungsfähig sind.

g) Geschäftsbedingungen

Die Geschäftsbedingungen wird man dann als bindungsfähig ansehen müssen, wenn sie in der Vorstellung des Verbrauchers von Einfluß auf die Bestimmtheit des gebundenen Preises sind. Nun wird man zwar nicht leugnen können, daß rein objektiv günstige Geschäftsbedingungen eine Preisermäßigung darstellen. Nach Sinn

---

87) Vgl. statt vieler Paulsen I S. 135 ff.

und Zweck der vertikalen Preisbindung ist aber nicht die objektive Betrachtungsweise ausschlaggebend, sondern die Vorstellung des Endabnehmers. Dieser sieht aber in aller Regel keine Verbindung zwischen Geschäftsbedingung und Preis. Dies kann man besonders bei den Allgemeinen Geschäftsbedingungen nahezu immer beobachten, indem diese zwar von den Anbietern ihren Vertragsangeboten beigefügt werden [88], von den Nachfragern aber nahezu nie gelesen werden. Das zeigt, daß der Nachfrager die Geschäftsbedingung als ohne Einfluß auf den Preis ansieht. Ist das aber der Fall, so ist eine vertikale Bindung von Geschäftsbedingungen nicht durch § 16 GWB privilegiert. Eine dennoch durchgeführte Bindung würde sich als Mißbrauch nach § 17 Abs. I S. 1 Ziff. 1 GWB darstellen. Ebenso wäre der Tatbestand von § 17 Abs. I S. 1 Ziff. 2 GWB zu bejahen, da der Gebundene in seinem geschäftlichen Verkehr mehr als erforderlich eingeschränkt wird. Dagegen wird man § 17 Abs. I S. 1 Ziff. 3 GWB mit Rücksicht auf § 2 GWB nicht bejahen können.

h) Ergebnis

Ergebnis ist somit, daß Rabatte, Skonti und Zugaben preisbindungsfähig sind, während eine Bindung von Geschäftsbedingungen dem Verbot des § 15 GWB unterfällt.
Hier müßte nun die Behandlung der Frage folgen, wann die nähere Ausgestaltung der Bindung von Rabatt, Skonto und Zugabe im Rahmen einer vertikalen Preisbindung für eine Markenware mißbräuchlich ist. Des engen Sachzusammenhanges wegen soll das jedoch im Teil C. mitgeprüft werden.

IV. Preisbindung und genossenschaftliche Warenrückvergütung

1. Einleitung

Die genossenschaftliche Warenrückvergütung gehört in den Bereich der Überschußverteilung der Genossenschaft. Nach der hier vertretenen Auffassung handelt es sich um eine Art der Gewinnverteilung. Diese ist gemeinsam mit der Verlustverteilung in § 19 GenG geregelt. Dabei hat der Gesetzgeber diese Form der

---

88) Dies, weil sie sonst nach herrschender Rechtsprechung und Lehre nicht Vertragsbestandteil würden.

Gewinnverteilung nicht als den Normalfall angesehen. Vielmehr unterscheidet er in der dispositiven [89] Vorschrift des § 19 Abs. I GenG zwischen der Gewinnverteilung für das erste Geschäftsjahr und der für die folgenden Jahre. Für das erste Geschäftsjahr soll die Gewinnverteilung erfolgen nach dem Verhältnis der von den Genossen auf den Geschäftsanteil geleisteten Einzahlungen, während er in den folgenden Jahren berechnet werden soll entsprechend dem Verhältnis der Geschäftsguthaben am Ende des jeweils vorletzten Jahres.
Eine von dieser vom Gesetz vorgeschlagenen Form der Gewinnverteilung - die überdies für genossenschaftlichen Grundsätzen nicht entsprechend gehalten wird [90]- abweichende Verteilungsregelung sanktioniert das Gesetz in § 19 Abs. II S. 1 GenG mit der Maßgabe, daß sie in das Statut aufgenommen ist. Einen solchen anderen Maßstab der Gewinnverteilung stellt die Warenrückvergütung dar. Er wird in der genossenschaftsrechtlichen Literatur als legitim anerkannt und oft als dem Wesen der Genossenschaft am besten gerecht werdend bezeichnet.[91] Ganz im Gegensatz zur Einhelligkeit in der Bejahung der genossenschaftlichen Warenrückvergütung als Maßstab der Überschußverteilung in der genossenschaftsrechtlichen Literatur steht der Streit in der wettbewerbsrechtlichen Literatur im Zusammenhang mit der vertikalen Preisbindung. Dabei werden zunächst stets Erörterungen angestellt über die Rechtsnatur der Warenrückvergütung. Auf diese Rechtsnatur oder auf die wirtschaftliche Wirkung wird abgestellt bei der Untersuchung der Fragen, ob die Warenrückvergütung im Rahmen einer vertikalen Preisbindung bei Fehlen einer ausdrücklichen Regelung stets ausgeschlossen oder aber im Preisbindungsvertrag ausschließbar sei oder ob umgekehrt ihre Zulassung - aus welchen Gründen auch immer - automatisch eine Beschränkung der Möglichkeiten der Rabattregelung bewirke. Das sind auch die Fragen, die Gegenstand der Untersuchung dieses Titels sein sollen.

2. Der Meinungsstand

In seiner Entscheidung vom 9.10.1963 hat der BGH [92] erklärt,

89) Meyer-Meulenbergh § 19 Anm.1.
90) Paulick S. 285.
91) LG Frankfurt, Urteil vom 23.12.1964, WuW/E LG/AG 244.
92) WuW/E BGH 580 ff.,im Anschluß an Westermann,Rückvergütung S.1 ff.,mit ausdrücklicher Zustimmung von Schubert in der Urteilsanm., NJW 1964,352 f.

daß die genossenschaftliche Rückvergütung im Warengeschäft nicht als Preisnachlaß anzusehen sei, soweit sie Mitteln entnommen werde, die in diesem Geschäftszweig als Überschuß erzielt worden sind. Sie folge aus dem der Genossenschaft gesetzlich obliegenden Förderungsauftrag des § 1 GenG. Die Unmöglichkeit, die genossenschaftliche Warenrückvergütung als Preisnachlaß zu qualifizieren, ergibt sich für den BGH daraus, daß sich ihre Höhe nicht nach dem einzelnen Umsatzgeschäft richte, sondern nach dem Gesamtergebnis im Warengeschäft abzüglich der von der Genossenschaft zur Erfüllung ihrer sonst obliegenden Aufgaben benötigten Beträge. Über letztere haben die Genossen durch Mehrheitsbeschluß zu entscheiden und damit gleichzeitig über die Höhe der zu gewährenden Rückvergütung. Das sei aber gerade das Kennzeichen der mitgliedschaftsrechtlichen Natur. Die genossenschaftliche Warenrückvergütung sei also weder ihrem Grunde nach (Differenz zwischen Gesamtergebnis und benötigten Beträgen) noch ihrer Festsetzung nach (Mehrheitsbeschluß der Genossen) als Preisnachlaß zu qualifizieren.

Das LG Frankfurt stellt in seinem Urteil vom 23.10.1964 [93] darauf ab, daß der Einzelhändler-Genosse eine Doppelstellung habe. Einmal sei er Einzelhändler, und zum anderen sei er Mitglied einer Genossenschaft. Insofern liege die gleiche Erscheinung vor, wie wenn der Einzelhändler gleichzeitig mit anderen Nichteinzelhändlern Gesellschafter einer Großhandelsgesellschaft der gleichen Branche sei. Den Gewinnanteil erhalte er dann in beiden Fällen nicht in seiner Eigenschaft als Einzelhändler, sondern in seiner Eigenschaft als Mitglied der Personenvereinigung. Entsprechend werde bei dem Einzelhändler-Genossen die Gewinnzuteilung nicht dem Einzelhändlerkonto, sondern dem Genossenkonto zugeschrieben. Preisnachlässe hätten aber mit dem Genossenkonto nichts zu tun, sondern könnten sich nur auf dem Einzelhändlerkonto auswirken. Daraus sei der Schluß zu ziehen, daß die genossenschaftliche Gewinnverteilung nicht nach § 16 GWB bindbar bzw. ausschließbar sei, da § 16 GWB nur das Binden von Preisen gestatte, also das Binden von Größen, die auf dem Einzelhändlerkonto verbucht wer-

---

93) WuW/E LG/AG 243 ff.

den.[94]
Das BKartA vertritt den Standpunkt, daß dem Ausschluß der genossenschaftlichen Warenrückvergütung jedenfalls aus dem Gesichtspunkt des § 15 GWB keine Bedenken entgegenstehen, da sie weder Preisbestandteil noch Geschäftsbedingung sei. Dazu sei ein Bezug auf das Einzelgeschäft erforderlich. Bezugsobjekt der Rückvergütung seien aber der Überschuß der Genossenschaft in einer Zeitperiode und der Anteil des einzelnen Genossen am Mitgliedergeschäft der Genossenschaft in dieser Zeitperiode insgesamt. Darüber hinaus sei sie nicht konstituiert im einzelnen Kaufgeschäft zwischen Genossenschaft und Genossen, sondern in der Satzung und dem Mehrheitsbeschluß der Genossen.[95] Sie sei aber Ausfluß des Mitgliedschaftsrechts des Genossen in der Genossenschaft und damit aus diesem Grunde nicht bindungsfähig. Beliefere daher ein Preisbinder neben dem normalen auch den genossenschaftlichen Großhandel, so sei er mit Rücksicht auf § 17 Abs. I S. 1 Ziff. 2 GWB gehalten, dem normalen Großhandel die Gewährung von der Warenrückvergütung im wirtschaftlichen Ergebnis gleichkommenden Vorteilen - das sind in erster Linie Jahresboni - zu gestatten. Das ergebe sich aus dem von § 16 GWB verfolgten Ziel. Dieses erlaube nur den Ausschluß des Preiswettbewerbs und alles dessen, was zur Preisveränderung führen könnte, nicht aber die Änderung der Wettbewerbschancen einzelner Abnehmergruppen zueinander.[96]
Schließlich sei noch auf die Entscheidung des BGH vom 12.3.1965[97] hingewiesen, der in der Gewährung globaler Prämien - wenn man

---

94) In der Sprungrevisionsentscheidung vom 16.12.1965 zu diesem Urteil des LG Frankfurt kommt der BGH, BB 1966, 423 ff., im Wege der Vertragsauslegung zu dem Ergebnis, daß die Beklagte die genossenschaftliche Warenrückvergütung nicht ausgeschlossen hat. Er brauchte demgemäß zur Frage der Ausschließbarkeit nicht mehr Stellung zu nehmen.

95) Stellungnahme des BKartA nach § 90 Abs. II GWB vom 30.9. 1965, BKartA BB 1966, 423 ff.

96) Schreiben der 3. Beschlußabteilung des BKartA v. 4.12.1964, BB 1965,431 f. Ebenso BKartA, Beschluß vom 20.7.1965, WuW/E BKartA 459 ff. und die dazu ergangene Einspruchsentscheidung des BKartA v. 17.5.1966, WuW/E BKartA 1077 f.

97) BGH BB 1965, 885.

die Warenrückvergütung als solche begreifen will, wobei der Prämiencharakter zumindest fraglich ist - auch keine Gefährdung oder Verletzung des Postulats der Lückenlosigkeit sieht, so daß also auch aus dem Gesichtspunkt der Lückenlosigkeit hier keine Bedenken bestehen.

Auch die weitaus herrschende Meinung in der Literatur lehnt die Bindungsfähigkeit der genossenschaftlichen Warenrückvergütung ab, da sie kein Preisbestandteil sei.[98)] Auch sie ist aber insofern nicht einheitlich, als ein Teil dem Mitglied ein aus § 1 GenG abgeleitetes Recht auf Gewährung der Warenrückvergütung zubilligt [99)], während ein anderer sie nur als eine mögliche, dem Wesen der Genossenschaft besonders adaequate Form auffaßt. Als Gründe für die Unbindbarkeit werden im wesentlichen angeführt:

Die Warenrückvergütung sei eine aus § 1 GenG folgende Förderungsleistung der Genossenschaft.[100)] Als solche stehe sie nur insofern in losem wirtschaftlichem Zusammenhang mit den jeweiligen Vertragsabschlüssen, als sie die Summe der Preise zur Verrechnungsbasis habe.[101)] Sie sei nicht Abgeltung einer Käuferleistung im Rahmen des ordnungsgemäß erfüllten Vertrages, sondern ihrem Rechtsgrund nach von diesem völlig losgelöst.[102)] Von der Zugabe unterscheide sie sich dadurch, daß sie nicht wie diese freiwillig, sondern in Erfüllung des Förderungsauftrags gewährt werde.[103)] Der Förderungsauftrag erfasse aber nicht das einzelne Geschäft zwischen Genossenschaft und Mitglied, sondern die davon völlig separate, gesamte gesellschaftsrechtliche Beziehung [104)]. Die Warenrückvergütung orientiere

---

98) Daß die Proportionen in der Darstellung genau umgekehrt gewählt worden sind, liegt darin begründet, daß in der folgenden Ziffer zu den Ablehnungsgründen gegenüber der herrschenden Meinung noch im einzelnen Stellung genommen werden soll und dann eine Doppeldarstellung unumgänglich geworden wäre.

99) So etwa Lang-Weidmüller § 19 Anm.4; Menzel,Rückvergütung S. 63 ff.; Menzel WuW 1960,179; Trescher BB 1959,101; Westermann, Rückvergütung S. 1 und S. 13.

100) Allgemeine Ansicht dieser Meinung: Lang-Weidmüller § 19 Anm.4; Paulick, Rückvergütung S. 31 ff.; Schubert, Rückvergütung S. 41;Schubert BB 1959,225; Trescher BB 1959,101.

101) Menzel DB 1959,508; Trescher Rückvergütung S. 57 f.

102) Trescher DB 1962,1684; Spengler DB 1963,1750 f.

103) Trescher DB 1962,1684.

104) Dörinkel GRUR 1960,13;Menzel DB 1959,508 f.;Frankfurter Kommentar § 16 Tz.80; Fikentscher in GWB-Festschrift, S. 277.

sich allein am Reingewinn.[105] Dieser sei aber ähnlich der Novation beim Kontokorrent ein neuer, selbständiger Posten, der sich von den einzelnen Geschäftsergebnissen und damit auch von ihren Preisen gelöst habe.[106] Das wirtschaftliche Gegenstück zur Warenrückvergütung sei nicht die nachgefragte Ware bzw. der auf diese an die Genossenschaft fallende Rabatt, sondern die Verpflichtung des Genossen zur Zeichnung von Geschäftsanteilen und die Haftung bei Verlusten.[107] Die Warenrückvergütung diene der Realisierung des Aufwandsdeckungsprinzips, welches seinerseits durch das Wesen der Genossenschaft impliziert sei.[108] Die Beziehungslosigkeit zwischen Preis und Rückvergütung werde besonders deutlich beim Nichtmitgliedergeschäft.[109] Weiter wird argumentiert mit dem öffentlichen Preisrecht, wo in der Gewährung der Warenrückvergütung kein Verstoß gegen ein Festpreissystem gesehen wird, und es wird gesagt, daß ein Gesetz gegen Wettbewerbsbeschränkungen nicht strenger sein könnte als ein gesetzliches Festpreissystem.[110] Die Anhänger der herrschenden Meinung sind aber wieder gespalten hinsichtlich der aus der Zulassung der Warenrückvergütung zu ziehenden Konsequenzen. Einmal wird vertreten, daß wegen der spezifisch genossenschaftlichen Eigenart sich keine Konsequenzen ergäben.[111] Die Gegenmeinung sieht hierin eine nach § 26 Abs. II GWB zu beurteilende Diskriminierung des nichtgenossenschaftlichen Handels mit der Mißbrauchsfolge des § 17 Abs. I S. 1 Ziff. 2 GWB, die seitens des Preisbinders nur umgangen werden kann durch Zulassung von Jahresumsatzrabatten für den nichtgenossenschaftlichen Handel.[112]

---

105) Henzler MA 1955,705;Henzler, Reform S. 17; Menzel WuW 1960, 179; Trescher BB 1959,101;Reinhardt,Rückvergütung S. 27 ff.

106) Henzler MA 1955,705. Im Ergebnis ebenso Schopp, Diss. S. 129 und S. 138 ebenso bezüglich des Umsatzes als Verteilungsmaßstab der Warenrückvergütung.

107) Menzel WuW 1960, 176; Trescher BB 1959,102.

108) Trescher BB 1959,100; Schubert BB 1959,225; Henzler, Genossenschaft S. 122 ff.; Ohm, Preispolitik S. 27 ff., hält dagegen das Selbstkostenprinzip für anwendbar.

109) Trescher BB 1959,102.

110) Trescher, Rückvergütung S. 48 ff.,60; Trescher BB 1959,103.

111) Frankfurter Kommentar § 16 Tz. 84.

112) Baumbach-Hefermehl § 16 Rdn.40; Müller-Gries-Giessler § 16 Rdn. 53; wohl auch Schwartz in GemKomm § 16 Rdn. 57; Fikentscher in GWB-Festschrift S. 277 f.; Paul BB 1958,1230 ff., der diesen Weg aber praktisch für undurchführbar hält.

Die entschiedensten Gegner der genossenschaftlichen Warenrückvergütung im Rahmen der vertikalen Preisbindung sind in der Literatur Paul [113], Völp [114], Gleiss [115] und Hamann [116]. Sie konzedieren, daß die Warenrückvergütung eine genossenschaftliche Form der Überschußverteilung nach § 19 Abs. II GenG sein mag. Sie sei aber weder Preis noch Geschäftsbedingung, sondern sie beziehe sich allein auf die gesellschaftsrechtliche Beziehung zwischen Genossenschaft und Mitglied. Daher stehe ihrem Ausschluß auch nicht § 15 GWB entgegen, da dieser nur die vertikale Bindung von Preisen und Geschäftsbedingungen verbiete. Im übrigen beziehe sich der Ausschluß auch nicht auf die Drittverträge Genossenschaft-Mitglied, sondern verpflichte nur die Genossenschaft rein tatsächlich, keine Warenrückvergütung zu gewähren. Ließe sich die Genossenschaft darauf nicht ein, so bliebe dem Hersteller nur die Einstellung der Belieferung. Zwischen Genossenschaften und freien Großhändlern wirke sich die genossenschaftliche Warenrückvergütung als nachträglicher Preisnachlaß aus.

Diese Auffassung wird im wesentlichen damit begründet, daß im Verhältnis des Mitgliedes zur Genossenschaft die Kundenbeziehung "zumindest wirtschaftlich" im Vordergrund steht, die Warenrückvergütung unbeschadet ihrer gesellschaftsrechtlichen Natur im geschäftlichen Verkehr zu Zwecken des Wettbewerbs gewährt wird und dem Grundsatz von Treu und Glauben unterliegt. Außerdem werde die Warenrückvergütung gewährt, weil das Aufwandsdeckungsprinzip nicht von vornherein durchgeführt werden kann. Das hieße aber, sofortige Durchführbarkeit unterstellt, daß sofort ein niedrigerer als der gebundene Preis gefordert würde. Wegen dieser wirtschaftlichen Auswirkungen sei eine Bindung bzw. ein Ausschluß der Warenrückvergütung kartellrechtlich angezeigt; bei der kartellrechtlichen Beurteilung komme es nämlich gerade auf diese wirtschaftlichen Auswirkungen an und nicht auf eine etwaige rechtliche Fassung. Die Bindung der Warenrückvergütung sei auch nicht aus genossenschafts-

---

113) Vgl. Paul BB 1958,1229 ff.; DB 1959,1307 ff.; WRP 1962, 1 ff.; WRP 1963,285 ff.; NJW 1964,889 ff.
114) Vgl. Völp, Preisbindung S. 91 f. und WRP 1958,353 ff.; WRP 1959,11; WuW 1959,708 ff.; DB 1965, 1127 ff.
115) Gleiss-Kracht MA 1964,862 f.; Gleiss-Hootz NJW 1965,1359 ff.
116) Hamann DB 1962,793 f.

rechtlichen Gesichtspunkten unmöglich. Einmal handele es sich nämlich der gesellschaftsrechtlichen Natur nach um eine umsatz- statt kapitalbezogene Dividende. Daher könne sie nicht mit der herrschenden Meinung aus dem Förderungszweck des § 1 GenG hergeleitet werden, da die Verteilung erwerbswirtschaftlichen Gewinns allein keine Förderung sei. Zum anderen sei die Warenrückvergütung nur nach dem Gesetz zugelassen, aber nicht notwendig, und schließlich habe der Gesetzgeber durch § 5 RabG selbst zum Ausdruck gebracht, daß eine Beschneidung der Warenrückvergütung den Genossenschaften auch durchaus zumutbar ist. Der Meinung, daß die Warenrückvergütung in ihrer wettbewerblichen Wirkung im Verhältnis zu den freien Großhändlern durch Zulassung der Gewährung von Jahresboni kompensiert werden könne, hält man entgegen, daß jede Einkaufsgenossenschaft in jedem Jahr zu unterschiedlich hohen Warenrückvergütungen gelangt. Daher sei es faktisch unmöglich, eine Begrenzung der Umsatzboni des nichtgenossenschaftlichen Großhandels in Höhe der Warenrückvergütung vorzunehmen. Damit werde dann aber gleichzeitig die Lückenlosigkeit des Preisbindungssystems erheblich infrage gestellt. Außerdem sei Zweck der vertikalen Preisbindung nach § 16 GWB entweder der völlige Ausschluß oder zumindest bei Zulassung von Rabatten die erhebliche Einschränkung des Preiswettbewerbs auf der Stufe der Gebundenen. Im Falle der Zulassung von Warenrückvergütung und entsprechendem Jahresbonus werde der "ausgeschlossene" Preiswettbewerb aber in der Form des Umsatzrabattwettbewerbs fortgeführt. Im übrigen sei es auch unzumutbar, den Nachlaß für preisfreie Ware um den unzulässigen Nachlaß für preisgebundene Ware zu erhöhen. Für Hamann schließlich ergibt sich aus § 19 WiStG, § 12 Abs. I UWG und § 1 Abs. I RabG, daß es für die Beurteilung der Lückenlosigkeit der Preisbindung nicht auf die rechtliche Form ankommt, sondern auf das Wirtschaftsfaktische, das heißt ausschließlich auf die Zuwendung selbst. Die Warenrückvergütung sei aber unbestreitbar eine Zuwendung.

3. Eigene Lösung

Ist die vertikale Preisbindung für Markenwaren zugelassen als Mittel zur Erreichung von Preiskonstanz, und ist Preiskonstanz nicht nur numerisch, sondern darüber hinaus auch wirtschaftlich

aus der Sicht der Endverbraucher zu bestimmen, so ist die genossenschaftliche Warenrückvergütung nur dann, zumindest im Rahmen eines Preisbindungsvertrages [117], bindbar, wenn sie wenigstens in irgendeiner Art von Einfluß auf den Preis, das heißt ein irgendwie gearteter Preisbestandteil ist.
Die Warenrückvergütung ist, um es zunächst einmal ganz neutral zu sagen, eine Art der Überschußverteilung in der Genossenschaft. Bei ihr wird der Restposten auf der Aktivseite der Bilanz nach Zuweisung an Reservefond und freie Rücklagen entsprechend dem Verhältnis des in der Rechnungsperiode mit dem jeweiligen Mitglied getätigten, mit den jeweiligen Kaufpreisen bewerteten Umsatzes zum Gesamtumsatz der Genossenschaft an die Mitglieder ausgeschüttet. Dieses Prinzip wird als das mit dem Wesen gerade dieser Gesellschaftsform am besten zu vereinbarende und sich unmittelbar aus § 1 GenG ergebende angesehen.

a) Das Verhältnis des Genossen zur Genossenschaft

Die Schwierigkeit der Frage ergibt sich aus dem von allen Gesellschaftsarten nur der Genossenschaft eigentümlichen, zwingenden Zusammenfallen von Gesellschafterstellung und Kundenstellung in einer Person; das heißt, es kann keine Handelsgenossenschaft geben, in der die Genossen nicht gleichzeitig die ausschließlichen Kunden eben dieser Genossenschaft sind. Eine Ausnahme von dieser Regel bedarf nach § 8 Abs. I Ziff. 5 GenG der Aufnahme in das Statut. Sie wird zum Teil bereits als Deformationserscheinung der Genossenschaft bezeichnet [118] - im Gegensatz zum gesetzlichen Regeltyp. Letzterem liegt die Vorstellung zugrunde, daß aus den Betrieben der einzelnen Genossen gleichartige Betriebsteile ausgegliedert und auf den Genossenschaftsbetrieb konzentriert worden sind, im wesentlichen aus den Gründen, die auch für ein Fortschreiten der Arbeitsteilung ins Feld geführt werden. Die Genossenschaft stellt also für das einzelne Mitglied das dar, was es ursprüng-

---

117) Es wird also hierdurch kein Urteil darüber gefällt, ob im Rahmen eines anderen Vertrages (und ggfls. welches) Vereinbarungen bezüglich der Warenrückvergütung getroffen werden können.
118) Ohm,Preispolitik S. 76 ff.

lich selbst hatte und selbst auf die Genossenschaft übertragen hat. Trotz dieser starken Verwobenheit zwischen Genossenbetrieb und Genossenschaftsbetrieb kann beim Genossen aber nicht darauf verzichtet werden, zwischen Gesellschafterstellung und Kundenstellung scharf zu scheiden. Der idealtypisch konzipierten Genossenschaft [119] liegt zwar die Vorstellung der Betriebsteilekonzentration zugrunde. Es ist dies aber nur eine Vorstellung, die ihre rechtliche Ausgestaltung in der Weise erfahren hat, daß eben jene Betriebsteilekonzentration rechtlich eine selbständige Gesellschaft eines besonders geprägten Gesellschaftstyps darstellt. Als solche führt sie ein Eigenleben [120], das lediglich in bestimmter Weise, eben entsprechend dem besonderen Typ, modifiziert wird. Dieser Genossenschaft gehört das Mitglied als Genosse an, und es ist gleichzeitig, indem es sie in Anspruch nimmt, ihr Kunde.
Hat der Genosse aber die Doppelstellung - Gesellschafter und Kunde -, so kann nur von diesem Ausgangspunkt aus die Frage der Bindungsfähigkeit der Warenrückvergütung im Rahmen einer vertikalen Preisbindung untersucht werden; denn sollte sich bei dieser Untersuchung herausstellen, daß die Gewährung der Warenrückvergütung nur den Genossen als Gesellschafter trifft und von ihm auch ebenso bewertet wird, so schließt das ihre Bindungsfähigkeit aus. Bindbar im Rahmen von Preisbindungsverträgen sind nämlich nur Preise und die diese zumindest beeinflussenden Institute. Den Preis beeinflussen kann aber nur etwas, was für den Genossen aus der Käuferstellung herrührt bzw. ihm in dieser Stellung zufließt.

b) Die Rechtsnatur der Warenrückvergütung

Unter diesem Gesichtspunkt ist namentlich die Rechtsnatur der Warenrückvergütung von Bedeutung. Ist sie eine Form der Gewinn-

---

119) Zum Begriff vgl. Ohm, Preispolitik, passim.

120) Dieses Eigenleben ist noch besonders stark ausgeprägt bei den heute gerade im Bereich der hier interessierenden Warengenossenschaften entwickelten Typen der sog. Marktgenossenschaft bzw. der sog. integrierten Genossenschaft, in Weiterentwicklung der traditionellen Genossenschaft. So zuletzt Dülfer anläßlich eines Vortrages in Münster am 13.11.1968. Eine wirtschaftliche Basis für das Eigenleben dürfte in der gerade bei den Warengenossenschaften weit verbreiteten vertikalen Integration zu sehen sein.

verteilung, das heißt, ist der oben als Überschuß bezeichnete Bilanzposten Gewinn im Sinne des Gesellschafts- oder zumindest des Genossenschaftsrechts, so ergibt sich daraus, daß sie dem Genossen in seiner Eigenschaft als Gesellschafter zufließt, da Gewinn immer in der jeweiligen Gesellschaft originär entsteht und damit beziehungslos zu den im einzelnen getätigten Geschäften steht. Dann aber kann er dem Genossen auch nur in seiner Eigenschaft als Gesellschafter zufließen.
In der genossenschaftlichen Literatur besteht Streit bezüglich der Rechtsnatur der Warenrückvergütung. Man sieht sie entweder als Gewinnverteilung [121)] oder als ex post gewährten Preisnachlaß [122)] oder aber schließlich als Rechtsinstitut sui generis [123)] an.
Ein wesentlicher Grund für diesen Streit scheint in der Gleichsetzung von Gewinn und erwerbswirtschaftlich erzieltem Gewinn zu liegen, indem man von der Vorstellung ausgeht, nur bei demjenigen könne Gewinn anfallen, dessen wirtschaftliches Handlungsmotiv Gewinnerzielungsabsicht, das heißt letztlich Gewinnmaximierung bzw. -optimierung [124)]sei. Unbestreitbar ist ein solches Zusammenfallen die Regel. Es sind aber bisher keine Gründe dafür dargetan, daß das nicht nur der Regelfall, sondern ein Grundsatz sei. Solche Gründe sind in der Tat nicht zu erkennen. Das zeigt auch der folgende, zugegeben realiter nicht sehr wahrscheinliche Fall: Ein sehr reiches Wirtschaftssubjekt faßt den Entschluß, etwa aus moralischen Gründen auf jede weitere Gewinnerzielung zu verzichten. Seine weitere Betätigung erfolgt lediglich zu dem Zweck, eine Beschäftigung zu haben, um nicht der Langeweile zum Opfer zu fallen. In diesem Falle würde wahrscheinlich niemand auf den Gedanken kommen, einen evtl. wirtschaftlichen Erfolg dieser Betätigung nicht als Gewinn anzusehen, das heißt also, den Gewinnbegriff anzu-

---

121) Meyer-Meulenbergh § 19 Anm. 3; Henzler, Reform S. 11 ff. für Genossenschaftsunternehmungen; Henzler,Genossenschaft S. 122 ff.;Paulick, Genossenschaft S. 282 ff. wendet sich lediglich gegen den erwerbswirtschaftlichen Gewinnbegriff; Paulick,Rückvergütung S. 30 ff.;Reinhardt,Rückvergütung S. 27 ff. unter Ablehnung eines Erwerbsgewinns; Diederichs, Reform S. 23 ff; Grosse, Reform S. 51 ff.

122) Vgl. etwa Paul, Völp, Gleiss-Kracht, Gleiss-Hootz und Hamann an den oben 2. angegebenen Stellen.

123) Trescher, Rückvergütung S. 49 ff.;Schubert, Rückvergütung S. 40 ff.; Westermann, Rückvergütung S. 1 ff.

124) Darunter wird, soweit erkennbar, langfristige Gewinnmaximierung verstanden.

knüpfen an die Willensrichtung des Wirtschaftssubjektes. Daß die Gewinnerzielungsabsicht in diesem Beispiel aufgrund eines subjektiven Entschlusses des Wirtschaftssubjektes, bei der Genossenschaft hingegen ipso iure (?) fehlt, kann aber nicht als hinreichender Grund für eine unterschiedliche Behandlung angesehen werden. Festzustellen ist somit, daß auch der Überschuß der Genossenschaft als Gewinn zu bezeichnen ist. Der Gewinn ist also eine nur numerische Größe, die von subjektiven oder gesetzlichen zwingenden Zielrichtungen unabhängig ist. Er ist der Überschuß des Ertrages über den Aufwand im Berechnungszeitraum, ausgewiesen durch die Bilanz.

Hiermit ist aber noch nichts darüber gesagt, ob nicht bei den Genossenschaften Gewinnerzielungsabsicht vorliegt. Diese Frage wird in der Literatur weitgehend verneint mit der Begründung, § 1 GenG postuliere für die Genossenschaft zwingend die Förderung der Mitglieder, und mit diesem Förderungsprinzip sei eine Gewinnerzielungsabsicht eben unvereinbar. Diese Auffassung ist sicher richtig für die idealtypisch konzipierte Genossenschaft. Diese dürfte aber in der wirtschaftlichen Wirklichkeit, zumindest in dem hier allein interessierenden Bereich des Handels, nicht anzutreffen sein. Die hier vorzufindenden genossenschaftlichen Wirtschaftsgebilde sind Unternehmungen [125], wenn man darunter Wirtschaftseinheiten versteht mit dem Kennzeichen zweiseitige Marktbeziehung und Faktorkombination.[126] Versteht man unter Faktorkombination die Maßnahme, durch die Güter höherer Ordnung in Güter niederer Ordnung überführt werden, wobei die Ordnungszahl mit der Nähe zum Konsum abnimmt, so nimmt die im Bereich des Handels tätige Genossenschaft Faktorkombination vor, da sie das jeweilige Gut im Absatzprozeß eine Stufe näher an den Konsum heranbringt. Die zweiseitige Marktbeziehung ließe sich allenfalls dann verneinen, wenn zwischen Genossenschaft und Genossen sichergestellt wäre, daß der Genosse seinen ganzen Bedarf oder eine von der Genossenschaft exakt festgelegte Menge an von ihr gehandelten Waren

---

125) Diederichs, Reform S. 24 ff.; Henzler, Reform S. 8 f.; Henzler, Genossenschaft S. 72 ff.; Schopp, Diss. S. 57 f.; a.A. Ohm, Preispolitik S. 31 ff.

126) Zum Unternehmensbegriff: Ohm, Preispolitik S. 33; Schneider I S. 22 f. und II S. 59; v. Stackelberg S. 31; Paulsen II S. 49; a.A. Gutenberg I S. 493 ff.

abnimmt. Das ist in der Realität aber nie der Fall. Vielmehr stehen die Genossenschaften außer als Nachfrager auch als Anbieter mit anderen Handelsunternehmen im Wettbewerb um die Nachfrage ihrer Kunden, und das gilt nicht nur, wenn die Genossenschaft auch das Nichtmitgliedergeschäft betreibt, sondern ebenso im Mitgliedergeschäft. Die Genossenschaft ist somit als Unternehmung zu qualifizieren.

Eine Unternehmung ist aber nicht existenzfähig, wenn sie nicht eine gewisse Kapitalausstattung hat. Sie bedarf dieser Mittel, um die ihr gestellten Aufgaben zu erfüllen. Der Genossenschaft ist durch das Gesetz selbst die Aufgabe gestellt, den Erwerb oder die Wirtschaft der Mitglieder zu fördern. In Richtung auf die Mitgliederförderung ist der Genossenschaft also eine Leistungssteigerung aufgegeben. Sie kann erfolgen durch Optimierung der Unternehmensgröße, der Unternehmensorganisation, des Unternehmensaufbaues (ein- oder mehrstufiges Unternehmen, des Sortiments etc.[127]) Das bedingt aber den Einsatz von Mitteln, und diese kann die Genossenschaft nur aus der Erhöhung der Geschäftsanteile oder dem Gewinn erhalten. Eine Erhöhung der Geschäftsanteile aber, die durch andere, weniger einschneidende Maßnahmen vermieden werden kann, wird man wohl als Verletzung des Förderungsauftrags ansehen müssen.

Diese Überlegung zeigt, daß der Genossenschaft durch § 1 GenG nicht die Gewinnerzielungsabsicht verboten ist oder daß sie, wie Westermann [128]meint, ein "Nebenelement", ein Nebenzweck neben dem Hauptzweck Mitgliederförderung für die Genossenschaft ist. Die Gewinnerzielungsabsicht ist vielmehr ebenso Hauptzweck der Genossenschaft wie jedes andere Ziel der Genossenschaft. Sie ist lediglich, wie auch die anderen Ziele, modifiziert und gleichzeitig limitiert durch den Förderungsauftrag des § 1 GenG. Die Gewinnerzielung ist lediglich als eine Konkretisierung der Förderungsmaximierung aufzufassen, das heißt, sie darf nicht Selbstzweck sein, sondern sie steht wie jedes genossenschaftliche Handeln unter dem Grundauftrag der maximalen Mitgliederförderung.[129]

Damit ist die oben zunächst als bilanzmäßiger Überschußposten

---

127) Weitere Gründe für eine "beabsichtigte Überschußentstehung" bei Schopp, Diss. S. 34 ff.
128) Westermann, Rückvergütung S. 9 f.
129) Schopp, Diss. S. 49 f.

bezeichnete Größe als Unternehmensgewinn gekennzeichnet. Die Verteilung des Unternehmensgewinns einer Gesellschaft auf die Gesellschafter betrifft die Gesellschafter. Sie betrifft diese aber eben nur in dieser ihrer Stellung als Gesellschafter der Gesellschaft, selbst wenn die Gewinne auch aus Geschäften stammen, die die Gesellschaft mit ihnen als Kunden gemacht hat. Es ist nicht einzusehen, warum das bei der Genossenschaft anders sein soll.

Der Unterschied könnte allenfalls darin liegen, daß die Warenrückvergütung gerade umsatzbezogen ist. Dieser Einwand ist jedoch nicht haltbar. Man stelle sich nur eine Genossenschaft vor, die ihre Gewinne kapitalbezogen ausschüttet. Diese Genossenschaft soll ausschließlich Markenwaren vertreiben, und die Bezugsberechtigung der Mitglieder sei entsprechend ihren Kapitalanteilen limitiert. Dieses Beispiel zeigt ganz deutlich, daß es reiner Formalismus wäre zu verlangen, die Gewinnausschüttung nicht umsatzbezogen vorzunehmen, da man auch mit einer kapitalbezogenen Ausschüttung im wirtschaftlichen Ergebnis das gleiche erreichen kann. Hierfür kann auch noch das folgende Beispiel herangezogen werden, daß eine Genossenschaft ihre Warenrückvergütung nicht umsatzwertbezogen - und nur dagegen wehrt man sich ja -, sondern umsatzstückbezogen gewährt. Diese Genossenschaft soll ausschließlich in etwa gleichpreisige Markenwaren vertreiben. Auch in diesem Fall ist wieder zwischen einer umsatzwertbezogenen und einer umsatzstückbezogenen Warenrückvergütung wohl ein formaler, nicht aber ein wirtschaftlicher Unterschied ersichtlich.

Es wird nun weiter vorgebracht, daß die Genossenschaften mit der Warenrückvergütung werben. Daraus sei zu schließen, daß sie, wenn sie auch kein Preisnachlaß sei, doch als ein solcher betrachtet werde. Es wird hier also nicht mehr auf die rechtliche Erfassung, sondern das psychologische Element abgestellt.

In der Tat kommt von genossenschaftlicher Seite immer wieder der Hinweis auf die Warenrückvergütung. Dieser wird in doppelter Weise gebraucht, einmal gegenüber dem Mitglied und zum anderen gegenüber dem Nichtmitglied. Benutzt die Genossenschaft die Warenrückvergütung zur Veranlassung des Mitglieds, seinen Bedarf bei ihr zu decken, so geschieht das in Erfüllung des Förderungsauftrags des § 1 GenG. Aufgrund dieser Bestimmung reicht zur Förderung nicht aus, daß die Genossenschaft Mittel zur Förderung bereithält, sondern sie muß das Mitglied unmittelbar fördern, das heißt, sie muß die Förderung so weit als möglich an das Mitglied heranbringen, und das kann in diesem Fall eben nur durch Information über die Höhe der Warenrückvergütung erfolgen. Der Hinweis auf die Warenrückvergütung ist in diesem Fall also nicht Werbung mit einem bestimmten Preis, sondern Information und Aufforderung, die Förderungsleistung in Anspruch zu nehmen. Sie wird von den Mitgliedern auch in diesem Sinne verstanden, denn das Nichtgewähren einer Warenrückvergütung führt wie der Ausfall anderer Förderungsleistungen nicht nur zur Einstellung des Bezugs bei der Genossenschaft, sondern vielmehr zur Kündigung der Mitgliedschaft.[130] Wird sie eingesetzt gegenüber Nichtmitgliedern, so ist sie Werbung nicht zum Kauf, da dieser isoliert ja keinen Vorteil bringt, sondern Werbung zum Erwerb der Mitgliedschaft.[131] Auch von der psychologischen Seite läßt sich somit die Warenrückvergütung nur der Gesellschafterbeziehung, nicht aber der Kundenbeziehung zuordnen. Ergebnis ist somit, daß die genossenschaftliche Warenrückvergütung keinen Einfluß auf den Preis hat, sondern sich ganz in der Gesellschafterbeziehung Genossenschaft - Mitglied erschöpft. Damit muß ihre Bindungsfähigkeit nach § 16 GWB abgelehnt werden.

c) Die Warenrückvergütung als Ursache ungleicher wettbewerblicher Startbedingungen

Es wird nun weiter vertreten, zwar sei dem Preisbinder der Ausschluß der genossenschaftlichen Warenrückvergütung nicht

---

130) Schopp, Diss. S. 127, sieht den entscheidenden Unterschied zwischen Rabatt und Warenrückvergütung in bezug auf ihren Einsatz als Werbemittel (nur dieser terminus wird hier bestritten,nicht aber der materielle Gehalt) darin,daß ein Unternehmen den Rabatt einsetzt im erwerbswirtschaftlichen Eigeninteresse,die Genossenschaft die Warenrückvergütung dagegen im förderungswirtschaftlichen Fremdinteresse.

131) Die Mitgliederwerbung ist eine Förderungsart. Sie dient der "Schaffung einer äußeren und besseren Förderungsbasis durch eine erhöhte Mitgliederzahl";Schopp, Diss. S. 40.

nach § 16 GWB gestattet, da diese kein Preisbestandteil sei. Sie werde aber überhaupt nicht vom Verbot des § 15 GWB erfaßt, und der Preisbinder sei daher zur Schaffung gleicher wettbewerblicher Startbedingungen bei der Preisbindung gehalten, mit seinen genossenschaftlichen Abnehmern den Ausschluß der Warenrückvergütung sicherzustellen. An dieser Argumentation ist richtig, daß der Preisbinder für gleiche wettbewerbliche Startbedingungen der Gebundenen Sorge zu tragen hat, nämlich als Folge des Diskriminierungsverbots. Eine derartige Ungleichheit hat der Preisbinder im Rahmen der Preisbindung aber nur insoweit auszuschließen, als sie ihre Ursache in der Preisbindung hat.[132] Hier liegt die Ursache gerade nicht in der Preisbindung, sondern vielmehr im Wesen der Genossenschaft begründet, das heißt, die wettbewerbliche Ungleichheit zwischen genossenschaftlichem und nichtgenossenschaftlichem Handel besteht unabhängig von der Existenz einer Preisbindung.

Aus dieser Unterschiedlichkeit von Preisnachlaß und Warenrückvergütung - zum einen Preisbestandteil, zum anderen genossenschaftliches preisneutrales Institut - beantwortet sich auch die Frage, ob der Preisbinder bei Zulassung der Warenrückvergütung dem nichtgenossenschaftlichen Handel auch die Gewährung von Jahresboni erlauben müsse. Diese Frage ist zu verneinen, da Warenrückvergütung und Jahresbonus hinsichtlich des Effektes nicht vergleichbar sind, sondern in einem aliud-Verhältnis in dem hier interessierenden Bereich stehen.

d) Ergebnis

Ergebnis ist somit, daß die Warenrückvergütung nicht bindbar ist, weder im Rahmen noch aufgrund eines Preisbindungsvertrages. Aus diesem Grunde ist aber ein Preisbinder weder verpflichtet, den genossenschaftlichen Handel nicht zu beliefern, noch ist er gehalten, dem nichtgenossenschaftlichen Handel die Gewährung von Jahresboni zu gestatten, noch muß er den genossenschaftlichen Handel beliefern.

---

132) Das GWB verfolgt gerade nicht das mit der Unternehmerfreiheit unvereinbare Ziel eines Ausgleichs a l l e r faktischen Chancen-Ungleichheiten; so Ballerstedt Teil A III 6.

C. Angemessener Preis

1. Einleitung

In der wirtschaftspolitischen Diskussion um das Für und Wider der vertikalen Preisbindung bei Markenwaren wird von ihren Gegnern immer das Argument gebracht, durch die vertikale Preisbindung trete zwangsläufig eine Verteuerung der preisgebundenen Waren ein. Dabei wird dieses 'zwangsläufig' einmal interpretiert als in dem Institut als solchem liegend (systemimmanent) und zum anderen als zwar nicht denknotwendige, aber in der Realität stets anzutreffende Folge. Weiterhin nennt § 17 Abs. I S. 1 Ziff. 3 GWB mit der Vermutung des § 17 Abs. I S. 2 GWB als Eingriffsgrund für die Kartellbehörde u.a. die durch die Preisbindung bedingte Verteuerung oder Aufrechterhaltung eines überhöhten Preises für die gebundenen Waren, die durch die gesamtwirtschaftlichen Verhältnisse nicht gerechtfertigt ist. Das zeigt, daß der Höhe des gebundenen Preises und seiner nahezu auf Null reduzierten Elastizität - sie wird zumindest behauptet - eine zentrale Bedeutung zukommt.
Es ist daher der Frage nachzugehen, ob und inwieweit die Preisgestaltung des Preisbinders der Mißbrauchskontrolle durch die Kartellbehörde unterliegt. In diesem Zusammenhang soll dann geprüft werden, ob mit der vertikalen Preisbindung notwendig im Verhältnis zum Marktpreis eine Preisüberhöhung verbunden ist. Weiter wird zu prüfen sein, ob aufgrund der vertikalen Preisbindung gesamtwirtschaftlich nachteilige, zu niedrige Preise gefordert werden können und ggfls. wie ein solcher Fall kartellrechtlich zu behandeln ist. Schließlich sind Aussagen zu den vorgenannten Fragen aber nur sinnvoll, wenn es für die Kartellbehörde überhaupt objektive Kriterien gibt, mit Hilfe derer sie eine Überprüfung der Preise vornehmen kann. Daher wird auch eine kritische Stellungnahme zu diesem Problem unumgänglich sein.

2. Stellungnahme der Praxis

Mit der Frage des angemessenen Preises hatte sich die Praxis im Rahmen der vertikalen Preisbindung in den verschiedensten

Modifikationen oft zu befassen.
Bereits in seinem Brief vom 28.12.1959 [133] an den Markenverband und andere Industrie- und Handelsverbände hat der Vorsitzende der 2. Beschlußabteilung des BKartA darauf aufmerksam gemacht, daß der zweigleisige Vertrieb von Markenwaren in den meisten Fällen ein Zeichen dafür sei, daß der vertikal gebundene Preis durch die gesamtwirtschaftlichen Verhältnisse nicht gerechtfertigt sei. Das wird daraus geschlossen, daß in diesen Fällen der zweigleisige Vertrieb für den Hersteller nur von Interesse sei, falls eine Diskrepanz zwischen von ihm gebundenem und vom Händler frei kalkuliertem Preis bestehe.[134]
In der Entscheidung vom 3.3.1961 "53-cm-Fernsehgeräte"[135] hat das BKartA eine Preisbindung nach § 17 Abs. I S. 1 Ziff. 3 GWB für unwirksam erklärt, weil der Preisbinder trotz eines erheblichen, unter normalen Umständen unbestritten zu einer Preisermäßigung von ca. 20 % führenden Überangebots infolge der Ausgestaltung des Preisbindungsvertrages nicht bereit und in der Lage war, seinen gebundenen Preis auf eine marktgerechte Höhe zu senken. In dem Preisbindungsvertrag war eine 6-wöchige Kündigungsfrist vereinbart, und außerdem hatte der Preisbinder den Händlern zugesagt, bis zu einem bestimmten Termin überhaupt von jeglicher Preissenkung Abstand zu nehmen. Das BKartA sah als Indizien dafür, daß der gebundene Preis nicht mehr marktgerecht sei, neben dem großen Überangebot und dem erheblichen Absatzrückgang die Gewährung überaus günstiger Sonderkonditionen an den Handel an,wie z.B. außergewöhnlich lange Zahlungsfristen, Lieferung sieben für sechs, Gewährung von Sondergutschriften und verbindliche Zusage von Differenzgutschriften für Lagerbestände.
Anlaß der Entscheidung "Grobwaschmittel" des BKartA vom 24.10.1963 [136] waren die sehr zahlreichen einstweiligen Verfügungen gegen Preisunterbieter und die Klage des Handels über die Bindung an übermäßig hohe Handelsspannen. Die sehr ausführliche Entscheidungsbegründung rügt, daß der Preisbinder bei der Aufstellung seiner Rabattregelung der Marktstruktur keine Beachtung geschenkt habe. Aufgrund der Struktur des

---

133) WuW/E BKartA 143 f.
134) WuW/E BKartA 144.
135) WuW/E BKartA 355 f.
136) WuW/E BKartA 725 ff.

Großhandels sei es dem Einzelhandel möglich, unter dem Herstellerabgabepreis zu beziehen, sicherlich aber unter dem vom Preisbinder in seiner Kalkulation des gebundenen Preises berücksichtigten Großhandelsabgabepreis. Das führe beim Einzelhandel zu einer Handelsspanne von über 20 %. Nicht auf diese absolute Höhe der Handelsspanne oder auf eine kostendeckende Handelsspanne komme es aber an, sondern allein darauf, ob der Endverkaufspreis der Wettbewerbspreis sei. Die Erfahrung lehre aber, daß der Einzelhändler Handelsspannen in der hier auftretenden Höhe nicht kalkulieren, sondern die Ware billiger verkaufen würde, um sein Angebot attraktiver zu gestalten. Dies sei auf dem Markt auch in Form der zahlreichen Unterpreisverkäufe zu verzeichnen. Gerade der Hinweis des Preisbinders auf den zu erwartenden scharfen Preiswettbewerb bei Aufhebung der Preisbindung zeige, daß der freie Wettbewerb ein Einpendeln des Preises auf ein niedrigeres Niveau herbeiführen werde, und damit, daß die derzeit geforderten Preise eben nicht die allein bindungsfähigen Wettbewerbspreise seien.
Auch in der Entscheidung "Doornkaat" des BKartA vom 4.6.1964[137] liegt die Mißbrauchsursache in der Gestaltung der Rabattstaffel. In diesem Fall waren in einer Rabattstaffel zwei verschiedene Rabattarten zusammengefaßt worden, indem der Großhandelsfunktionsrabatt in eine allgemeine Mengenrabattstaffel hineingerechnet worden war. Aus diesem Grunde war es hier dem Einzelhandel möglich, Großhandelsfunktionsrabatt zu erhalten, obgleich er derartige Funktionen nicht erbrachte. Der Mißbrauch ist hier zum einen darin gesehen worden, daß dem die Funktion seiner Handelsstufe erfüllenden Großhandel aufgrund dieser verschachtelten Rabattstaffel ein Teil seiner potentiellen Kunden verlustig geht. Zum anderen trete eine Verteuerung der Ware deshalb ein, weil der Preisbinder den ungerechtfertigt an den Einzelhandel gezahlten Großhandelsfunktionsrabattanteil bei einer Trennung der Rabattstaffeln zu einer Ermäßigung des gebundenen Endverbraucherpreises be-

---

137) WuW/E BKartA 823 ff.

nutzen könnte.[138] Schließlich liege auch noch ein Mißbrauch in bezug auf die Einzelhändler vor, da eine Rabattsteigerung von über 100 % zwischen Normalabnehmern und Großabnehmern unverhältnismäßig ist und somit zu einer Wettbewerbsverzerrung führt, da die Großabnehmer diese ungerechtfertigten Kostenvorteile in ihrer sonstigen Kalkulation im Wettbewerb gegenüber den Normalabnehmern einsetzen könnten und würden.
In der Entscheidung des BKartA vom 12.6.1964 [139] "Puschkin" geht es um eine lückenhafte Preisbindung. Dort [140] heißt es: "Die Unterbietung der gebundenen Verbraucherpreise durch Einzelhandelsunternehmen zeigt, daß der Einzelhandel grundsätzlich in der Lage wäre, einen Teil seiner reichlich bemessenen Handelsspanne an die Verbraucher weiterzugeben, und durch den Wettbewerb auch hierzu veranlaßt werden würde."[141] Weiter weist das BKartA in dieser Entscheidung darauf hin, daß der gebundene Preis stets den sich ändernden Verhältnissen angepaßt werden müsse, indem es die Spirituosenpreise in diesem konkreten Fall deshalb für überhöht erklärte, weil sie trotz kostensparenden Strukturwandels und trotz Rationalisierung konstant gehalten wurden. Auch in der Entscheidung "Ofenpreisbindung" vom 30.11.1965 [142] schließt das BKartA von den zahlreichen Preisunterbietungen auf überhöhte Endabnehmerpreise. Als weitere Indizien führt es das Preisniveau bei Öfen nicht preisbindender Hersteller sowie "die allgemeine Produktions-, Absatz- und Lagerbestandsentwicklung" an.[143]

---

138) Einen in der Problematik ähnlich liegenden Fall behandelt die Entscheidung "Zahncreme" vom 22.6.1967,WuW/E BKartA 1121 ff. Dort ergab sich der Mißbrauch daraus, daß in der Rabattregelung des Preisbinders dem Unterschied zwischen Fach- und Nichtfachhandel in der Erbringung von Handelsfunktionen (und damit auch in der Kostenlage) nicht Rechnung getragen wurde. Daraus leitet das BKartA dieselben Konsequenzen her wie in der Entscheidung "Doornkaat". Ebenso BGH,Urteil v.17.10.1968,NJW 1969, 323 ff.
139) WuW/E BKartA 841 ff.
140) WuW/E BKartA 843.
141) Dieser Gedanke liegt § 17 Abs. I S. 2 GWB zugrunde.Er wird in der Entscheidung "Pulverkaffee" des BKartA vom 14.2.1966, WuW/E BKartA 1043 f., angewandt,ebenso in der Entscheidung v.13.5.1966,WuW/E BKartA 1101 f.,die ebenfalls im Rahmen der Waschmittelpreisbindung ergangen u. unanfechtbar geworden ist.
142) WuW/E BKartA 1023 ff.
143) WuW/E BKartA 1026 f.

In der Entscheidung "Grobwaschmittel" vom 8.12.1966 [144] hat das BKartA nochmals darauf hingewiesen, daß der gebundene Preis markt- und wettbewerbswirtschaftlichen Gesichtspunkten Rechnung tragen müsse, denen sich unter Umständen betriebswirtschaftliche Berechnungen unterzuordnen hätten. Bei der Bestimmung des gesamtwirtschaftlich gerechtfertigten Preises komme es nicht auf den Kostenpreis oder einen sonst regulär kalkulierten Preis, sondern vielmehr auf den Preis an, der sich im Wettbewerb gebildet habe oder bilde. Ihm komme die entscheidende Bedeutung zu.[145]

Das BKartA stellt in den Entscheidungen "Großgebinde" vom 13.5.1964 [146] und vom 17.11.1964 [147] mit ausführlicher Begründung heraus, daß bindungsfähig nur der Marktpreis sei und daß das selbst dann gelte, wenn dieser Preis nicht einmal kostendeckend sei. Richtschnur für die Höhe des Marktpreises sei bei einem Artikel, der im Preis gebunden wird, nachdem er erst einige Zeit ohne Preisbindung am Markt war, der Preis, der sich während dieser Zeit herausgebildet hatte. Weiterhin werden aber auch Vergleiche mit Preisen von Konkurrenzartikeln vorgenommen. Das KG ist in seinem Urteil vom 1.6.1965 [148] dagegen der Auffassung, daß zum Marktpreis ein Zuschlag gemacht werden müsse, der das Wesen der Preisbindung, und das heißt ja wohl die Beschneidung des absatzpolitischen Instrumentariums des Handels, berücksichtigt. Diese Berücksichtigung sei erforderlich, um die notwendig hohe Distribution der Markenware zu gewährleisten. Der BGH schließlich läßt diese Frage in seinem Urteil vom 5.5.1967 [149] offen. Er leitet aus § 17 Abs. I S. 2 GWB den Willen des Gesetzgebers her, einen Mißbrauch dann als gegeben anzusehen, wenn ein erhebliches Spannungsverhältnis zwischen Marktpreis und gebundenem Preis besteht. Eine endgültige Stellungnahme des BGH war jedoch nicht mehr erforderlich, da die angefochtenen Verfügungen des BKartA durch den unanfechtbar gewordenen Beschluß vom 13.5.1965 als erledigt anzusehen waren (§§ 75 Abs. V, 70 Abs. II S. 2 GWB).

---

144) WuW/E BKartA 1103 ff.
145) WuW/E BKartA 1106 f.
146) WuW/E BKartA 835 ff.
147) WuW/E BKartA 867 ff.
148) WuW/E OLG 735 ff.
149) WuW/E BGH 852 ff.

3. Eigene Lösung

a) Der zu bindende Preis

Die vertikale Preisbindung ist zugelassen als ein Mittel zur Erreichung von Preiskonstanz in den Augen der Verbraucher. Dieser Umstand bestimmt sowohl Bindungsmittel als auch Bindungsgegenstand. Das bedeutet, auf das hier anstehende Problem bezogen, daß auch der Preis nur so gebunden werden darf, als es der Zweck der Erzielung von Preiskonstanz erforderlich macht. Erforderlich ist aber nur, daß es dem Hersteller von Markenwaren freigestellt ist, Preise incl. Preisbestandteile zu binden, und nicht, daß es ihm auch freigestellt ist, in welcher Höhe er sie bindet. Durch die vertikale Preisbindung sollen lediglich Preisunterschiedlichkeit und häufige Preisschwankungen vermieden werden, da sie dem vom Hersteller für seine Markenware aufgebauten Goodwill schaden; sie soll aber nicht die Preishöhe als solche beeinflussen, da von der Preishöhe kein Einfluß auf Goodwill-Veränderungen ausgeht.

Hier könnte man argumentieren, daß aber auch die Preishöhe von Einfluß auf den Goodwill der Ware sei, und daß es dem Hersteller daher auch erlaubt sein müsse, die Höhe des Preises für den Goodwill einzusetzen. Es ist jedoch zu bedenken, daß die Preisbindung nicht der Schaffung oder Veränderung des Goodwill dienen soll, sondern nur dem Schutz vor Goodwill-Verlusten. Wenn ein Hersteller für seine Markenware einen Goodwill aufgebaut hat unter Einsatz von Kapital, Leistung und Risiko, so wird sein Interesse an der Erhaltung dieses Goodwill gegenüber dem allgemeinen Interesse an möglichst weitgehendem Wettbewerb als schutzwürdiger angesehen, zumal ein notwendiger Bestandteil für den Goodwill einer Markenware die relative Qualitätserhaltung, wenn nicht gar -steigerung ist. Der von ihm aufgebaute Goodwill soll weiterhin seiner Pflege und Einflußnahme unterstellt bleiben und nicht gleichsam als Spielball in den Wettbewerb auf der Verbraucher-Einzelhändler-Stufe geworfen werden. Dieser Goodwill wird durch Preisuneinheitlichkeit und Preisunruhe gefährdet, und daher soll der Hersteller dieser Unruhe, die sich normalerweise im Wettbewerb einstellt, wehren können durch die vertikale Bindung des Preises. Diese

Interessenbewertung trifft aber nur zu auf einen durch andere Mittel als Preisbindung geschaffenen Goodwill. Sie trifft aber gerade nicht zu auf die Schaffung und Expansion desselben. Daraus folgt, daß nur ein solcher Preis gebunden werden darf, der erforderlich ist, um den Beruhigungseffekt zu erzielen. Einen anderen Preis hat man als von der Privilegierung nicht gedeckt und damit als mißbräuchlich gefordert anzusehen.

b) Der Einfluß der vertikalen Preisbindung auf die Höhe des Preises

Fraglich ist, welcher dieser zur Erzielung von Preisruhe erforderliche Preis ist. Dies berührt eine Frage, die in der grundsätzlichen Diskussion um das Für und Wider der vertikalen Preisbindung immer wieder aufgegriffen wird. Es ist dort höchst umstritten, ob der vertikal gebundene Preis aus systemeigenen Gründen höher als der Wettbewerbspreis liegen müsse oder wenigstens realiter stets liegen werde. Das wird im wesentlichen damit begründet, daß für den Hersteller eine hohe Distributionsdichte seines Markenartikels erforderlich sei. Diese könne er nur erreichen, indem er den Preis in der Höhe binde, deren der am kostenungünstigsten arbeitende Händler bedarf, den der Hersteller für die Distribution noch für notwendig hält.[150/151] Demgegenüber vertreten andere die Ansicht, daß der gebundene Preis der Wettbewerbspreis sein müsse und auch sei, da auch der Preisbinder sich mit seinem Preis ja auf dem Markt befinde und daher nicht einen Preis gegen den Markt festsetzen könne. Ausgeschlossen werde durch die vertikale Preisbindung ja nur der Preiswettbewerb der Händler der gebundenen Ware. Diese Ware bleibe aber unangetastet im Wettbewerb "mit gleichartigen Waren anderer Hersteller oder Händler", wie es § 16 Abs. I Ziff. 1 GWB ausdrücklich verlangt.[152] Es

---

150) Im folgenden Grenzhändler genannt.

151) Zur Richtigkeit dieser These sh. unter lit. d. Sie wird u.a.vertreten von Bundesregierung Drucks. BT IV/617 S. 26; BKartA TB 1960 S. 113 f.;Busch in BKartA-Festschrift passim;Hoppmann,Preisbindung S. 49;Lenel S. 254; mit anderer Begründung ebenso Gutenberg II S. 369 f.

152) Weissbuch S. 8 ff., bes. S. 11 f.; Mellerowicz, Markenartikel S. 186.

ist also der Grundgedanke dieser Meinung und auch wohl des Gesetzgebers, daß durch diese gesetzliche Bestimmung die Preisbindung nur die Nivellierung des Preises sowohl innerhalb des Einzelhandels als auch im zeitlichen Ablauf auszuschließen vermag, nicht aber die Entfernung des Preises hinsichtlich seiner Höhe vom Wettbewerbspreis ermöglicht.
An dieser Stelle ist daher zu untersuchen, ob die vertikale Preisbindung notwendig einen gegenüber dem Wettbewerbspreis überhöhten Preis impliziert. Ist das nämlich der Fall, so folgt daraus, daß in der Bindung dieses Preises noch kein Mißbrauch gesehen werden kann. Wenn das Gesetz nämlich auf der einen Seite die vertikale Preisbindung zuläßt, kann es auf der anderen Seite nicht notwendige Implikationen als Mißbrauch ansehen. Mißbräuchlich könnte dann allenfalls der von diesem implizierten Preis abweichend gebundene Preis sein.
Es ist also der normalerweise sich bildende Wettbewerbspreis dem entsprechenden bei vertikaler Preisbundung sich einstellenden Preis gegenüberzustellen. Dabei sollen in Übereinstimmung mit Ott [153] auf dem untersuchten Markt folgende Annahmen gemacht werden:
Ausschließlich zweistufiger Absatz; ausschließlich Einproduktunternehmungen; Übereinstimmung von Größe, Kostenverlauf und Absatz bei den Händlern und gleiche Nachfrage derselben bei den Produzenten; Übereinstimmung von Größe, Kostenverlauf, Produktionsmenge und Verkaufspreis bei den Produzenten. Man mag der Wahl dieser zugegeben sehr restriktiven Annahmen entgegenhalten, daß sie zu wirklichkeitsfremd und das so gefundene Ergebnis somit zu wenig aussagekräftig sei. Dieser Vorwurf ist aber nur dann gerechtfertigt, wenn es hier bereits um die Bestimmung einer quantitativen Diskrepanz zwischen Preisen bei vertikaler Preisbindung und Wettbewerbspreisen ginge. Das ist indes nicht der Fall. Hier soll vielmehr zuerst nur eine Aussage gefunden werden, ob überhaupt ein Unterschied besteht, und es soll noch nicht festgestellt werden, wie groß dieser ist. Auf die Frage des Ob sind vorstehende restriktive Annahmen aber ohne Einfluß; der Verzicht auf sie würde nur die Beweisführung komplizieren und soll daher hier noch ausgespart werden.

---

153) Vgl. zum folgenden Ott, Grundzüge, bes. S. 264 ff.; Ott, Preisbildung.

Ausgehend von diesen Annahmen ist zu differenzieren zwischen den verschiedenen Marktformen und zwischen vollkommener und unvollkommener Konkurrenz. Unter vollkommener Konkurrenz soll dabei verstanden werden, daß die Homogenitätsbedingung erfüllt ist, das heißt, daß keine sachlichen, persönlichen, räumlichen und zeitlichen Präferenzen bestehen und daß vollständige Markttransparenz besteht. Da dieser Fall in der Realität, zumindest auf den hier allein interessierenden Märkten, nicht vorkommt, sollen hier lediglich Untersuchungen auf unvollkommenen Märkten angestellt werden, das heißt auf Märkten, auf denen mindestens eine dieser Bedingungen nicht erfüllt ist. Ferner soll der Fall ununtersucht bleiben, daß auf dem Händler-Produzenten-Markt ein Monopol besteht, da in einem solchen Fall der vom Gesetz als Zulässigkeitsvoraussetzung für die vertikale Preisbindung geforderte Preiswettbewerb zwischen dem preisgebundenen Markenartikel und gleichartigen Waren anderer Hersteller oder Händler (§ 16 Abs. I Ziff. 1 GWB) fehlt;dieser Fall ist also de lege lata ohne Interesse. Außerdem sollen ausgeschaltet sein das Monopson und Oligopson auf dem Händler-Produzenten-Markt, und es soll auf dem Konsumenten-Händler-Markt nur die Marktform des Polypols betrachtet werden, da alle anderen Marktformen bei Markenartikeln in der Realität nicht vorkommen.[154] Schließlich soll zur Erreichung noch größerer Klarheit davon ausgegangen werden, daß entweder alle oder kein Markenartikelhersteller die Preise binden.[155] Auch durch diese Beschränkung wird an der Frage des Ob der Preisüberhöhung nichts geändert [156], sondern allenfalls an der Frage des Wieviel, die hier aber nicht zur Diskussion steht.

---

154) Zu den Marktformen vgl. auch Ott, Kompendium S. 126 ff.

155) Das wird in der Literatur nahezu ausschließlich getan. Soweit ersichtlich, untersucht allein Schenk, MA 1966, 791 ff. die Wirkungen einer optimalen Integration der vertikalen Preisbindung in ein System vertikaler Preisbildung. Nach seiner Auffassung hat nur eine solche Frage Wirklichkeitswert. Unter wirtschaftspolitischem Aspekt sei sie positiv zu bewerten als die einzige Alternative dazu, grundsätzlich vertikale Preisbildung.

156) Schenk MA 1966, 791 ff. und WuW 1966, 791 ff. kommt sogar zu dem Ergebnis, daß bei optimaler Integration die Konsequenz nicht eine Preisüberhöhung, sondern eine Preisermäßigung sein wird. Diese These soll hier jedoch außer Betracht gelassen werden.

Unter diesen Prämissen läßt sich bei polypolistischem Händler-Produzenten-Markt [157] nachweisen, daß der Preis bei vertikaler Preisbindung sowohl größer als auch kleiner als auch genau gleich dem Preis ohne vertikale Preisbindung sein kann. Das hängt von den Verhältnissen auf einem konkreten Markt ab. Keineswegs läßt sich aber der Beweis führen, daß stets der ungebundene Preis niedriger als der gebundene Preis liegt. [158]

---

157) Auf dem Konsumenten-Händler-Markt ist laut obiger Unterstellung immer die Marktform des Polypols gegeben.

158) Ott errechnet die Händler-Verkaufspreise beim Polypol auf dem Händler-Produzenten-Markt bei vertikaler Preisbildung zu

$$p_o = \frac{d\,K_r}{d\,x_r} + \frac{d\,K_i}{d\,x_i} - \frac{\left(m\,\frac{d\,x_i}{d\,p_i} + \frac{d\,x_r}{d\,q_r}\,n\right) x_r}{m\,\frac{d\,x_i\;d\,x_r}{d\,p_i\;d\,q_r}}$$

und bei vertikaler Preisbindung zu

$$p_1 = \frac{d\,K_r}{d\,x_r} + \frac{d\,K_i}{d\,x_i} - x_r\,f'\,(n\,x_r).$$

Da hier aber nicht die absolute Größe von p_o bzw. p_1 interessiert, sondern nur das Verhältnis von p_1 zu p_o, können bei der Untersuchung die Grenzkosten des einzelnen Produzenten $\frac{d\,K_r}{d\,x_r}$ und des einzelnen Händlers $\frac{d\,K_i}{d\,x_i}$ unberücksichtigt bleiben. Entscheidende Frage an dieser Stelle ist daher, ob sich sagen läßt, daß

$$\frac{m\,\frac{d\,x_i}{d\,p_i} + n\,\frac{d\,x_r}{d\,q_r}}{m\,\frac{d\,x_i\;d\,x_r}{d\,p_i\;d\,q_r}}\;x_r < x_r\,f'\,(nx_r)\text{, das heißt}$$

$$\frac{m\,\frac{d\,x_i}{d\,p_i} + n\,\frac{d\,x_r}{d\,q_r}}{m\,\frac{d\,x_i\;d\,x_r}{d\,p_i\;d\,q_r}} < f'\,(n\,x_r)$$

ist. Das hängt von der Zahl der Händler m und der der Produzenten n, dem Preiseinfluß auf die eigene Absatzmenge beim einzelnen Händler $\frac{d\,x_i}{d\,p_i}$ und beim einzelnen Produzenten $\frac{d\,x_r}{d\,q_r}$ sowie der Steigung der Teilnachfragefunktion des einzelnen Produzenten

Dieses Ergebnis bedeutet weiter, daß bei polypolistischem Händler-Produzenten-Markt und polypolistischem Konsumenten-Händler-Markt allein aus der Existenz vertikaler Preisbindung nicht hergeleitet werden kann, daß der gebundene Preis notwendig über dem Wettbewerbspreis liege.
Bei der zweiten im Bereich der Markenartikel möglichen Marktform - oligopolistischer Händler-Produzenten-Markt und polypolistischer Konsumenten-Händler-Markt - bringt Ott lediglich ein numerisches Beispiel und keine analytisch-algebraische Lösung, da eine solche "zu völlig unübersichtlichen Gleichungen und Zusammenhängen führt".[159] Diese mathematischen Schwierigkeiten werden weiter aber noch überlagert von der Unklarheit über den Gleichgewichtspreis auf dem oligopolistischen Markt, was letztlich wohl zurückzuführen ist auf die Ungewißheit über die Marktstrategie oligopolistischer Anbieter oder Nachfrager. So wird zum Teil vertreten, daß es bezüglich der Preis-Mengen-Kombination beim unvollkommenen Oligopol einen Gleichgewichtspunkt gibt, innerhalb dessen alle Kombinationen gleichberechtigt sind.[160] Trotz dieser noch weitgehenden Unkenntnis der Preistheorie in diesem Gebiet hat Ott jedoch anhand des numerischen Beispiels gezeigt, daß auch bei dieser zweiten möglichen Marktformenkombination sich eine Aussage des Inhalts nicht aufstellen läßt, daß allein aufgrund vertikaler Preisbindung der Preis höher sein müsse als bei freiem Wettbewerb.
Ergebnis ist somit, daß die vertikale Preisbindung wohl zu einem vom Wettbewerbspreis differierenden Preis führen kann,

---

Forts.
158) $f'(n\,x_r)$ ab. Die hier gewählte Annahme symmetrischer Marktverhältnisse bedeutet in diesem Zusammenhang, daß $\frac{d\,x_i}{d\,p_i}$ für jeden Händler und $\frac{d\,x_r}{d\,q_r}$ und $f'(n\,x_r)$ für jeden Produzenten desselben Marktes denselben Wert hat. Ob daher p_1 kleiner, gleich oder größer p_o ist, hängt damit von den Verhältnissen auf einem konkreten Markt ab. Keineswegs läßt sich aber der Beweis führen, daß stets $p_o < p_1$ ist. Vielmehr gilt zwischen p_o und p_1 die Beziehung $p_o \lesseqgtr p_1$.

159) Ott, Preisbildung S. 109.
160) Eine Aufzählung der wesentlichsten Oligopollösungen findet sich bei Ott, Preisbildung S. 109 ff.

aber nicht notwendig führen muß, und daß diese Differenz sich sowohl in positiver als auch durchaus in negativer Richtung ergeben kann. Die vertikale Preisbindung als solche impliziert also auf den allein relevanten Märkten nicht notwendig eine Preisüberhöhung. Das bedeutet, daß allein aus der Zulassung der vertikalen Preisbindung nicht geschlossen werden kann, daß es dem Preisbinder auch erlaubt sei, einen in seiner Höhe vom Wettbewerbspreis abweichenden Preis festzusetzen, damit nicht die Privilegierung ad absurdum geführt wird.

c) Der unterhalb des Wettbewerbspreises gebundene Preis

Aus der oben aufgezeigten Zweckbestimmung der Zulassung der vertikalen Preisbindung, die eben nur in der Erhaltung und gerade nicht im Aufbau oder in der Expansion des Goodwill der Markenware liegt, folgt, daß sie auf die Höhe des Preises ohne Einfluß sein muß. Das bedeutet, daß nur der Preis gebunden werden darf, der bei Abwesenheit von vertikaler Preisbindung am Markt gefordert werden könnte, und dieser Preis soll hier als Wettbewerbspreis bezeichnet werden. Damit ist natürlich nicht gesagt, daß bei vertikaler Preisbindung die Höhe des Preises kein Mittel der Preispolitik sein dürfe; ein solches Postulat wäre absurd. Gesagt ist hiermit nur, daß die Preishöhe als ein Instrument der Preispolitik dem Preisbinder entzogen ist, sofern diese Preishöhe ihre Ursache in der Bindung hat. Selbstverständlich steht sie ihm weiterhin zur Verfügung, soweit sie im Markt und damit im Wettbewerb wurzelt. Ein Mißbrauch liegt demnach also dann vor, wenn der Preisbinder einen Preis bindet, wie er sich ohne vertikale Preisbindung am Markt nicht erzielen ließe.

Gegen diese Argumentation könnte eingewandt werden, daß sie insofern zu weit gefaßt sei, als sie sowohl die Über- als auch die Unterschreitung des Wettbewerbspreises als mißbräuchlich bezeichnet; das Fordern eines niedrigeren Preises könne aber niemals mißbräuchlich sein.

Dieser Einwand kann nicht mit der Bemerkung zurückgewiesen werden, ein solcher Fall sei rein akademischer Natur und in der Wirklichkeit undenkbar. Zwar wird das Bestehen von Preiswettbewerb zwischen der im Preis gebundenen Markenware und gleichartigen Waren anderer Hersteller oder Händler, wie es von § 16 Abs. I Ziff. 1 GWB als Tatbestandsmerkmal (= Zulässigkeitsvoraussetzung) für eine vertikale Preisbindung aufgestellt ist, in aller Regel das Festsetzen eines Unter-Wettbewerbspreises verhindern, da der Handel die zu einem solchen Preis gebundene Ware durch Substitutware in seinem Sortiment ersetzen wird. Um daher den für den Distributionsprozeß erforderlichen Handel nicht zu verärgern oder ihn gar auf Produkte anderer Hersteller zu vertreiben, wird der Preisbinder in aller Regel mindestens den Wettbewerbspreis binden. Immerhin sind aber Fälle denkbar, in denen dem Handel ein solches Ausweichen nicht oder nur sehr schwer oder nur unter großem Risiko möglich ist. Als Gründe dafür kommen in Betracht ein starkes Meinungsmonopol in der Verbraucherschaft, verkaufstechnische Schwierigkeiten (etwa beim Automatenverkauf oder hinsichtlich der Lagerung) etc.[161] In solchen Fällen kann es dem Preisbinder möglich sein, über eine gewisse Zeit hin Unter-Wettbewerbspreise festzusetzen, etwa zur Schließung des Marktes gegen newcomer, zum Zwecke des ruinösen Wettbewerbs, zur Monopolisierung des Marktes [162] oder zum Zwecke der Selektion im Vertrieb. Sicherlich wird der Preisbinder eine solche Preis- und Vertriebspolitik nicht langfristig betreiben können; aber auch ein kurzfristiger, gezielter Einsatz dieses Instruments birgt genügend negative Konsequenzen, was nachfolgend aufgezeigt werden soll.

Die rechtliche Relevanz dieser nachteiligen Konsequenzen hängt allein davon ab, was Schutzobjekt der Mißbrauchsaufsicht des § 17 GWB ist. Ist Schutzobjekt lediglich der Endnachfrager insofern, als er durch die vertikale Preisbindung keinen unmittelbaren Preisnachteil erleiden soll, so könnte der Einwand, ein gegenüber dem Wettbewerbspreis ermäßigter Preis könne nicht mißbräuchlich sein, berechtigt sein; ein niedrigerer Endverkaufspreis bedeutet für den Verbraucher stets einen Vorteil. Im Ersten Hauptteil wurde aber bereits gezeigt, daß Schutzobjekt jedes Glied der Absatzkette ist. Ist das aber der Fall, so ist der genannte Einwand in bezug auf jedes Glied dieser Kette in jeder möglichen Auswirkung zu untersuchen. Da es nichts an der Problemlösung ändert, aber der Vereinfachung der

161) Vgl. etwa Drucks. BT IV/617 S. 25; BGH NJW 1968, 402.
162) So etwa Schmidt WuW 1964, 136.

Darstellung dient, soll hierbei die Absatzkette als dreigliedrig - Preisbinder-Händler-Verbraucher - angenommen werden. Es sind also in diesem vereinfachten Fall die Auswirkungen eines gegenüber dem Wettbewerbspreis niedrigeren Endverkaufspreises aufzuzeigen. Dabei ist auf der Produzentenstufe zwischen dem preisbindenden und anderen Unternehmen zu unterscheiden. Bei diesen anderen Unternehmen wird ein Umsatzrückgang eintreten, sofern der Preisbinder in der Lage ist, die nun auf ihn zukommende Nachfrage zu befriedigen, was aber regelmäßig in solcher Situation der Fall sein wird, da nur dann die Bindung des Unter-Wettbewerbspreises sinnvoll ist. Dieser Umsatzrückgang kann bis zum Ruin einzelner Produzenten führen, was, vom Markt her betrachtet, eine Monopolisierung bedeutet. Für potentielle andere Unternehmen wirkt eine solche Preispolitik als Barriere gegen den Zugang zum Markt. Ferner verhindert sie bei potentiellen Produzenten den Entschluß, auf diesem Markt tätig zu werden, indem sie ihnen rein optisch ein falsches Bild von den Verdienstmöglichkeiten auf diesem Markt vor Augen führt. Das gleiche gilt für Investitionsentscheidungen auf diesem Markt befindlicher Unternehmen. Daraus folgt volkswirtschaftlich der Nachteil falscher Investitionen. Für den Preisbinder bringt eine solche preispolitische Maßnahme eine Umsatzsteigerung in doppelter Hinsicht. Einmal konzentriert er die von seinen Konkurrenten abgezogene Nachfrage auf sich. Zum anderen dürfte er alleiniger Nutznießer der sich gesamtwirtschaftlich einstellenden Nachfrageerhöhung sein; diese Nachfrageerhöhung ergibt sich, sofern man den Normalverlauf der Preis-Absatz-Funktion auf dem betreffenden Markt unterstellt. Infolge dieser potenzierten Nachfrageerhöhung kann sich für den Preisbinder auch eine Gewinnerhöhung ergeben, ohne daß daraus irgendwelche Schlüsse bezüglich der Differenz zwischen Wettbewerbspreis und gebundenem Preis gezogen werden können, denn der Einfluß auf den Gewinn des Preisbinders hängt allein davon ab, wie er diese Differenz zwischen sich und dem Handel aufteilt.

Die Auswirkung auf den gebundenen Handel bezüglich seines Gewinns ist determiniert einmal durch die Umsatzerhöhung und zum anderen durch die Aufteilung der Preisdifferenz zwischen Preisbinder und Handel. Für den gesamten Handel wie für die Ver-

braucher stellen sich darüber hinaus - und das ist wohl der essentielle Gesichtspunkt - langfristig die Konsequenzen der Monopolisierung ein, die im einzelnen zu nennen unmöglich ist, da sie den gesamten Wirtschaftsablauf betreffen.
Als weiterer Einwand könnte vorgebracht werden, daß bereits aus dem Anlaß zur Preisbindung folge, daß ein 'zu niedriger' Preis nicht möglich sei. Der Preis werde ja gerade gebunden, um bei den Verbrauchern die Qualitätsvorstellung hinsichtlich der Markenware zu erhalten, die durch einen Preisverfall infolge der psychologischen Verknüpfung von Preis und Qualität eine Einbuße erleiden würde. Der Preisbinder werde daher nicht durch eine autonome Preisfestsetzung in zu niedriger Höhe das herbeiführen, was er durch die Praktizierung der Preisbindung gerade vermeiden wolle. Eben diese letzte Aussage ist eine Unterstellung; sie setzt den Zweck der gesetzlichen Privilegierung kritiklos gleich mit dem konkreten Ziel unternehmerischen Handelns eines Preisbinders. Zwar ist Zweck der Privilegierung der Schutz des Preises. Damit ist aber nicht notwendig sichergestellt, daß der Preisbinder sie auch zu diesem Zweck gebraucht. Es ist vielmehr durchaus denkbar, daß ein Markenwarenhersteller die Preisbindung einsetzt, um zu erreichen, daß seine preispolitischen Maßnahmen auch bis auf den Verbraucher-Händler-Markt gelangen. Konkret heißt das, daß im Einzelfall das Interesse eines Preisbinders an einem bestimmten 'zu niedrigen' Preis auf dem Verbraucher-Händler-Markt überwiegen kann gegenüber seinem Interesse an der Erhaltung der Qualitätsvorstellung mittels des Preises.[163] Die Preisbindung ist zur Erreichung dieses Zieles auch nicht etwa entbehrlich. Man könnte ja etwa so argumentieren, daß der Produzent nur den Herstellerabgabepreis zu senken brauche, um das gleiche Ergebnis zu erreichen. Bei einer solchen Maßnahme ist aber keineswegs sichergestellt, daß diese Preisermäßigung auch über die gesamte Absatzkette hinweg bis an den Verbraucher ge-

---

163) Die Qualitätsvorstellung bei den Verbrauchern kann er in einem solchen Fall überdies durch andere Maßnahmen sicherstellen, etwa durch eine bestimmte Werbung. Diese Werbung ist unter Umständen dann zur Erhaltung der Qualitätsvorstellung ein geeignetes Mittel, nicht aber zur Erzielung des Erfolges, den der Preisbinder durch Einsatz des 'zu niedrigen' Preises erstrebt.

langt.[164] Vielmehr ist die Annahme durchaus realistisch, daß die Preisermäßigung oder zumindest ein Teil von ihr vom Handel als eine willkommene Erhöhung der Handelsspanne in Anspruch genommen wird. Diese Überlegung zeigt, daß einem Produzenten im Einzelfall die Preisbindung zur Erzielung 'zu niedriger' Endverkaufspreise durchaus wertvoller sein kann, als zur Erhaltung der Qualitätsvorstellung. Dann fehlt dem Einwand, von dem diese Überlegungen ausgegangen sind, aber auch seine Berechtigung.
Ergebnis ist somit, daß auch das Binden eines gegenüber dem Wettbewerbspreis zu niedrigen Preises als mißbräuchlich angesehen werden muß. Die Untersuchung hat gezeigt, daß sogar bezüglich des Verbrauchers nur kurzfristige Vorteile festgestellt werden können, denen aber die erheblichen aus einer Monopolisierung eines zumeist teiloligopolistischen oder oligopolistischen Marktes resultierenden Gefahren gegenüberstehen. Als Mißbrauch ist daher sowohl die positive als auch die negative Abweichung vom Wettbewerbspreis zu qualifizieren.

d) Die Fassung des Wettbewerbspreises

Was ist nun dieser Wettbewerbspreis? Das ist bei der idealtypisch konzipierten Preisbindung zunächst einmal der Preis, der sich auf dem Markt bei Abwesenheit von vertikaler Preisbindung herausbilden würde. Diese Aussage kann aber noch nicht als abschließend betrachtet werden, denn sie geht von einem wirtschaftstheoretischen Modell aus, wonach sich am Markt exakt ein solcher Preis herausbildet. Indes ist ein solcher Fall in der Realität aufgrund der Unvollkommenheiten jedes tatsächlichen Marktes nicht anzutreffen. Hieraus ergibt sich gleichzeitig eine der beiden Funktionen der vertikalen Preisbindung, nämlich neben der Gewährleistung einer längerfristigen Preiskonstanz die Erreichung von Preiseinheitlichkeit. Beides ist gemeint, wenn die Bundesregierung vom Festpreis der Ware spricht [165], der in der Vorstellung der Verbraucher

---

164) Die Möglichkeit der Durchkreuzung der Preispolitik des Herstellers durch den Handel bejaht Fiuczynski, S. 111. Er sieht jedoch die Abstimmung der absatzpolitischen Mittel durch den Hersteller als positiver als eine autonome Preispolitik des Handels an.

165) Etwa Drucks. BT II/1158 S. 36.

eine psychologische Verknüpfung zur Qualität der Markenware herstellt. Es ist daher dieser Wettbewerbspreis der idealtypisch konzipierten Preisbindung für die Realität zu "übersetzen".

Dabei ist in einem ersten Schritt von den bei Wettbewerb auf dem Markt sich bildenden Preisen auszugehen. Dieser Preis ist nun aber nicht der rechnerische Mittelwert zwischen dem höchsten und dem niedrigsten am Markt beobachteten Preis, da bei einer solchen Methode der funktionale Zusammenhang zwischen Preis und Absatz unberücksichtigt bliebe. Als solchen wird man vielmehr nur das arithmetische Mittel der mit den jeweiligen Umsätzen gewogenen, beobachteten Preise anzusehen haben.[166]

In einem zweiten Schritt ist dann die Frage zu stellen, ob bereits dann ein Mißbrauch der vertikalen Preisbindung vorliegt, wenn ein Produzent nicht gerade den so definierten Preis fordert. Diese Frage läßt sich auf zwei Wegen beantworten.

Rechtlich würde die Verpflichtung, exakt den gerade definierten Preis zu binden, bedeuten, daß das BKartA das Unternehmen laufend in seiner Preispolitik, und das bedeutet der Interdependenz der wirtschaftlichen Größen in einer Unternehmung wegen, in seiner gesamten Unternehmenspolitik zu überwachen hat. Nur wenn das BKartA das tut, ist es in der Lage, darüber zu befinden, ob der im Einzelfall gebundene Preis dem Preis gleichkommt, der für dieses Produkt ceteris paribus ohne Preisbindung auf dem Markt gefordert würde. Das ist aber nichts anderes als eine permanente Unternehmenskontrolle, um auf ihrer Grundlage hypothetische Marktergebnisse zu konstruieren.
- Dabei soll hier dahingestellt bleiben, ob das überhaupt praktisch durchführbar ist. - Daß das Gesetz das aber nicht gewollt hat, ergibt sich schon allein daraus, daß es den Weg einer Mißbrauchsaufsicht gewählt hat. Dieses Institut beinhaltet den "konkreten repressiven Eingriff beim Eintritt des speziellen Gefahrenfalles".[167] Die laufende Überwachung der Unternehmenspolitik ist aber mit einem solchen Eingriff un-

166) Insoweit übereinstimmend mit den Vertretern der Theorie des Als-Ob-Wettbewerbs; vgl. Fikentscher in GWB-Festschrift S. 270 ff. und Ingo Schmidt in zahlreichen Veröffentlichungen.

167) Huber S. 31.

vereinbar; das deshalb, da ein solcher Eingriff verlangt, daß auch in einer Momentaufnahme entschieden werden kann, ob Mißbrauch vorliegt, was nach dem Konzept des Als-Ob-Wettbewerbs gerade nicht möglich ist.
Der zweite Ansatz ist der, daß beim Konzept des Als-Ob-Wettbewerbs ein preispolitischer Spielraum des preisbindenden Unternehmens ausgeschlossen ist. Das Konzept des Als-Ob-Wettbewerbs muß notwendig als Ergebnis haben, daß das BKartA einen ziffernmäßig genau fixierten hypothetischen Marktpreis feststellen kann.[168] Nur dieser Preis ist dann nicht mißbräuchlich. In der Realität aber - darauf hat Gutenberg für oligopolistische Märkte hingewiesen [169]- besteht nicht nur auf oligopolistischen Märkten ein preisautonomes Intervall, was im wesentlichen auf die Unvollkommenheiten jedes tatsächlichen Marktes zurückzuführen ist.[170] Das bedeutet, daß ohne vertikale Preisbindung jeder Händler bei der Preisgestaltung für eine bestimmte Markenware einen Spielraum hat, innerhalb dessen er in etwa das gleiche Ergebnis erzielen kann. Diesen Spielraum muß man bei vertikaler Preisbindung auch dem Preisbinder zugestehen. Bestimmt nicht mehr eine Vielzahl von Händlern den Preis einer Ware, sondern eine Person, der Hersteller, so ist nicht ersichtlich, warum er nicht innerhalb dieses Spielraumes die gleiche Wahlfreiheit haben soll, wie jeder Händler sie hätte. Ist das aber richtig, so kann das BKartA nicht mehr mit dem Konzept des Als-Ob-Wettbewerbs arbeiten, sondern kann nur noch prüfen, ob der konkret gebundene Preis in dieser Höhe als gewogener Durchschnittspreis auf dem Markt ohne Preisbindung nicht möglich wäre, und nicht mehr, ob der konkret gebundene Preis gleich dem hypothetischen gewogenen Durchschnittspreis ist.

---

168) Wenn Fikentscher in GWB-Festschrift, S. 272 u. S. 281, sagt, daß Pfennig-Rechnungen nicht aufgemacht werden dürften, so besagt das, wie er selbst ausführt, daß infolge praktischer Schwierigkeiten bei der Konstruktion des hypothetischen Preises ein Kulanzspielraum zuzubilligen ist. Die Preise innerhalb desselben sind dann nicht an sich gerechtfertigt; gegen sie wird nur nicht behördlicherseits eingeschritten, weil die Behörde selbst nicht exakt den hypothetischen Preis zu bestimmen vermag.
169) Gutenberg II S. 371.
170) Es ist nur ausgeschlossen im Modell vollkommener Konkurrenz.

Ergebnis ist somit, daß als Wettbewerbspreis in dem hier angenommenen Sinne jeder Preis zu bezeichnen ist, der sich als gewogener Durchschnittspreis auf dem Markt ohne Preisbindung erzielen ließe.
Nachdem der Wettbewerbspreis aus dem Markt heraus gefaßt worden ist, ergibt sich die Frage, ob er auch von einer Marktpartei, nämlich der Anbieterseite her zugänglich ist. Die Beantwortung dieser Frage hat Konsequenzen bei dem später noch zu behandelnden Problem, mit Hilfe welcher Mittel das BKartA die Preisabweichung [171] eines gebundenen Preises nachprüfen kann. Als ein unter diesem Aspekt gefaßter Preis kommt in Betracht einmal der kostendeckende Preis und zum anderen der Preis, der sowohl die Kosten deckt als auch den branchenüblichen oder einen sonstwie bestimmten Gewinn beinhaltet, wobei sowohl der Preisbinder als auch die einzelnen Glieder der Absatzkette Berücksichtigung finden müssen. Fraglich ist nun, ob der oben vom Markt her definierte Wettbewerbspreis mit einem solchen, wie immer gearteten Kostenpreis identisch ist oder im Rahmen der vertikalen Preisbindung als identisch angesehen werden kann.

Zunächst sei also darauf eingegangen, ob Wettbewerbspreis und Kostenpreis notwendig identisch sind, das heißt zwei verschiedene Begriffe für dieselbe wirtschaftliche Erscheinung, verursacht durch die verschiedenen Ansatzpunkte der terminologischen Erfassung. Das ist nur dann der Fall, wenn der Wettbewerbspreis notwendig kostendeckend ist. Nun ergibt sich zwar im wirtschaftstheoretischen Modell auf dem polypolistischen Markt bei vollkommener Konkurrenz auf dem Markt ein Preis (das heißt also ein Wettbewerbspreis), der identisch ist mit den Grenzkosten für das betreffende Gut. Diese Identität ergibt sich aber notwendig nur unter den modelltheoretischen Annahmen. In der wirtschaftlichen Wirklichkeit schafft der Preis den Ausgleich zwischen Angebot und Nachfrage, ohne dabei Rücksicht bzw. exakt bezifferbaren Einfluß auf die Kosten zu nehmen. Bezogen auf die Angebotsseite des Marktes bedeutet das, daß über den Preis eine Selektion unter den Anbietern getroffen wird insofern, als die Unternehmen, die aufgrund ihrer Kostenstruktur mit dem Wettbewerbspreis nicht auszukommen vermögen, vom Markt verdrängt werden. Die Existenz am Markt ist nur den-

---

171) Darunter soll sowohl die Über- als auch die Unterschreitung des Wettbewerbspreises verstanden werden.

jenigen Unternehmen gesichert, deren Kosten höchstens entsprechend diesem Preis sind oder die ihre Kosten entsprechend zu senken in der Lage sind.[172] Die Beziehung zwischen Preis und Kosten läßt sich also dahingehend bestimmen, daß der Preis die Obergrenze der Kosten festsetzt. Vermag ein Unternehmen nicht zu diesen Kosten zu produzieren, so wird es, zumindest langfristig [173], vom Markt verschwinden.[174] Gelingt es einem Unternehmen, kostengünstiger anzubieten, so wird dadurch in Verbindung mit der Absatzmenge sein Gewinn bestimmt.[175] Daraus ergibt sich also, daß jedes Unternehmen versucht, seine Kosten an dem am Markt erzielbaren Preis auszurichten, was notwendig beinhaltet, daß ein Zusammenfallen von Kosten und Preis bei einem konkreten Unternehmen rein zufällig ist. Ein Gesetz der Identität von Kosten und Preis existiert nicht.

Zu erwägen bleibt, ob nicht im Rahmen der vertikalen Preisbindung der Preisbinder den Preis mindestens in Höhe der Kosten zu binden hat, daß man also in diesem Bereich die Kosten als

172) Hierbei ist der Gesichtspunkt der Mischkalkulation bei Mehrproduktunternehmen bewußt aus der Erörterung ausgeklammert worden, da er nichts am Ergebnis ändert. In einem solchen Fall gelten obige Überlegungen mit der Maßgabe, daß an die Stelle des einzelnen Artikels dieGesamtheit der in die Mischkalkulation einbezogenen Artikel zu setzen ist.

173) Ein kurzfristiger Ausgleich kann möglich sein, etwa durch Finanzierung der Verluste aus Gewinnen einer vorherigen Periode.

174) Vgl. hierzu auch das Urteil des BGH v. 17.5.1965 "Rechtselbische Zementpreise IV", BB 1965, 1049 f., wo es heißt: "Der durch das Gesetz gegen Wettbewerbsbeschränkungen - insbesondere durch dessen grundlegenden § 1 - geschützte und geförderte Leistungswettbewerb ist nicht dadurch gekennzeichnet, daß er für die ihm ausgesetzten Unternehmen kostendeckende Preise sicherte. Je nach der Härte des Wettbewerbs auf dem einzelnen Markt und der dadurch bestimmten Höhe der Preise werden bei wirksamem Wettbewerb kostengünstig arbeitende Unternehmen den Wettbewerbskampf bestehen, während kostenungünstig arbeitende Unternehmen sich gezwungen sehen können, entweder eine Senkung ihrer Selbstkosten zu erreichen oder u.U. aus dem Markt auszuscheiden. Der dadurch bewirkte Druck auf die Kosten, die in einer marktwirtschaftlichen Ordnung nicht etwa als unabänderlich u. unbeeinflußbar hingenommen werden, entspricht der Zielsetzung des Gesetzes ..."BB 1965,1050.

175) Hieraus ergibt sich auch die Entgegnung auf den oben bereits wiedergegebenen Standpunkt, der Hersteller müsse den Preis in Höhe der Kosten des Grenzhändlers binden. Das ist nach obigen Ausführungen nur dann der Fall, wenn der Preisbinder eine Zementierung seiner Absatzstruktur anstrebt. Will er dagegen eine dynamische Absatzstufe, so wird er sie den Kräften des Wettbewerbs ausgesetzt sein lassen.

Untergrenze des Wettbewerbspreises oder aber als exakt den Wettbewerbspreis anzusehen hat. Ansatzpunkte einer Begründung ließen sich u. a. finden im unterschiedlichen Absatzrisiko von preisgebundener und freier Ware, in der Beschränkung der Aktionsparameter des Handels und in der volkswirtschaftlichen Vorteilhaftigkeit der Qualitätsgarantie. Bereits diese drei Gesichtspunkte machen aber deutlich, worauf eine solche Argumentation letztlich hinausläuft: Entweder man will aus dem Institut der Preisbindung sich für Hersteller und Handel ergebende Nachteile durch ihre Ausgestaltung kompensieren oder die durch die Privilegierung erfolgte Prämierung der Markenware weiter intensivieren. Beides mag zwar vom unternehmerischen Standpunkt sowohl des Preisbinders als auch der nachgeordneten Handelsstufen begrüßt werden. Indes steht dem die gesetzgeberische Entscheidung entgegen, die Preisbindung nur insoweit zuzulassen, als es zur Erreichung von Preiseinheitlichkeit und Preiskonstanz erforderlich ist. Zur Erreichung dieses Zieles ist jedoch eine Preisfestsetzung (mindestens) in Höhe der Kosten nicht notwendig.[176] Daraus ergibt sich, daß auch im Rahmen der vertikalen Preisbindung von den Kosten her keine Aussage über die zulässige Höhe des gebundenen Preises gemacht werden kann.

---

176) A.A. ist u.a. Bredt, wenn er schreibt: "Das Recht zur Preisbindung setzt die Verpflichtung der Markenfabrikanten voraus, die Ladenpreise für Markenartikel bei Wahrung der berechtigten Interessen von Produktion und Handel im Sinne einer materiell wie pretial optimalen Versorgung der Verbraucher festzusetzen." (Rd. 438 S. 70) Gegen die Gedankengänge Bredt's lassen sich im wesentlichen folgende zwei Bedenken geltend machen. Einmal geht er davon aus, daß der einzige Zweck der Privilegierung der vertikalen Preisbindung allein darin liegt, sog. Lockvogel-Praktiken im Handel auszuschalten, da sie mit dem Charakter des Markenartikels unvereinbar sind (bes. Rdn. 208 ff. S. 30 f.). Das ist jedoch nur ein Teilzweck des übergeordneten Zwecks der Erzielung von Preiseinheitlichkeit; völlig übersehen hat er den zweiten Zweck der Erzielung von Preiskonstanz. Zum anderen ist nicht einzusehen, warum die Bindung quantitativ so zu erfolgen hat, daß "dem Handel unter Beachtung der individuellen Branchenverhältnisse bei rationeller Geschäftsführung die Erzielung eines angemessenen Rohertrages" (Rdn. 442 S. 71) möglich ist. Bredt selbst gibt für diese Forderung keine Begründung, und sie dürfte sich auch nicht finden lassen für eine derartige Besserstellung des Handels gegenüber derjenigen Stellung ohne vertikale Preisbindung, wo dem Händler infolge Preiswettbewerbs im Handel gerade keine Garantie eines ausreichenden Rohertrages gewährt wird.

Ergebnis ist somit, daß die bindbare Höhe des Preises nur vom Markt her gefaßt werden kann und nicht auch von einer Marktpartei - und als solche käme einzig der Anbieter in Betracht - her. Der bindbare Preis ist der Wettbewerbspreis im Sinne der oben gegebenen Definition.

e) Wettbewerbspreis und Handelsspanne

Nun wird aber weitgehend die Meinung vertreten, daß mit dem Postulat der Bindung des Wettbewerbspreises gar nicht das eigentliche Problem angesprochen werde. Dieses liege vielmehr einzig in der Bindung der gerechten Handelsspanne. Eine Preisüberhöhung sei daher nur Ausdruck einer Spannenüberhöhung. Insofern stelle § 17 Abs. I S. 1 Ziff. 3 GWB, wenn er von Verteuerung der gebundenen Ware spricht, keine Erweiterung gegenüber dem Entwurf der Bundesregierung vom 22.1.1953 [177] dar, der in seinem § 12 den Fall durch die Marktverhältnisse nicht gerechtfertigter Spannen behandelte.[178] "Zwar greift der Wortlaut der Ziffer 3 über diesen Anwendungsfall hinaus und soll, wie sich aus der Gesetzesentwicklung ergibt, auch einen weiteren Anwendungsbereich haben; ein solcher ist jedoch nicht erkennbar und hat sich auch in der Praxis nicht gezeigt."[179]
Diese Auffassung beachtet nicht das Kräfteverhältnis zwischen dem preisbindenden und den preisgebundenen Unternehmen und die Stellung des Produzenten auf dem Verbraucher-Markt aufgrund der Preisbindung.
Den ersten Punkt mögen die folgenden Beispiele verdeutlichen. Ist das preisbindende Unternehmen gegenüber den preisgebundenen Unternehmen und auf dem Verbraucher-Markt relativ stark, so wird es den Endverkaufspreis unter Umständen überhöht festsetzen, ohne seine gebundenen Abnehmer an dem Profit teilhaben zu lassen. Ist das preisbindende Unternehmen dagegen auf dem

---

177) Drucks. BT II/1159.
178) Drucks. BT II/1159 S. 8.
179) Fikentscher in GWB-Festschrift S. 271. Ebenso Boekle WuW/E OLG 213; Frankfurter Kommentar § 16 Tz. 47; Jacobi BB 1961,356. Als einzigen Fall der Preisüberhöhung führen ohne weitere Begründung nur die Spannenüberhöhung an: Markenverband MA 1957,437; Baumbach-Hefermehl § 17 Rdn.14; Droste DB 1958,102;Schwartz in GemKomm § 17 Rdn. 29f.; Schwartz MA 1960, 856.

Händler-Produzenten-Markt schwach, so wird der gebundene Handel es unter Umständen zwingen, überhöhte Preise festzusetzen und die Profite seinen Handelsspannen ganz oder zumindest zum Teil zuzuschlagen. Im Einzelfall kann auch einmal der Handel so stark sein, daß er gegen den Produzenten die Preisbindung durchsetzt.[180)] Ist in einem solchen Fall aufgrund der Verhältnisse auf dem Verbraucher-Markt nur die Bindung des Wettbewerbspreises möglich, so wird in aller Regel der Handel trotzdem überhöhte Handelsspannen zu erzwingen in der Lage sein, was dann natürlich zu Lasten des Herstellerabgabepreises geht. Schließlich zeigen die Fälle "53-cm-Fernsehgeräte"[181)] eine weitere Praxis, nämlich bei einem Überangebot statt der Senkung des nicht mehr marktgerechten Preises gekoppelt mit einer Produktionseinschränkung bei unverändertem Endverkaufspreis die Handelsspanne zu erhöhen, um den Handel zu verstärkten Verkaufsanstrengungen anzuregen und so den Angebotsüberhang zu beseitigen.[182)]
Bereits diese wenigen Beispiele zeigen, daß sich ein notwendiger Zusammenhang zwischen Überhöhung von Handelsspanne und gebundenem Preis nicht herstellen läßt. Entscheidend dafür ist vielmehr die Stellung des Preisbinders zu den gebundenen Unternehmen [183)] und zum anderen die Stärke des Produzenten auf dem Verbraucher-Markt.[184)] Zwischen beidem läßt sich aber nur insofern eine Beziehung herstellen, als ein auf dem Verbraucher-Markt starkes Unternehmen in der Regel [185)] auch stark im Verhältnis zu den gebundenen Unternehmen ist. Weitergehende Zusammenhänge bestehen aber nicht.
Gegen die Überprüfung des Preises insgesamt und nicht nur der Handelsspanne scheint aber weiter das System der Preisbindung zu sprechen. Aus ihm wurde zum Teil hergeleitet, daß das BKartA überhaupt nur aufgrund überhöhter Handelsspannen ein-

---

180) Büntig WuW 1957,151 ff.; Loos BB 1958,1217 ff.; Wörmer S. 14 f.; Günther WuW 1957, 686; mit Einschränkungen, insbesondere hinsichtlich der weiteren Entwicklung, auch Eckstein in GWB-Festschrift S. 216.
181) Beschluß des BKartA vom 3.3.1961, WuW/E BKartA 355 ff.
182) So auch Drucks. BT II/617 S. 32.
183) Ott, Preisbildung S. 135; Gutenberg II S. 374; Wörmer, S. 75.
184) In diesem Sinne, allerdings im Zusammenhang von Preisbindung u. weiteren vertikalen Bindungen, Drucks. BT IV/617,S.25.
185) Nicht notwendig! Auch das hängt noch entscheidend von der Struktur des Handels ab.

schreiten könne. Liege die Ursache der Preisüberhöhung nicht in einer Überhöhung der Handelsspanne, sondern in einer Überhöhung des Fabrikabgabepreises, so fehle dem BKartA die gesetzliche Legitimation einer Nachprüfung. Jeder Hersteller bestimme autonom den Herstellerabgabepreis = Handelseinkaufspreis. Die Besonderheit beim Preisbinder sei, daß er auch autonom den Handelsverkaufspreis und damit als Differenz zwischen beidem die Handelsspanne festsetze. Insofern werde der Preiswettbewerb auf der Handelsstufe ausgeschaltet; § 16 Abs. I Ziff. 1 GWB dagegen garantiere die Existenz von Preiswettbewerb auf der Produzentenstufe.[186] Eine behördliche Kontrolle sei aber nur da angebracht, wo der Wettbewerb diese Kontrolle nicht mehr erfülle, und das sei nur bei der Handelsspanne der Fall. Außerdem habe die gesetzliche Regelung keine Restriktion, sondern eine Expansion der Befugnisse des Preisbinders vorgesehen. Daher könne auch nur die Wahrnehmung dieser weitergehenden Befugnisse und das heißt die Fixierung der Handelsspanne der behördlichen Kontrolle unterliegen, anderenfalls staatlicherseits Preisüberwachung praktiziert würde.[187]
Diese Ansicht ist dann richtig, wenn die vertikale Bindung des Verbraucherpreises und damit die Bindung der Handelsspanne ohne Einfluß auf die Höhe des Herstellerabgabepreises ist. Nun gewährleistet zwar das Tatbestandsmerkmal des Preiswettbewerbs in § 16 Abs. I Ziff. 1 GWB in der Regel die Existenz von Konkurrenzbeziehung zu anderen Handelsunternehmen, wie sie die oben genannte Meinung herausstellt. Das besagt aber noch nichts darüber, ob nicht infolge der vertikalen Preisbindung eine Änderung und das heißt Abschwächung der Wettbewerbsintensität eintreten wird. bzw. der Preisbinder sich einem geringeren Wettbewerbsdruck seiner Abnehmer ausgesetzt sieht.

Bezüglich der Wettbewerbsintensität ergeben sich unmittelbar nur dann Auswirkungen, wenn dieser Markt zumindest teiloligopolistisch strukturiert ist[188], und auch sie sind recht be-

---

186) Dazu, daß das nicht uneingeschränkt gilt, vgl. unten.
187) So etwa Bormann MA 1955, 697; Markenverband MA 1956, 41 und 145.
188) Nur dann ist eine gegenseitige Abhängigkeit der Konkurrenten in ihrer Preisstellung gegeben. Auf polypolistischen Märkten dagegen nimmt der Anbieter den Preis aus dem Markt und hat nur geringe Möglichkeiten, hiervon abzuweichen. Vgl. hierzu statt vieler Paulsen II S. 119 ff.; Sandrock S. 89 ff.; Schneider II S. 73 ff.

scheiden.[189] Erreicht wird lediglich eine Beschleunigung in der Erhöhung der Markttransparenz insofern, als der Preisbinder notwendig gezwungen ist, seine Verbraucherpreise offenzulegen; bei fehlender Preisbindung müßten die Konkurrenzhersteller diese Preise durch Marktbeobachtung ermitteln.[190]
Nun ist zwar die Schnelligkeit des Erhalts von Information im Wettbewerb sehr wesentlich.[191] Dennoch kann dieser Gesichtspunkt hier infolge Geringfügigkeit außer Betracht gelassen werden, da jeder Markenartikelhersteller sich diese Information auch selbst relativ schnell und mühelos auf dem Markt besorgen kann.[192]

Von erheblicher Bedeutung ist dagegen der zweite Gesichtspunkt, die Beeinflussung des Preisdrucks seitens des Handels auf den Preisbinder. Bei dem noch immer im Spannendenken verhafteten Teil des Handels, der insbesondere im selbständigen Einzelhandel noch recht groß ist, dürfte bereits die Gewährung einer als ausreichend empfundenen Handelsspanne und ihre Ab-

---

189) Diese Feststellung kann bereits jetzt vor Erörterung des Einflusses der vertikalen Preisbindung auf den Preisdruck des Handels getroffen werden. Eine Abschwächung desselben hätte nämlich keinen Einfluß auf die Intensität des Preiswettbewerbs der oligopolistischen Hersteller, sondern würde nur zu einer Stabilisierung auf anderen Ursachen, insbesondere einer engen oligopolistischen Struktur des betreffenden Marktes, beruhendem mangelndem oder völlig fehlendem Preiswettbewerb führen. Preisdruck des Handels auf oligopolistischem Markt fördert somit nicht den Preiswettbewerb, zumindest nicht in entscheidender Weise, sondern macht ihn lediglich existent; die Intensität bestimmt sich dann allein nach den Regeln des oligopolistischen Marktes. Vgl. dazu Hax S. 93 ff.

190) Hax S. 97; Krusche S. 78; Gutenberg II S. 371.

191) Das ist z.B. einer der Gründe für die Errichtung der sog. open-price-systems. Ausführliche Literaturangaben dazu bei Sandrock S. 235 Fußnote 22 und unten Abschnitt F. 2.

192) Insofern bewertet Eckstein in GWB-Festschrift S. 244 ff. die Markttransparenz, die durch die vertikale Preisbindung erreicht wird u. damit nicht gerade bereits Konsequenz der Marktform ist,zu hoch.Sehr bedeutsam ist dagegen der Zeitfaktor,d.h., durch die Einführung der vertikalen Preisbindung gibt der Produzent die Zusicherung,das darin niedergelegte Verhalten zumindest für eine gewisse Zeit beizubehalten. Dieser Zeitfaktor wird in vielen Fällen - mit Ausnahme derjenigen,in denen hohe Zwischengewinne möglich sind - Stimulanz sein,den Aktionsparameter Preis ebenfalls längerfristig nicht einzusetzen und im Ergebnis etwa zu einem Parallelverhalten oder zu Preisführerschaft zu kommen.

sicherung gegenüber dem Konkurrenzdruck der anderen Händler durch die vertikale Preisbindung ausreichen, um seine Preisträgheit gegenüber dem Produzenten erstarken zu lassen.[193]

Außer dieser nur partiellen Auswirkung würde sich aber die folgende viel wesentlichere ergeben. Ist bei fehlender Preisbindung der Preiswettbewerb im Handel sehr stark, so würde der Handel unter diesem Wettbewerbsdruck zunächst auf einen Teil der von ihm als erforderlich angesehenen Spanne verzichten, aber nur, um sich diesen Teil in späteren Preisverhandlungen mit dem Produzenten durch einen niedrigeren Herstellerabgabepreis wieder zu verschaffen. Je stärker der Preiswettbewerb im Handel ist, um so stärker wird der Druck des Handels auf den Herstellerabgabepreis sein. Insofern setzt sich also der Preiswettbewerb im Handel als Druck des Handels auf den Produzenten vertikal fort.[194] Diesen Druck schaltet der preisbindende Produzent durch Eliminierung des Preiswettbewerbs im Handel aus.
Dieser Preisdruck des Handels wird umso effizienter und für den Produzenten umso unausweichlicher sein, je größer die Handelsbetriebe sind. Der Preiswettbewerb im Handel ist aber eine Ursache für das Wachstum der relativ großen Handelsbetriebe auf Kosten der Existenz von kleinen [195], da sie den letzteren allein aufgrund ihrer Größe im Wettbewerbskampf erheblich überlegen sind.[196] Indem der Produzent also mittels der vertikalen Preisbindung den Preiswettbewerb im Handel ausschaltet, wirkt er gleichzeitig einer Ursache der Expansion relativ starker Handelsbetriebe entgegen und sichert sich da-

---

193) Mellerowicz, Handelsspanne S. 129; Wörmer S. 75. Dagegen meint Röper, daß die Preisträgheit des Einzelhandels im Abnehmen begriffen ist; Röper, IFO-Gutachten S. 12.

194) Büntig WuW 1957,159; Gutenberg II S. 366,371;Hax S. 96; Jacob-Steinorth S. 96 f.;Markenverband MA 1961,941;Mestmäcker ORDO Bd.XIII S. 246;Schwartz, Kartelle S. 442;Wörmer S. 269;BKartA TB 1960 S. 113 zur Begründung einer tendenziellen Forcierung der Schaffung von Marktordnungen.

195) Selbstverständlich gilt das nur, sofern der Absatzraum das zuläßt.

196) Lenel S. 253 f. sieht darüber hinaus in der Verbindung umfangreicher Suggestivwerbung u. vertikaler Preisbindung eine wesentliche Ursache für vertikale Integration von Markenartikelherstellern.

mit in den Verhandlungen über den Herstellerabgabepreis auch langfristig eine günstige Stellung.[197]

Diese Ausschaltung des Preisdrucks des Handels ist dann unter dem Gesichtspunkt des gerechten Verbraucherpreises unbeachtlich, wenn sie lediglich das 'Innenverhältnis' Hersteller-Händler betrifft und nicht auch dem Verbraucher gegenüber Auswirkungen hat. Diese Auswirkungen hängen in erster Linie von den Wettbewerbsbeziehungen der im Preis gebundenen Markenware zu den "gleichartigen Waren anderer Hersteller oder Händler" (§ 16 Abs. I Ziff. 1 GWB) und von der Preiselastizität der Nachfrage [198] ab.

Ihre Wahrscheinlichkeit ist aber deshalb besonders groß, weil bei vertikaler Preisbindung Hersteller und Handel dem Verbraucher gegenüber verbündet sind und auch geschlossen dem Verbraucher gegenübertreten, während ohne vertikale Preisbindung ein Rivalitätsverhältnis Hersteller-Handel und ein solches Handel-Verbraucher besteht. Dasjenige zwischen Hersteller und Handel entfällt bei vertikaler Preisbindung deshalb, weil es beiden um die Erzielung des gemeinsamen maximalen Gesamtgewinns geht.[199/200]

Ergebnis ist somit, daß der überhöht gebundene Preis nicht notwendig seine Ursache in einer Überhöhung der Handelsspanne zu haben braucht, sondern daß er auch auf einem überhöhten Herstellerabgabepreis basieren kann. Wenn daher oben gesagt wurde, der Markenwarenhersteller dürfe nur den Wettbewerbspreis binden, und es wird festgestellt, daß ein höherer Preis festgelegt worden ist, so kann daraus noch nicht auf die Ursache dieses Mißstandes geschlossen werden. Indes braucht die Kartellbehörde einen solchen Schluß auch nicht. Zum Erlaß einer Mißbrauchsverfügung ist es völlig ausreichend, wenn sie feststellt, daß ein überhöhter Verbraucherpreis gebunden worden ist. Da dieser Preis infolge der vertikalen Preisbindung auch nur eine sehr geringe Chance hat, durch den Preiswettbewerb auf der Handelsstufe korrigiert zu werden, und da dies, wie oben gezeigt, sowohl für Handelsspanne wie für Hersteller-

---

197) Wörmer S. 269.
198) Auf sie weist insbesondere Wörmer S. 75 hin; aber auch Drucks. BT IV/617 S. 27;Mellerowicz,Handelsspanne S.36 f.
199) Es existiert nur noch im 'Innenverhältnis' bezüglich der Aufteilung dieses gemeinsamen Gesamtgewinns,wovon der Verbraucher aber nichts zu spüren bekommt.
200) Ott,Preisbildung S. 135; Hax S. 103.

abgabepreis gilt, ist ein kartellbehördliches Einschreiten im Wege der Mißbrauchsverfügung auch gerechtfertigt.

f) Das Problem der gerechtfertigten Handelsspanne

Reicht es für die Bejahung des Mißbrauchs aus, daß der Markenwarenhersteller einen überhöhten, das heißt einen über dem Wettbewerbspreis liegenden Preis gebunden hat, so ergibt sich die Frage, ob die Höhe der Handelsspanne überhaupt noch eine Bedeutung für die Frage des Mißbrauchs hat.[201)]
Die oben angeführte Meinung, die von der Unmöglichkeit der Überhöhung des Herstellerabgabepreises ausgeht, muß zu dem Ergebnis kommen, daß eine Überhöhung des Verbraucherpreises notwendig eine andere Erfassungsweise des Faktums der betragsgleich überhöhten Handelsspanne ist. Sieht man dagegen, wie hier, sowohl Herstellerabgabepreis als auch Handelsspanne als überhöhungsfähig an und ist Mißbrauch bereits bei Feststellung von Überhöhung des Verbraucherpreises gegeben, so hat die Höhe der Handelsspanne nur dann noch Bedeutung als selbständiger Mißbrauchsgrund, wenn auch das Binden einer ungerechtfertigten - zu hohen bzw. zu niedrigen - Handelsspanne bei gerechtfertigtem Endverkaufspreis dem Preisbinder untersagt ist. Überträgt man die Argumentation, die zur Begründung des Mißbrauchs bei ungerechtfertigtem Verbraucherpreis herangezogen wurde, auf die Handelsspanne, so ergibt sich, daß der Produzent nur die gerechtfertigte, das heißt die Wettbewerbshandelsspanne binden darf.[202)] Indes ist vor einer solchen Übertragung der Argumentation zu untersuchen, ob nicht die Unterschiedlichkeiten zwischen Verbraucherpreis und Handelsspanne eine solche Übernahme ausschließen.

---

201) Damit ist nicht die Frage gemeint, ob von der Überhöhung einer Handelsspanne auch auf die Überhöhung des Verbraucherpreises geschlossen werden kann, also die Frage der Indizwirkung der überhöhten Handelsspanne. Diese Frage wird sich im übrigen - nach dem weiter oben Ausgeführten - jeweils nach dem konkreten Kräfteverhältnis zwischen Preisbinder und Handel beantworten.

202) Dieser Meinung ist offensichtlich die Bundesregierung, wenn sie in der Begründung zum Entwurf eines Gesetzes zur Änderung des GWB v.18.9.1964 bedauert, auch die Handelsspannen wichen "in vielen Fällen von den Spannen ab, die sich ergeben würden, wenn die Händler die Endverkaufspreise frei bestimmen könnten." Drucks. BT VI/2564 S. 8.

Dabei erscheint es sinnvoll, von dem Aussagegehalt von Preis und Handelsspanne für den jeweils Betroffenen auszugehen. Gemeinsam ist Preis und Handelsspanne, daß es sich um numerische Größen handelt. Der Preis gibt dem Nachfrager die absolute und die effektive Vermögensminderung an, die er einsetzen muß, um einen bestimmten Nutzen zu erhalten. Die Handelsspanne gibt dem Händler dagegen nur die absolute, nicht aber die effektive Vermögenszunahme an.[203/204] Der Grund dafür ist, daß die Vermögenszunahme im Handel, und das heißt der Gewinn, bei gegebener Handelsspanne sich nicht additiv der verkauften Menge berechnet.

Die Handelsspanne setzt sich modelltheoretisch aus zwei Komponenten zusammen. Sie ist die Summe von Kosten und Gewinnzuschlag.[205] Das heißt bei konstanter Handelsspanne, daß die Höhe des Gewinnzuschlags allein abhängig ist von den Kosten. Die Kosten sind in ihrer Höhe keine unabhängige Größe, sondern sie werden bestimmt durch die verkaufte Menge pro Zeiteinheit, das heißt den Umsatz. Dabei kann es in praxi durchaus einmal vorkommen, daß bei gegebener Handelsspanne die Kosten diese übersteigen, so daß nicht nur der Gewinnzuschlag aufgezehrt wird, sondern darüber hinaus das Handelsunternehmen sogar einen Verlust bei dem entsprechenden Produkt hinnehmen muß. Das zeigt, daß gerade bei der Handelsspanne die Divergenz zwischen dem Modell der Theorie und den Gegebenheiten der Realität besonders groß sein kann.

Als Ausweg dagegen bliebe nur das Postulat, der Preisbinder habe die Handelsspanne in einer Höhe festzusetzen, die die Umschlagsgeschwindigkeit der Ware in Rechnung stellt. Indem der Preisbinder das jedoch einmal getan hat, hat er die Handelsspanne weitgehend dem Wettbewerbsprozeß entzogen, da sich die Handelsspanne dann von der Kostenseite her und nicht vom Markt und damit vom Wettbewerb her bestimmt. Eine solche Konstruktion ist aber schon deshalb nicht möglich, weil der ge-

---

203) Gerade die letztere ist aber die entscheidende, da nur sie die tatsächliche Vermögenslage einer (juristischen) Person wiedergibt.

204) Zum Aussagegehalt der Handelsspanne vgl. Mellerowicz, Handelsspanne S. 37 ff.; ebenso Röper WuW 1957, 300.

205) Bezüglich der Bestimmungsfaktoren der Handelsspanne vgl. Mellerowicz, Handelsspanne S. 28 ff.

bundene Endverkaufspreis, wie oben gezeigt, der Wettbewerbspreis sein muß. Ist das aber der Fall, dann kann nicht ein Bestandteil dieses Preises unter Kostengesichtspunkten festgelegt werden.
Der zweite Einwand gegen die Forderung nach Festlegung der Wettbewerbshandelsspanne ergibt sich bei Untersuchung der Frage, ob die Handelsspanne überhaupt unter Wettbewerbsgesichtspunkten bestimmt werden kann, das heißt, ob es sachgerecht wäre zu verlangen, daß die Handelsspanne so festgesetzt wird, wie sie sich ohne Preisbindung am Markt einstellen könnte.[206] Das ist nur dann der Fall, wenn an der Funktionsaufteilung zwischen Produzent und Handel durch die vertikale Preisbindung nichts geändert wird. An solchen Änderungen liegen jedoch vor:
- Die Kalkulation des Endverkaufspreises nimmt statt des Handels der Produzent vor.
- Das Verkaufsgespräch zwischen Händler und Käufer wird erleichtert insofern, als ein Aushandeln des Preises incl. Skonto, Rabatt, Zugaben und sonstiger Preisnachlässe entfällt.
- Die Markenartikelwerbung des Produzenten ist stets sehr stark. In diese Werbung wird in der Regel der Endverkaufspreis mit einbezogen. Insoweit übernimmt daher der Produzent die sonst dem Handel obliegende Informationsfunktion.
- In aller Regel übernimmt der Preisbinder die Aufgabe der Preisauszeichnung, indem er den festgesetzten Preis auf Ware, Umhüllung oder Verkaufsbehältnis ausdruckt.
Diese sicherlich noch nicht abschließende Aufzählung genügt bereits, um zu verdeutlichen, daß durch die vertikale Preisbindung eine Funktionsverlagerung vom Handel auf den Produzenten erfolgt. Es ist daher nur gerechtfertigt, wenn diese Funktionsverlagerung auch zu einer anderen Aufteilung des gebundenen Wettbewerbspreises zwischen Produzent und Handel führt, als sie ohne Preisbindung sich herausbilden würde. Das heißt aber nichts anderes, als daß das Institut der vertikalen Preisbindung als solches zu einer Funktionsverlagerung führt und daß die Handelsspanne daher systembedingt andere Leistungen abzugelten hat als ohne Preisbindung; die Handelsspanne differiert also aus systemeigenen Gründen. Daraus folgt dann aber,

---

206) Im folgenden Wettbewerbshandelsspanne genannt.

daß nicht verlangt werden kann, daß der Preisbinder die Wettbewerbshandelsspanne binden solle. Im Gegensatz zum Preis ist daher bezüglich der Handelsspanne festzustellen, daß das Gesetz durch die Zulassung der vertikalen Preisbindung auch eine von der Wettbewerbshandelsspanne abweichende Handelsspanne festzusetzen erlaubt. Indem der Preisbinder eine solche zum Gegenstand seiner Bindung macht, handelt er nicht mißbräuchlich im Sinne von § 17 Abs. I S. 1 GWB.

Zu welch mißlichen Ergebnissen man bei einer gegenteiligen Auffassung kommt, soll anhand von zwei Beispielen aufgezeigt werden.

Verpflichtet man den Preisbinder, die Wettbewerbshandelsspanne zu binden, so bedeutet das, daß modelltheoretisch nur die Bindung exakt eines Wertes in bezug auf alle Abnehmer nicht mißbräuchlich ist. Es würde damit das Aushandeln der Handelsspanne zwischen jedem einzelnen Händler und dem preisbindenden Hersteller - bei in Höhe des Wettbewerbspreises gebundenem Endverkaufspreis natürlich nur auf Kosten des Herstellerabgabepreises - entfallen. Die Bindung von Höchst- und/oder Mindestspannen ist dagegen keine wirksame Abhilfe. Zunächst einmal ist das Binden von Höchst- und/oder Mindestwerten nach § 16 GWB nicht gestattet, denn diese Bestimmung gestattet nur die Bindung exakt eines Wertes.[207] Selbst wenn man insofern eine andere Auffassung vertreten würde [208], so ist damit wenig gewonnen. Die Bindung von Höchstspannen hätte als einziges Schutzobjekt den Preisbinder selbst; sein Schutz ist in § 17 GWB aber nicht geregelt, weil er sich selbst schützen kann entweder durch Verzicht auf Einführung oder aber durch Aufhebung der Preisbindung (durch Kündigung der Verträge). Die Bindung von Mindesthandelsspannen wäre zur Aufrechterhaltung eines tatsächlichen Aushandelns der Handelsspanne deshalb ein un-

---

207) H.M., zuletzt Fikentscher in GWB-Festschrift S. 266 f. mit weiteren Nachweisen. A.A. Lukes JuS 1962,168; Frankfurter Kommentar § 16 Tz. 58.

208) Eine mögliche Argumentation könnte etwa sein: § 16 Abs. I GWB postuliert nur die Bindung eines bestimmten Endverkaufspreises bzw. bei mehrstufig gebundenem Absatz eines bestimmten Weiterverkaufspreises.Er macht aber gerade keine Aussage bezüglich der Exaktheit der zu bindenden Handelsspanne.Da vorherrschend das Prinzip des Wettbewerbs gilt,ist folglich die Bindung von Höchst- und/oder Mindesthandelsspannen zulässig.Str.,dagegen etwa BKartA TB 1963, 48 u. ihm folgend Fikentscher in GWB-Festschrift S. 275.

taugliches Mittel, weil - wohl aufgrund psychologischer Momente - die Fixierung von Richtgrößen - und darum würde es sich bei der Festlegung der Mindestspanne ja handeln - diese tendenziell zu Festgrößen macht, wie die Praxis der analog zu § 16 GWB empfohlenen Preise zeigt. Die Festlegung der Handelsspanne bedeutet aber eine Beschränkung des absatzpolitischen Instrumentariums des Herstellers; es würde der Aktionsparameter Herstellerabgabepreis auf einen bestimmten Wert eingefroren. Das ist aber nichts anderes als eine Wettbewerbsbeschränkung. Durch das Postulat der Bindung einer bestimmten Handelsspanne forderte man also eine zusätzliche, über den Wortlaut des § 16 GWB hinausgehende Wettbewerbsbeschränkung, ein, vom Schutzobjekt des GWB her betrachtet, kaum als richtig zu bezeichnendes Ergebnis.
Als zweites Beispiel sollen die betriebswirtschaftlichen und volkswirtschaftlichen Konsequenzen aufgezeigt werden. Verpflichtet man das BKartA zum Einschreiten, wenn nicht die Wettbewerbshandelsspanne gebunden worden ist, so wird es zu ihrer Bestimmung von der am Markt zu beobachtenden Handelsspanne bei den nicht gebundenen gleichartigen Waren anderer Hersteller oder Händler ausgehen, da es keine andere Methode zur Festlegung gibt. Wenn diese am Markt zu beobachtenden Spannen kostengerecht kalkuliert wären, ergäben sich daraus keine sonderlichen Bedenken. Eine Erhebung des Ifo-Instituts [209] hat nun aber zu dem Ergebnis geführt, daß von den 77 % des Jahresumsatzes in nicht preisgebundenen oder preisempfohlenen Waren allein 45 % mit branchenüblichen Aufschlägen kalkuliert werden; und selbst bei den kostengerecht kalkulierenden Betrieben, deren Umsatzanteil mit 14 % angegeben wird, wird nur der geringste Teil eine Artikelspanne, sondern statt dessen eine Betriebs- oder Gruppenspanne ermitteln. In der Veröffentlichung weist das Ifo-Institut selbst auf die das Preisbild stark verzerrende Wirkung dieser Praxis hin. Eine solche branchenübliche Kalkulation der Handelsspanne ist aber nach betriebswirtschaftlichen Erkenntnissen abzulehnen.[210] Würde man nun eine auf solche Weise kalkulierte Handelsspanne als Ausgang für die Bestimmung der Wettbewerbshandelsspanne bei einer preisgebundenen

---

209) Ifo-Schnelldienst Jg. 11 Nr. 19 vom 8.5.1958 S. 2.
210) Mellerowicz, Handelsspanne S. 27.

Ware nehmen oder nehmen müssen und ihre Bindung durch den Produzenten im Rahmen der vertikalen Preisbindung verlangen [211], so würde das die Konservierung eines betriebswirtschaftlich als falsch und revisionsbedürftig erkannten Zustandes bedeuten mit allen sich daraus auch volkswirtschaftlich ergebenden Konsequenzen, wie etwa Übersetzung des Handels, Fehlinvestitionen im Handel etc.
Ergebnis ist somit, daß unter dem Gesichtspunkt des Mißbrauchs die Handelsspanne außer als Ursache für einen überhöhten Endverkaufspreis keine Bedeutung hat. Bei einem nicht gerechtfertigtem Endverkaufspreis genügt die Feststellung dieser Tatsache aber bereits für die Aussage, daß die Preisbindung mißbräuchlich gehandhabt wird, und es braucht auf die Ursachen dafür nicht weiter eingegangen zu werden. Damit verliert das Problem der ungerechtfertigten Handelsspanne nach der hier vertretenen Auffassung im Gegensatz zu einer weit verbreiteten Meinung im Schrifttum erheblich an Bedeutung zugunsten des Problems des ungerechtfertigten Endverkaufspreises und seiner Feststellung.[212]

g) Die Ermittlung des Wettbewerbspreises

Bezüglich dieses Endverkaufspreises ist oben herausgearbeitet worden, daß er nur in Höhe des Wettbewerbspreises gebunden werden darf, wenn nicht die Preisbindung vom BKartA im Wege

---

211) Gerade das aber will Bredt (Rdn. 443 ff. S. 71 ff.). Auf die Schwierigkeiten und Gefahren eines solchen Vorgehens hat bereits das BKartA in seinem TB 1960 S. 114 hingewiesen. Die dagegen von Bredt vorgebrachte Erwiderung vermag nicht zu überzeugen. Auf eine Auseinandersetzung soll hier dennoch verzichtet werden. Nur soviel sei gesagt: Bredt wirft dem BKartA vor, Behauptungen statt Tatsachen vorzubringen (Rdn. 461 S. 75). Das Operieren mit der wirtschaftlichen Vernunft und dem ureigenen Interesse jedes einsichtigen und weitblickenden Händlers im Gegensatz zu Unternehmern, "die die soziale Marktwirtschaft mit Jagdgründen verwechseln, in denen man mit Blitzlicht und Büchse, je nach Gelegenheit, Geschäfte zu machen versucht" (Rdn. 462 S. 75) dürfte aber wohl auch kaum Ansatzpunkte für eine sachliche Diskussion bieten.

212) Dabei kann natürlich im Einzelfall die Handelsspanne unter dem Gesichtspunkt des Diskriminierungsverbots relevant werden. Eine Überprüfung in dieser Richtung kann aber nicht abstrakt erfolgen,sondern hängt entscheidend von den konkreten Umständen des Einzelfalles ab; sie muß folglich hier unterbleiben.

der Mißbrauchsaufsicht aufgehoben werden soll. Die Mißbrauchsaufsicht bezüglich der Höhe des Preises ist aber illusorisch, wenn es dem BKartA nicht möglich ist, den Wettbewerbspreis einer im Preis gebundenen Ware festzustellen. Die kostenmäßige Errechnung dieses Wettbewerbspreises wurde oben bereits als systemfremd abgelehnt. Ebenfalls ist es nicht möglich, mit Hilfe einer mathematischen Beziehung, ausgehend vom vertikal gebundenen Preis, den Wettbewerbspreis zu errechnen; das schon deshalb nicht, weil der vertikal gebundene Preis gerade der Wettbewerbspreis sein soll. Würde sich eine mathematische Beziehung ergeben, so wäre das aber kein Beweis dafür, daß Wettbewerbspreis und vertikal gebundener Preis notwendig differieren. Daß das aber gerade nicht der Fall ist, ist oben bereits dargelegt.

Ausgangspunkt zur Bestimmung des Wettbewerbspreises eines im Preis gebundenen Artikels kann daher nur der Preis dieses Artikels vor Einführung der Preisbindung (so die sog. before and after theory) oder der derzeitige Preis eines vergleichbaren, jedoch nicht im Preis gebundenen Artikels (so die sog. yardstick theory) sein.[213)]

aa) Before and after theory

Bei der sog. before and after theory wird ein konkreter Artikel hinsichtlich seines Preises mit sich selbst verglichen; das heißt, es wird der Wettbewerbspreis dieses Artikels zum gebundenen Preis dieses Artikels in Beziehung gesetzt. Diese Theorie geht also davon aus, daß der konkrete Artikel vor der vertikalen Preisbindung bereits unter Wettbewerbsbedingungen am Markt war, ein Postulat, das in einer nicht sehr großen Zahl von Fällen anzutreffen sein dürfte.[214)] Voraussetzung für die Anwendung dieser Theorie ist:

1. "Es muß sich um ein und dasselbe" Produkt "handeln, das im Hinblick auf die" Preis-"feststellung in zwei verschiedenen Perioden miteinander verglichen werden soll"; dieses Produkt muß in beiden Fällen auf demselben Absatzweg vertrieben worden sein.

---

213) Vgl. dazu und zum folgenden Schmidt WuW 1967,643 ff.
214) Angesichts der großen Schwierigkeiten der Feststellung des Wettbewerbspreises überhaupt darf aber kein nur irgendwie Erfolg versprechender Weg verschmäht werden.

2. "Insbesondere müssen in beiden Zeitperioden in etwa die gleichen Marktbedingungen i.w.S. vorgelegen haben, was in der Regel voraussetzt, daß die zu vergleichenden Perioden nicht zu weit auseinanderliegen, da andernfalls Änderungen in den Angebots- und Nachfragebedingungen auftreten können (z.B. technischer Fortschritt, veränderte Kosten oder Wettbewerbsverhältnisse, Änderungen in der Bedarfsstruktur, der konjunkturellen Lage etc.)."[215)]

Dieser so ermittelte Preis ist jedoch erst der Ausgangspunkt für die Bestimmung des Wettbewerbspreises und noch nicht notwendig der Wettbewerbspreis selbst. Trotz der bereits sehr einschränkenden Voraussetzungen dieser Theorie ist insbesondere bei der endgültigen Bestimmung des Wettbewerbspreises zu berücksichtigen, daß in den in Beziehung gesetzten Zeitperioden nur "in etwa die gleichen Marktbedingungen" vorgelegen haben müssen und infolge der Dynamik jeden tatsächlichen Marktes auch nur können, nicht aber identische Marktbedingungen. Daher wird man dem Preisbinder bei der Festsetzung des gebundenen Preises konzidieren müssen, diesem Umstand Rechnung zu tragen. Eine objektive Bewertung desselben, wie er sich im Preis auszudrücken habe, ist jedoch nicht möglich. Andererseits kann infolge der nur geringen Veränderung - denn sonst ist die Theorie ja nicht anwendbar - dieser auch nur eine relativ geringe Abweichung vom festgestellten Preis korrespondieren. Folglich kann die Kartellbehörde nicht exakt den Wettbewerbspreis bestimmen, sondern nur ungefähr. Daraus folgt dann aber weiter, daß die Kartellbehörde schon allein aufgrund dieser faktischen Schwierigkeiten nicht zu einer staatlichen Preisaufsichtsbehörde "degradiert" wird.[216)] Vielmehr kann sie

215) Schmidt WuW 1967, 644,auf die vertikale Preisbindung übertragen.

216) Das gleiche Ergebnis leitet Christl aus den Interventionsmöglichkeiten ab. Er sagt: "Aus den für die Beseitigung von Mißbräuchen zur Verfügung gestellten Interventionsmitteln ist zu erkennen, daß es der Behörde - entgegen mancher irriger Auffassung - nicht möglich ist, Preise oder Spannen festzusetzen. Die Kartellbehörde kann nur erklären, daß sie aufgrund der Ergebnisse von Marktuntersuchungen oder aufgrund anderer Unterlagen den gebundenen Preis einer bestimmten Markenware als wesentlich von jenem Preis abweichend ansieht, der sich ohne Preisbindung gebildet haben würde. Danach kann sie den Preisbinder auffordern,diesen Mißbrauch in geeigneter Weise,etwa durch angemessene Preissenkung oder durch Aufgabe der Preisbindung, abzustellen." Christl WRP 1962,352.

nur bei zu starker Abweichung des gebundenen Preises vom unter vertikaler Preisbildung beobachteten Preis sagen, daß eine mißbräuchliche Handhabung vorliegt. Ferner kann sie das preisbindende Unternehmen nicht auf einen Preis "festnageln" mit der Behauptung, nur dieser Preis sei nicht mißbräuchlich gebunden. Bei der Begrenzung des von der Kartellbehörde noch als erlaubt anzusehenden Bereichs ist eine vernünftige Beurteilung geboten; "Pfennig-Rechnungen dürfen nicht aufgemacht werden."[217)]

bb) Yardstick theory und das für sie erforderliche Tatbestandsmerkmal 'Preiswettbewerb'

Bei der sog. yardstick theory wird der vertikal gebundene Preis einer bestimmten Markenware mit den Preisen anderer, vergleichbarer Waren verglichen, die im freien, das heißt unbeschränkten Wettbewerb stehen. Diese Theorie geht also davon aus, daß auf dem Markt der im Preis gebundenen Markenware vergleichbare Artikel existieren, deren Preisbildung sich in unbeschränktem Wettbewerb vollzieht. Diese Prämisse ist bei der erlaubten vertikalen Preisbindung wegen des Tatbestandsmerkmals "Preiswettbewerb mit gleichartigen Waren anderer Hersteller oder Händler" in § 16 Abs. I Ziff. 1 GWB stets erfüllt. Voraussetzung für die Anwendung dieser Theorie ist:

1. "Die beiden zu vergleichenden" Artikel "müssen tatsächlich vergleichbar sein"; dafür genügt es, daß die beiden Artikel vernünftig vergleichbar sind und auf dem gleichen Absatzweg vertrieben werden.
2. "Soweit - bei im übrigen vernünftiger Vergleichbarkeit - Unterschiede bestehen, die sich" zu Ungunsten des Preisbinders "auswirken würden, müssen adjustments for the advantages and disadvantages of the two" articles "involved vorgenommen werden. Dabei genügt ein reasonable degree of accuracy."[218)]

Die Bedeutung dieser Theorie für die Arbeit der Kartellbehörde hängt, wie gerade schon angedeutet, von der Auslegung des Tat-

---

217) Fikentscher in GWB-Festschrift S. 272.
218) Schmidt WuW 1967,649, auf die vertikale Preisbindung übertragen.

bestandsmerkmals "Preiswettbewerb" in § 16 Abs. I Ziff. 1 GWB ab. Bei einer - wie gegenwärtig praktiziert - sehr weiten Fassung dieses Merkmals wird sie gerade dann unanwendbar, wenn die Preisüberhöhungsgefahr besonders groß ist, nämlich in den Fällen des engen Herstelleroligopols mit relativ homogenen Waren, in dem alle Hersteller die Preise gebunden haben.[219)] Beispiele aus jüngster Zeit dafür sind etwa die Märkte für Waschmitteln, Fernsehgeräte, Farbfilme und Kühlschränke.

Zu untersuchen ist daher der Inhalt des Tatbestandsmerkmals Preiswettbewerb des § 16 Abs. I Ziff. 1 GWB, da sich von daher sowohl Anwendungsbereich als auch Praktikabilität dieser Theorie bestimmen. Dabei sind zwei Fragen zu beantworten, nämlich einmal, ob unmittelbarer Preiswettbewerb erforderlich ist oder ob mittelbarer ausreicht, und zum anderen, in welchem Zusammenhang Preiswettbewerb und Markt stehen.[220)]

Bei der ersten Fragestellung soll unter unmittelbarem Preiswettbewerb verstanden werden, daß der Preis selbst als Aktionsparameter benutzt wird, während von mittelbarem Preiswettbewerb dann gesprochen werden soll, wenn andere Aktionsparameter als der Preis, also etwa Qualität, Service oder Werbung eingesetzt werden bei nicht proportionaler Preisänderung. Diese Unterscheidung entspricht der Sandrocks in aktiven und passiven Preiswettbewerb.[221)]

Die Frage, ob im Rahmen des § 16 Abs. I Ziff. 1 GWB auch mittelbarer Preiswettbewerb ausreicht, wird von sehr vielen Autoren und wurde anfangs auch vom BKartA bejaht.[222)] Danach ist der Preis einer Ware eine relative Größe, die in Wechselbeziehung zum Gegenstand der Bewertung, also etwa auch der Qualität der Ware oder der angebotenen Nebenleistungen, steht.

---

219) Daß bei der Marktform des Oligopols der Trend oder gar Zwang zur Einführung der vertikalen Preisbindung durch alle Hersteller besonders groß ist, hat insbesondere Büntig, WuW 1957,143 ff. bes. 151 ff.,dargelegt. Dagegen Röper WuW 1957,293 ff.

220) Vgl. dazu auch Nöcker WRP 1970,415 f.

221) Sandrock S. 462.

222) Vgl.etwa Baumbach-Hefermehl § 16 Rdn.29;Frankfurter Kommentar § 16 Tz.31;Rasch §§ 16/17 Anm.5;Sandrock S.460 ff.; Schwartz in GemKomm § 16 Rdn.36,39;BKartA TB 1958,S.53;zu derselben Auffassung scheint der BGH in seinem Urteil vom 26.2.1970 "Tennisbälle" zu tendieren,wenngleich er sich nur unklar ausdrückt, NJW 1970,1040 ff., insb. S. 1043.

Nach dieser Meinung ist praktisch die einzige Wettbewerbsmaßnahme, die nicht gleichzeitig Preiswettbewerb ist, die Werbung. Inzwischen aber hat das BKartA seine Auffassung revidiert. So heißt es im Beschluß vom 10.3.1960 "Kraftfahrzeugreifen" bereits, daß der Qualitätswettbewerb den Preiswettbewerb nicht zu ersetzen vermag [223]; und im Tätigkeitsbericht 1966 kündigt das BKartA sogar "einen schärferen Maßstab bei der Überprüfung vertikaler Preisbindungen im Hinblick auf das Vorliegen der tatbestandsmäßigen Voraussetzungen des § 16 Abs. I Nr. 1 (Preiswettbewerb)" an.[224] Danach gehört es zum Wesen des Preiswettbewerbs, "daß mehrere Wettbewerber individuell ihre Preise festsetzen können."[225]

Gegen die erstgenannte Auslegung spricht eindeutig der Wortlaut des § 16 Abs. I Ziff. 1 GWB, wo es heißt, daß die im Preis gebundene Markenware "mit gleichartigen Waren anderer Hersteller oder Händler im Preiswettbewerb stehen" müsse. Dieses Postulat ist wohl wesentlich durch die amerikanische Gesetzgebung beeinflußt worden. In den USA erfuhr Section 1 des Sherman Act's vom 2. Juli 1890 durch den Miller-Tydings Resale Price Maintenance Act vom 17.8.1937 eine Erweiterung. Die hier besonders interessierende Passage aus diesem Gesetz lautet: "...which is in free and open competition with commodities of the same general class produced or distributed by others..."[226]

---

223) WuW/E BKartA 181; vgl. auch WuW/E BKartA 1163.

224) BKartA TB 1966 S. 16.

225) BKartA TB 1966 S. 15.

226) Der volle Wortlaut der Vorschrift ist: "Provided, That nothing herein contained shall render illegal,contracts or agreements prescribing minimum prices for the resale of a commodity which bears, or the label or container of which bears, the trade mark, brand or name of the producer or distributer of such commodity and which is in free and open competition with commodities of the same general class produced or distributed by others when contracts or agreement of that description are lawful as applied to intrastate transactions,under any statute,law,or public policy now or hereafter in effect in any State,Territory, or the District of Columbia in which such resale is to be made, or to which the commodity is to be transported for such resale,and the making of such contracts or agreements shall not be an unfair method of competition under section 5,as amended and supplemented,of the act entitled "An Act to create a Federal Trade Commission, to define its power and duties, and for other purposes," approved 26 September 1914: Provided further, That the preceding provisio shall not make lawful any contract or agreement,providing for the establishment or maintenance of minimum resale prices

Auch der Bericht des Ausschusses für Wirtschaftspolitik schließt ausdrücklich andere Wettbewerbsformen als Preiswettbewerb aus.[227] Nur bei Existenz von Preiswettbewerb läßt sich

---

Forts. zu
226) on any commodity herein involved, between manufacturers, or between producers, or between wholesalers, or between brokers, or between factors, or between retailers, or between persons, firms, or corporations in competition with each other."

227) Der entscheidende Absatz dieses Berichtes lautet: "Eine Ausnahme von dem Grundsatz des § 10 GgW, wonach eine Wirtschaftsstufe nicht in die geschäftliche Entschlußfreiheit einer anderen Wirtschaftsstufe eingreifen darf,setzt nach Ansicht des Ausschusses voraus, daß die das Preisverhalten der nachfolgenden Stufen bestimmenden Unternehmen selbst sich nicht willkürlich verhalten können, sondern daß für sie das die Wettbewerbswirtschaft kennzeichnende Prinzip der Unabhängigkeit des Preises gilt. Die Markenwaren des preisbindenden Unternehmens müssen daher nach Ansicht des Ausschusses mit gleichartigen Waren anderer Hersteller oder Händler in Preiswettbewerb stehen,wenn für sie das Privileg der Preisbindung 2.Hand in Anspruch genommen wird. Die "Kontrolle" der preisbindenden Hersteller oder Händler durch den Wettbewerb ist im Hinblick auf die fast völlige Ausschaltung der Konkurrenz in den nachfolgenden Handelsstufen bereits im Regierungsentwurf als conditio sine qua non der Preisbindung vorgesehen. Der Ausschuß hält jedoch,dem Arbeitsergebnis des Unterausschusses für Fragen der Preisbindung 2.Hand folgend, die Ersetzung des Wortes "Wettbewerb" in der Regierungsfassung durch das Wort "Preiswettbewerb" für erforderlich.Im Ausschuß besteht einerseits Einigkeit darüber, daß die Formen des Wettbewerbs zahlreiche und stetem Wandel unter-worfen sind, so daß Wettbewerb sich nicht ausschließlich in unterschiedlicher Preisstellung äußern muß; andererseits hält es der Ausschuß nicht für vertretbar, das Privileg der Preisbindung 2.Hand für solche Markenwaren zu gewähren,die überhaupt keinem Preiswettbewerb ausgesetzt sind. Der Verzicht auf das Erfordernis des Preiswettbewerbs würde preisbindungswilligen Unternehmen die Berufung auf Surrogat- u. Nebenformen des Wettbewerbs, wie z.B. den Wettbewerb durch Produktdifferenzierung,die Konkurrenz in - vom Kunden oft für entbehrlich gehaltenen - Service-Leistungen, den Wettbewerb durch Verpackungsluxus, die Konkurrenz in Reklameaufwendungen usw. ermöglichen.Diese und ähnliche Erscheinungsformen des Wettbewerbs,welche oft dem Prinzip der wirtschaftlichen Rationalität widersprechen, können nicht als genügend angesehen werden, um Herstellern oder Händlern ein Anrecht auf Einführung der vertikalen Preisbindung für ihre Markenwaren zu sichern."
An einer anderen Stelle dieses Berichtes heißt es: "Seiner in der Marktwirtschaft unentbehrlichen Steuerungsfunktion wegen wurde der Preis als das bei weitem wichtigste Wettbewerbselement bezeichnet. Gegenüber dem Preiswettbewerb gewährleisten andere, insbesondere die auftretenden Surrogat- oder Nebenformen des Wettbewerbs, wie z.B. der Qualitätswettbewerb, die Konkurrenz in Serviceleistungen, der

danach die Privilegierung rechtfertigen.[228] Angesichts des klaren Wortlauts von Gesetz und Ausschußbericht hält die Gegenmeinung es für "schwer verständlich, daß über die Auslegung des Begriffs 'Preiswettbewerb' Meinungsverschiedenheiten bestehen."[229] So wird die Frage gestellt, "welchen Sinn die besondere Einsetzung des Wortes 'Preiswettbewerb' in das Gesetz haben sollte, wenn im Wege der Auslegung doch daraus wieder Qualitätswettbewerb werden kann."[230] Der gleichen Meinung ist auch der BGH, wenn er in der Entscheidung "AGFA-Filme" vom 15.2.1962 [231] ausführt: "Von dem Grundsatz des § 15 GWB, nach dem sogenannte vertikale Beschränkungen in der Freiheit der Gestaltung von Preisen oder Geschäftsbedingungen nichtig sind, macht § 16 GWB für Markenwaren eine Ausnahme von weittragender wirtschaftlicher Bedeutung. Die Vorschrift erlaubt für Markenwaren unter bestimmten Voraussetzungen die rechtliche wie die wirtschaftliche Bindung der folgenden Wirtschaftsstufen - oder auch einzelner dieser Wirtschaftsstufen, also etwa des Großhandels oder des Einzelhandels - an bestimmte Preise. Voraussetzung ist unter anderem das Vorhandensein von Preiswettbewerb mit gleichartigen Waren anderer Hersteller oder Händler. Voraussetzung und Rechtsfolge stehen in klar erkennbarem Zusammenhang: Die Bindung der Preise für eine Wirtschaftsstufe und der daraus folgende Ausschluß des Preiswettbewerbs für diese Stufe erschienen dem Gesetzgeber nur dann mit der Zielsetzung des Gesetzes vereinbar, wenn die Ware auf einer vorangehenden Stufe dem Druck des Preiswettbewerbs ausgesetzt ist. . . . Andere Formen des Wettbe-

---

Forts. zu
227) Reklame- und Verpackungswettbewerb, der quasi-monopolistische Wettbewerb durch Produktdifferenzierung u.a.m. nicht oder in nur geringerem Maße die Ausrichtung aller wirtschaftlichen Tätigkeit nach dem ökonomischen Prinzip. Gewisse Formen der Beschränkung im Wettbewerb mit sog. Nebenleistungen können sogar u. U. hier erwünscht sein, weil durch sie die Vergleichbarkeit der Preise herbeigeführt u. somit der eigentliche Preiswettbewerb intensiviert werden kann." zu Drucks. BT II/3644 S. 21 u. 7 f. Auf diesem Bericht fußt die Entscheidung "Tennisbälle" des BKartA vom 20.7.1967,WuW/E BKartA 1163 ff.,wo ausschließlich unmittelbarer Preiswettbewerb als genügend angesehen wird;in dieser Entscheidung hat das BKartA Preiswettbewerb verneint.
228) Ebenso BGH NJW 1969,1028 f.
229) So Möller, Diss. S. 132.
230) Langen § 16 Rdn. 45.
231) BGHZ 36, 370 ff.

werbs genügen weder als Voraussetzung für die Anwendbarkeit des § 16 GWB, noch können sie, soweit sie von § 15 GWB erfaßt werden, nach § 16 ausgeschlossen werden."[232]

Zu untersuchen ist somit, ob die Unterscheidung der verschiedenen Wettbewerbsformen in bezug auf das Vorliegen effektiven Wettbewerbs ein bloßes Spiel mit Worten ist oder ob der Preiswettbewerb eine höhere wettbewerbliche Wirkung als andere Wettbewerbsformen erzielt.
Schumpeter schrieb bereits 1942: "Die Ökonomen entwachsen nun endlich dem Stadium, wo sie nur Preiskonkurrenz sahen und nichts sonst. Sobald die Qualitätskonkurrenz und der Kundendienst in die geheiligten Gefilde der Theorie zugelassen werden, ist die Preisvariable aus ihrer beherrschenden Stellung vertrieben."[233] Abbott, der als der Vater des Qualitätswettbewerbs bezeichnet wird, führt aus:"Wie gut ein Geschäft ist, hängt aber von Preis und Qualität ab; diese beiden Elemente bilden gemeinsam die Grundlage für die Wahl der Gewinner im Marktwettbewerb."[234] Und einige Seiten weiter: "Preiswettbewerb und Qualitätswettbewerb wurden bisher als zwei verschiedene Arten des Wettbewerbs dargestellt, die getrennt oder gemeinsam auf einem gegebenen Markt auftreten können. Aber sie sind mehr als das. Sie repräsentieren die beiden Dimensionen der wirtschaftlichen Bewertung. Um den Wert eines angebotenen Geschäfts zu messen, ist es notwendig, sowohl das, was man bekommt, als auch das, was man dafür gibt, zu messen. Einmal wird das Produkt gemessen, also die Qualität, dann wird die Zahlung gemessen, also der Preis. Es wäre absurd, wenn man eine der beiden Seiten vernachlässigen würde."[235] Äußerungen dieser Art legen die Auffassung nahe, der Wirtschaftspolitische Ausschuß und ihm folgend der Gesetzgeber hätten "in Verkennung der wirtschaftlichen Realitäten" das Postulat des Preiswettbewerbs unter ausdrücklicher Ablehnung der übrigen Wettbewerbsformen aufgestellt, und daher sei das sehr komplexe Problem zu lösen, "wie § 16 Abs. I GWB auf dem Hintergrund der unrichtigen gesetzgeberischen Vorstellungen auszulegen ist."[236] Ist ein solches Urteil aber gerechtfer-

---

232) BGHZ 36, 371.
233) Schumpeter S. 139.
234) Abbott S. 125 f.
235) Abbott S. 137.
236) Sandrock S. 460 f.

tigt? Oder ist vielmehr im Hinblick gerade auf die vertikale Preisbindung ein Abstellen auf die Wettbewerbsform ausschließlich des Preiswettbewerbs doch sinnvoll?
Sicherlich wird man in den Modellen der Wirtschaftstheorie die übrigen Wettbewerbsformen dem Preiswettbewerb paritätisch zur Seite stellen können - die hierfür gegebene Begründung der Interdependenz der Wettbewerbsformen ist insoweit begründet -, nämlich solange, wie man vollständige Markttransparenz und unendliche Anpassungsgeschwindigkeit annimmt, und zwar gleichmäßig bezüglich aller Aktionsparameter. Eine solche Annahme ist aber hinsichtlich der Märkte der Wirklichkeit unrealistisch.
Vielmehr besteht in praxi ein Zusammenhang einmal zwischen Markttransparenz und Anpassungsgeschwindigkeit und zum anderen zwischen der Art des jeweils eingesetzten Aktionsparameters oder der jeweiligen Aktionsparameterkombination und der Quantität der Markttransparenz. Wird ceteris paribus als Aktionsparameter der Preis eingesetzt, so wird jede Preisänderung, da lediglich Übergang von einer numerischen Größe zu einer anderen, vom Markt sofort wahrgenommen [237]. Wird dagegen ceteris paribus die Qualität als Aktionsparameter eingesetzt, so hängt die Dauer der Kenntnisnahme von der Qualitätsänderung von vielerlei Umständen ab, unter anderem von der Kompliziertheit der Ware, die ein Bemerken der Qualitätsveränderung unter Umständen völlig ausschließen kann, von der Bedeutung der Qualitätsveränderung im Hinblick auf die Dring-

---

237) Daran ändert kaum etwas, daß auch die Preisklarheit etwas "verschleiert" werden kann, nämlich durch Zubilligung von Skonti und verschiedenartigen Rabatten auf den Bruttopreis, da derartige Manipulationen noch recht durchsichtig sind; vgl. Abbott S. 140. Bereits der Markttransparenz hinsichtlich der Preise aber steht Mestmäcker sehr skeptisch gegenüber, wenn er schreibt: "Ebenso wichtig ist die Unvollkommenheit der Marktübersicht. Wenn nicht alle Preisänderungen unmittelbar telegrafisch bekanntgegeben werden - was nur selten für wenige standardisierte Massenprodukte zutrifft - bewegen sich die Preise nicht einheitlich. Das Preisniveau auf einem in freier Konkurrenz befindlichen Markt wird daher nicht durch eine Gerade darzustellen sein, sondern durch eine Wellenlinie, die außer der unregelmäßig verbreiteten Marktübersicht die Differenzen der Güter hervortreten läßt." So Mestmäcker, Diss. S. 115.

lichkeit der Nutzenstiftung des Artikels etc.[238] Ebenso verhält es sich mit der Anpassungsgeschwindigkeit. Bei einer Preisänderung wird der Markt viel eher reagieren als bei einer Qualitätsänderung [239], das heißt die Qualitätsänderung muß relativ viel größer sein als die Preisänderung, um die gleiche Marktreaktion zu erzielen.[240] Der Grund ist ebenfalls die schwierigere Einschätzung der Bedeutung einer Qualitätsveränderung gegenüber einer Preisveränderung.[241] Selbst Abbott verkennt diesen Mangel des Qualitätswettbewerbs nicht, wenn er schreibt: "Wie wichtig ist nun der Qualitätswettbewerb? Man könnte der Versuchung unterliegen - aber das wäre unwissenschaftlich - zu behaupten, daß der Qualitätswettbewerb ebenso wichtig sei wie der Preiswettbewerb, wenn nicht wichtiger."[242] Und einige Seiten weiter heißt es: "Keine Theorie der Qualitätsbestimmung und des Qualitätswettbewerbs kann den Anspruch erheben, daß sie einen Ersatz für die Preistheorie darstelle. Sie kann nur deren Ergänzung sein. Wie sich ... ergeben hat, ist sie sozusagen die 'zweite Hälfte' einer vollständigen Wettbewerbstheorie. Wenn die beiden Hälften nicht zusammengesetzt werden, kann man nicht zu einer vollständigen Analyse der Wettbewerbskräfte in einer freien Marktwirtschaft kommen."[243] Das bedeutet aber, daß Qualitätswettbewerb kein Ersatz für Preiswettbewerb sein

---

238) Vgl. Abbott S. 140,148,157; Gutenberg II S. 407 nimmt das sogar hinsichtlich der Konkurrenten an, denen man doch wesentlich eher zutrauen muß, daß sie Qualitätsänderungen erkennen und bewerten können.

239) Vgl. auch Einspruchsentscheidung des BKartA vom 22.12. 1960 "Fensterglas", WuW/E BKartA 281 ff., wo es heißt: "Zu beachten ist schließlich, daß die Reaktionsfähigkeit dieses Steuerungsmittels (Qualität) geringer ist als die des Preises, der praktisch jederzeit den veränderten Marktverhältnissen angepaßt werden kann. Ein Wettbewerb in der Qualität kann deshalb seine Funktion in der Marktwirtschaft nicht in gleicher Weise erfüllen, wie der Preiswettbewerb." (WuW/E BKartA 290 f.).

240) Dies ist neben der technischen Schwierigkeit der Produktionsumstellung wohl die wichtigste Ursache für die relativ geringe Flexibilität der Qualität gegenüber der des Preises; so Abbott S. 158.

241) Schmidt WuW 1963,101.

242) Abbott S. 247.

243) Abbott S. 253 f.

kann.[244] Aufgrund dieser Tatsache kommt Schmidt zu dem Ergebnis: "Die These, daß Preiswettbewerb im Sinne von § 16 GWB auch dann vorliegt, wenn bei konstanten Preisen die Qualität verbessert wird, muß nationalökonomisch abgelehnt werden,da

1. diese These Gütezeichen und Handelsklassen für alle Güter von A bis Z voraussetzen würde, um dem Konsumenten verläßliche Auskunft über diese indirekte Preissenkung in Form einer Qualitätsverbesserung zu geben (Problem der Markttransparenz);
2. die Anpassungsgeschwindigkeit der Nachfrage für Qualitätsänderungen infolge der geringen Markttransparenz wesentlich kleiner als für Preisänderungen ist und
3. der Preismechanismus Preissenkungen und Preiserhöhungen, dementsprechend Qualitätsverschlechterungen und Qualitätsverbesserungen verlangt, was in § 16 GWB tatbestandsmäßig ausgeschlossen ist."[245/246]

Ist Preiswettbewerb aber auf den Märkten der Wirklichkeit durch keine andere Wettbewerbsform ersetzbar, so bleibt immer noch die Frage, ob man nicht im Rahmen des § 16 GWB trotz Wortlaut und Begründung des Gesetzes auch andere Wettbewerbsarten genügen lassen kann. Das berührt die Frage der Funktion des Preiswettbewerbs im Zusammenhang mit der vertikalen Preisbindung.

---

244) Scitovsky ist sogar der Auffassung, daß es nicht einmal zu wirklichem Qualitätswettbewerb kommt, wenn er schreibt: "The expert buyer has always been the exception; and the consumer is not only an inexpert buyer, but the increasing complexity of consumers' goods is constantly increasing his ignorance." (S. 49) "It is apparent to begin with that ignorant buyer's inability to appraise the quality of goods on their own merits deprives the producer of the inducement to engage in quality competition. For it is pointless to offer improved quality to customers who cannot distinguish good quality from bad." (S. 50).

245) Schmidt WuW 1964,149 f.

246) Widersprüchlich ist die Gegenmeinung insofern, als sie einerseits einhellig erklärt, daß Preiswettbewerb im Sinne von § 16 GWB fehle bei kartellmäßiger Festlegung der Wiederverkaufspreise durch die preisbindenden Unternehmen, auf der anderen Seite aber jede Wettbewerbsform im Rahmen des § 16 GWB ausreichen läßt. Durch ein Preiskartell wird aber gerade nur der Aktionsparameter Preis eingefroren,wohingegen die übrigen Aktionsparameter für die Kartellmitglieder verfügbar bleiben.Daß die Kartellmitglieder von dieser Verfügungsmöglichkeit bei Existenz eines Preiskartells keinen Gebrauch machen, ist nirgends erwähnt, geschweige denn nachgewiesen.

Nach Auffassung des Wirtschaftspolitischen Ausschusses sollen sich "die das Preisverhalten der nachfolgenden Stufen bestimmenden Unternehmen selbst nicht willkürlich verhalten können." Daher sei die Kontrolle des preisbindenden Herstellers oder Händlers durch den Preiswettbewerb im Hinblick auf die fast völlige Ausschaltung der Konkurrenz in den nachfolgenden Handelsstufen unumgänglich.[247] Oben wurde bereits gezeigt, daß auf den Nachfrager der im Preis gebundenen Ware abzustellen ist.[248] Ist dieser aber zu schützen, so ist der Preiswettbewerb das Mittel, das ihn vor Übervorteilung zu schützen hat.[249] Diesen Schutz kann der Preiswettbewerb nur gewähren, wenn er auf der gebundenen Stufe besteht,[250] weil nur dann eine Übervorteilung entfällt, wenn entweder dem Nachfrager preisliche Alternativen zur Verfügung stehen oder aber der gebundene Preis infolge Drucks des Preiswettbewerbs in gerechtfertigter Höhe verlangt wird; beide Funktionen kann aber nur der Preiswettbewerb auf der letzten gebundenen Stufe in erforderlichem Umfang erfüllen. Problematisch ist die Quantität des Preiswettbewerbs, damit dieser die mit ihm bezweckten Funktionen zu erfüllen vermag. Dabei wird man das von Sandrock [251] zur Bejahung einer

247) zu Drucks. BT II/3644 S. 21.

248) Das versucht Lukes, JuS 1962,165, wenn er schreibt:"Ebenso zutreffend ist es aus den erwähnten Grundgedanken heraus, daß das BKA den Preisunterschied bei nominell gleichen Preisen nur dann bejaht, wenn die Qualitätsunterschiede zwischen den gleichartigen Waren für den Normalabnehmer erkennbar sind. In Weiterführung des Gedankens der Erkennbarkeit wird man Preiswettbewerb bei nominell gleichen Preisen gleichartiger Waren auch dann annehmen müssen, wenn bei den verschiedenartigen Waren die Nebenleistungen - Serviceleistungen usw. - solche Unterschiede aufweisen, daß sie dem Normalabnehmer erkennbar sind und ihn nach allgemeiner Auffassung auch bei seiner Kaufentscheidung beeinflussen." Bedenken bestehen hier nur insofern - neben der schwierigen Erfassung des Merkmals der 'Erkennbarkeit für den Normalabnehmer' -, als die vom Normalabnehmer vorgenommene Bewertung des erkennbaren Qualitäts- bzw. Nebenleistungsunterschiedes nicht notwendig ergebnisgleich ist mit der sich bei Preiswettbewerb in der Preisstellung des Herstellers niederschlagenden Preisdifferenz. Wie Lukes auch BKartA v.10.3.1960 "Kraftfahrzeugreifen", WuW/E BKartA 181.

249) Daß es dazu nicht immer in der Lage ist, ist u.a. ein Grund für das Erfordernis der Mißbrauchsaufsicht.

250) Schmidt WuW 1964,150.

251) Sandrock S. 212,417,430 ff.etc. Sandrock bestimmt aber nur, wann der Wettbewerb jeweils eingeschränkt wird, nicht aber, von wo ab die Einschränkung so groß ist, daß kein wirksamer Wettbewerb mehr vorliegt.

materiellen Wettbewerbsbeschränkung stets angenommene Maß des oligopolistischen Umfangs nicht als ausreichend ansehen können. Zwar kann und wird ein Oligopolist das Marktverhalten seiner Wettbewerber beeinflussen. Das gilt aber nicht mehr, wenn viele kleine zusammen die Größe eines Oligopolisten ausmachen; ihr Zusammenhalt ist dazu zu schwach.[252)] Hier ist es Aufgabe des BKartA und der Gerichte, eine Richtgröße des Inhalts festzusetzen, wieviel Prozent des Umsatzes der vergleichbaren vertikaler Preisbildung unterliegen müssen, damit noch von Preiswettbewerb gesprochen werden kann.[253)]
In der Literatur findet man dagegen häufig, teilweise unter Hinweis auf den Gesetzeswortlaut, den Bericht des Wirtschaftspolitischen Ausschusses und die Entscheidung des RG im Salem Gold-Fall [254)], die Ansicht vertreten, daß der Preiswettbewerb auf der Herstellerstufe bestehen müsse [255)], ohne daß dafür eine nähere Begründung gegeben wird. Alle drei angegebenen Stellen geben allein keinen Aufschluß über die Stufe, auf der der Preiswettbewerb bestehen muß, zu ihrer Bestimmung ist viel-

---

252) Ott, Preisbildung S. 57 benutzt das als Argument für die Schwierigkeit, ein Preiskartell der Händler zu schaffen.

253) Jedenfalls dürfte der herrschenden Kommentarliteratur zu widersprechen sein,die es ausreichen läßt, daß überhaupt ein wenn auch latenter Wettbewerb besteht;vgl. Rasch-Westrick § 16 Rdn.14; Frankfurter Kommentar § 16 Tz.31-35; Schwartz in GemKomm § 16 Rdn. 35-39. Erforderlich muß sein, daß der Preiswettbewerb spürbar ist; so WuW/E BKartA 1164; Christl WRP 1962,353; Kirschstein WRP 1968,138; Langen § 16 Rdn.47; Tetzner S. 104 (Ob die von ihm vorgeschlagene 10 %-Grenze ausreicht,erscheint fraglich) Schmidt WuW 1964,145 ff. Vgl. hierzu auch die Kontroverse zwischen Schmidt (WuW 1964,120 ff.;MA 1965,435 ff.) u. Gabriel (MA 1964,627 ff.; MA 1965,442 ff.); außerdem schon Gabriel MA 1958,717 ff., wo (S.722 ff.) er im Rahmen des den Behörden zustehenden Ermessens enge Maßstäbe angelegt wissen wollte,d.h. Bagatell-Preiswettbewerb für unzureichend hielt.

254) RGZ 88,9. Dort heißt es auf S.12:"...und es ist auch nicht zutreffend, was die Berufungsrichter ferner meinen, daß sonst eine unerträgliche Bindung des Handels verursacht u. dem Fabrikanten ermöglicht würde, den Preis seiner Fabrikate zum Schaden der Verbraucher dauernd auf einer ihrem tatsächlichen Wert vielleicht keineswegs entsprechenden Höhe zu halten. ...es wäre auch den Fabrikanten bei derartigen Markenartikeln,wie sie hier allein in Frage stehen u. wie sie von entsprechender Art u. Güte anderweit vielfältigst hergestellt werden,nicht möglich,den Preis übermäßig hoch zu halten;würde das der Fabrikant zu tun versuchen,so würde er die Kundschaft für seine Ware in kurzem verlieren."

255) So z.B. BGHZ 36,371; Fikentscher in GWB-Festschrift S.269; Müller, Diss. S. 130.

mehr der zu schützende Personenkreis heranzuziehen, und von daher ergibt sich der Preiswettbewerb für die gebundene Stufe.[256] Dieser Unterschied ist nicht nur akademischer Natur. Der Fehler beruht wohl auf der Annahme, daß Preiswettbewerb auf der gebundenen Stufe notwendig solchen auf der Herstellerstufe voraussetze. Diese Annahme ist zwar in der Überzahl der Fälle richtig; ausnahmslos trifft sie dagegen nicht zu. So ist etwa der Fall denkbar, daß auf der dem Großhandel gegenüberstehenden Anbieterseite nicht ein deutscher und ein ausländischer Hersteller vergleichbarer Waren miteinander im Preis konkurrieren, sondern der deutsche Hersteller mit einem Importeur einer ausländischen Ware. Wollte man in einem solchen Fall auf den Herstellerwettbewerb abstellen, so wäre eine vertikale Preisbindung nicht möglich.[257] Die Meinung läßt sich nicht damit halten, daß sie noch strengere Anforderungen als die hier vertretene stelle und damit noch mehr der Erhaltung des Wettbewerbs diene, denn sie tut das, indem sie wirtschaftlich gleiche Sachverhalte ohne rechtfertigenden Grund unterschiedlich behandelt.

Ergebnis ist somit, daß § 16 Abs. I Ziff. 1 GWB Preiswettbewerb in der gebundenen Stufe verlangt. Das bedeutet aber, daß hinsichtlich gleichartiger Stufen in der Handelsstufe bei Existenz von zulässiger vertikaler Preisbindung kein Monopol, Teilmonopol oder Oligopol [258] bestehen kann, weil in diesen Fällen das Tatbestandsmerkmal Preiswettbewerb fehlt. Die Preise dürfen also nur dann gebunden werden, wenn die Absatzstufe, auf der Handelsunternehmen gebunden werden sollen, mindestens teiloligopolistisch strukturiert ist.[259] Da es hier aber, wie gerade gezeigt, ausschließlich um Preiswettbewerb geht, ist weiter zu beachten, daß alle von einem Hersteller auf der betreffenden Absatzstufe im Preis gebundenen Handelsunternehmen

---

256) So Langen § 16 Rdn. 43; Kirschstein WRP 1968,136.

257) Bei den Marken des Großhandels, insbesondere des Importhandels, liegt eine ähnliche absatzpolitische Situation vor wie bei Herstellermarken;so Hax S. 5.

258) Zu der sehr umstrittenen Frage des Preiswettbewerbs im Oligopol,die aber wohl zu verneinen ist,vgl. etwa Eckstein in GWB-Festschrift S. 243 ff.; Gutenberg II S. 265 ff.;Paulsen II S. 140 ff.;Rothschild NWB 1 S. 360 ff.; Sandrock S. 336 ff.; Schmidt WuW 1964,134 ff.;Seitz, bes. S. 81 ff., jeweils mit weiteren Nachweisen. A.A. allerdings der BGH in seinem Urteil vom 26.2.1970 "Tennisbälle" NJW 1970,1042 f.

259) Ausführlich dazu Nöcker WRP 1970,416 ff.

als ein Unternehmen aufzufassen sind, gleichsam als verlängerter Arm des Preisbinders.

Verfolgt man diesen Gedankengang noch einen Schritt weiter, so stößt man auf einen erheblichen Mangel unserer bisherigen Preisbindungspraxis. In der Realität ist häufig die Erscheinung anzutreffen, daß bei oligopolistisch strukturierten Herstellermärkten gleichartiger Waren alle Produzenten [260] die Preise binden.[261/262] Gerade in diesen Fällen ist die Tendenz zur Bindung überhöhter Preise, wie die zahlreichen insoweit einschlägigen Mißbrauchsverfahren des BKartA zeigen, aber besonders groß. Nach der hier vertretenen Meinung wäre in einem solchen Falle der gesamte Preisbindungskomplex nach § 17 Abs. I S. 1 Ziff. 1 GWB für nichtig zu erklären [263], da es am durch andere Wettbewerbsarten nicht zu ersetzenden Preiswettbewerb auf der gebundenen Stufe fehlt.[264]

---

260) Falls diesen Herstellern im Absatzprozeß Importeure ausländischer gleichartiger Waren wirtschaftlich gleichstehen, sind diese den Herstellern insoweit gleichberechtigt zuzuordnen.

261) So in der Rundfunk-,Fernseh- u. Phonobranche,der Automobilbranche,der Photobranche,der Arzneimittelbranche,um nur einige Beispiele zu nennen.

262) Polypolistische Herstellermärkte von Markenwaren,auf denen die Hersteller nahezu alle die Preise binden,sind nicht bekannt und dürften in der Wirklichkeit mangels Durchsetzbarkeit auch nicht anzutreffen sein. Daher soll diese Frage unerörtert bleiben.

263) Hiergegen kann nicht eingewandt werden,man dürfe im Rahmen der Mißbrauchsaufsicht nicht einem Unternehmen das Verhalten anderer Unternehmen zurechnen u. es könne nicht ein zunächst unbedenkliches Verhalten später mißbräuchlich werden. Insoweit gilt die von Koenigs in GWB-Festschrift S. 327 f. für § 18 GWB gegebene Begründung auch für diesen Fall.

264) Demgegenüber scheint Ballerstedt, Teil B III 3, zu meinen, daß darin ein Mißbrauch zu sehen sei. Seiner Auffassung kann jedoch nicht gefolgt werden. Einmal unterscheidet er zwischen von vornherein fehlendem Preiswettbewerb (dann Ziff. 1) und durch gleichartige Preisbindungen innerhalb der ganzen Branche ausgeschlossenem, also später entfallendem Preiswettbewerb (dann Mißbrauch). Beide Zeitpunkte werden aber nach dem klaren Wortlaut der Vorschrift von Ziff. 1 erfaßt. Weiterhin ist nicht ersichtlich, wie er im letzten Fall zum Mißbrauch kommen will. Die Formulierung, der Preiswettbewerb werde durch gleichartige Preisbindungen innerhalb der ganzen Branche ausgeschlossen, deutet darauf hin, daß er an ein irgendwie geartetes Zusammenwirken der preisbindenden Unternehmen denkt. Dann kann aber nur in diesem Zusammenwirken ein kartellrechtlich erhebliches Verhalten gesehen werden und nicht in der Preisbindung. Sieht man davon aber einmal ab, so ergibt

Bei dieser Lösung werden auch nicht diese Hersteller von Markenwaren grundlos unterschiedlich im Verhältnis zu den übrigen Markenwarenherstellern behandelt. Maßgeblicher Gesichtspunkt für die differenzierte Behandlung ist eben die oligopolistische Struktur und die ausnahmslose Durchführung der Preisbindung.

Auch aus dem Sinn und Zweck des Privilegs läßt sich dieses Ergebnis herleiten. Ist dieser nämlich, den Goodwill der Markenware zu erhalten und sie damit davor zu schützen, durch den Preiswettbewerb hinsichtlich ihres Ansehens auf die Stufe der anonymen Waren herabgezerrt zu werden, mit anderen Worten, um dem Markenwarenhersteller eine Möglichkeit an die Hand zu geben, eine Kluft hinsichtlich des Goodwills zwischen Markenware und anonymer Ware zu erhalten, so ist eine solche Notwendigkeit hier nicht gegeben. Zweck der Privilegierung ist nämlich gerade nicht die Ermöglichung der Ausschaltung des Preiswettbewerbs für Markenwaren. Erreicht werden soll vielmehr nur die Erhaltung einer Differenzierung zwischen Markenware und anonymer Ware in bezug auf das Ansehen bei der Verbraucherschaft. Die Stabilisierung einer solchen Differenzierung erübrigt sich aber in dem Moment, wo die gleichartigen Waren alle Markenwaren sind.[265)]

Die Handelsstufe, auf der Preisbindungen durchgeführt werden, muß also mindestens teiloligopolistisch strukturiert sein. Ist das aber der Fall, dann bereitet die Praktizierung der yardstick theory keine weiteren Schwierigkeiten als die before and after theory: Es ist der Wettbewerbspreis vergleichbarer Waren auf dem Markt festzustellen und entsprechend zu modifizieren, wie es oben bei der before and after theory bereits dargestellt worden ist.

Forts.
264) sich weiter die Frage, wessen Preisbindung(en) in einem solchen Fall dann mißbräuchlich sein soll(en). Ist es die Preisbindung des- oder derjenigen Hersteller, die den Preiswettbewerb gerade ausgeschlossen haben, so würde der Zufall, wer zeitlich gerade als derjenige anmeldet, über den Mißbrauch entscheiden. Sollen in einem solchen Fall alle Preisbindungen mißbräuchlich sein, so würde eine zunächst nicht zu beanstandende Preisbindung allein durch den Umstand des späteren Einführens einer Preisbindung durch ein konkurrierendes Unternehmen ohne Änderung ihres Inhalts oder ihrer Handhabung mißbräuchlich.

265) Vgl. dazu ausführlich Nöcker WRP 1970,418.

Es bleibt hier jedoch noch auf eine Gefahr der yardstick theory hinzuweisen. Sie liegt in der bereits oben kritisierten Unsitte der Kalkulation im vor allem mittelständischen Handel begründet. Dieser benutzt teilweise statt Kosten und Nachfrage die gebundenen Preise zu seiner Kalkulation in der Weise, daß er den Preis nicht vertikaler Preisbindung unterliegender Ware nach dem gebundenen Preis vergleichbarer Markenware festsetzt. Wird das bei bestimmten Artikelgruppen in größerem Umfang vom Handel praktiziert, so wird auch der mit Hilfe der yardstick theory ermittelte Preis nicht in etwa der Wettbewerbspreis sein. Die darin liegende Gefahr sollte aber angesichts des Anwachsens moderner Großvertriebsformen des Handels nicht allzu hoch bewertet werden, da diese Unternehmen überwiegend nach Kosten- und Nachfragegesichtspunkten kalkulieren und dadurch die kleineren Vertriebseinheiten zwingen, entweder selbst ähnlich zu kalkulieren oder aber statt des gebundenen Markenwarenpreises ihre Preise als Richtgrößen zu nehmen.[266)]

cc) Ergebnis

Die vom BKartA angenommene Schwierigkeit der Feststellung gerechtfertigter Handelsspannen [267)] beruht also auf einem doppelten Fehler: Einmal geht es statt um die Ermittlung der gerechtfertigten Handelsspanne um die des gerechtfertigten gebundenen Preises und zum anderen hat sich das BKartA die Schwierigkeit selbst bereitet durch eine verfehlte Interpretation des Tatbestandsmerkmals "Preiswettbewerb mit gleichartigen Waren anderer Hersteller oder Händler" in § 16 Abs. I Ziff. 1 GWB. Richtig ist vielmehr, daß das BKartA bei vernünftiger Auslegung des Tatbestandsmerkmals Preiswettbewerb mit der yardstick theory ein Verfahren besitzt, das mit mehr oder weniger Aufwand, je nach dem betreffenden Markt, die Ermittlung eines Vergleichspreises ermöglicht. Hat das preisbindende Unternehmen dieselbe Ware vor Einführung der Preisbindung bereits auf dem Markt gehabt, so steht dem BKartA zusätzlich die before and after theory zur Verfügung. Von einer faktischen Unmög-

---

266) Auf die Überwindung der Preisträgheit weist u.a. hin IFO-Gutachten S. 12.

267) Vgl. etwa BKartA TB 1958 S. 54,TB 1959 S. 37f.,TB 1960 S. 114.

lichkeit des Einschreitens wegen in ungerechtfertigter Höhe gebundener Preise kann also keine Rede sein.

h) Die Indiztatbestände des § 17 Abs. I S. 2 GWB

Außer diesen beiden Verfahren hat der Gesetzgeber nun noch durch die Novelle zwei Indiztatbestände für gesamtwirtschaftlich nicht gerechtfertigt gebundene Preise in das Gesetz aufgenommen (§ 17 Abs. I S. 2 GWB). § 17 Abs. I S. 1 Ziff. 3 GWB soll danach als vorliegend vermutet werden bei Lückenhaftigkeit oder bei Preisspaltung (auch zweigleisiger Vertrieb genannt). Durch die Schaffung dieser Vorschrift sollte die Mißbrauchsaufsicht der Kartellbehörde erleichtert werden.[268] Ob dies jedoch der Fall ist, muß, wie die nachfolgenden Überlegungen zeigen werden, zumindest in Zweifel gezogen werden.

aa) Lückenhaftigkeit

In den Fällen faktischer Lückenhaftigkeit bei rechtlicher Lückenlosigkeit geht die Bundesregierung von der am Markt zu beobachtenden Unterbietung gebundener Preise aus und meint, daß dies darauf hindeute, daß die Preisbindung eine eigentlich angezeigte Preissenkung verhindere. Allerdings sei es erforderlich, daß die Preisunterbietung in einer erheblichen Zahl von Fällen erfolge, "um Preisunterschreitungen, die nur vereinzelt oder zufällig - etwa aus Gründen der örtlichen Konkurrenz o.ä. - vorkommen, als Eingriffsgrund auszuschalten."[269] Damit hat die Bundesregierung als Beispiel aber nur den weitaus einfachsten Fall angedeutet, der zu Preisunterbietungen führen kann. Als verfehlt muß es dagegen angesehen werden, wenn die Bundesregierung meint, bei verbreiteter Preisunterbietung sei "ein Anhalt für die Höhe des frei gebildeten Wettbewerbspreises gegeben", und dieser könne dann "mit dem gebundenen Preis verglichen werden."[270] Die große Schwierigkeit, die sich für die Kartellbehörde bei Anwendung dieses Indiztatbestandes ergibt, ist nämlich die Bestimmung der Quan-

---

268) Drucks. BT IV/2564 S. 14.
269) Drucks. BT IV/2564 S. 14.
270) Drucks. BT IV/2564 S. 9.

tität der Fälle. Dafür Richtgrößen herauszuarbeiten, dürfte nicht möglich sein, da die erforderliche Anzahl der Fälle jeweils von dem speziellen Markt abhängt. Es sollen daher hier nur einige Ursachen in Verbindung mit Märkten aufgeführt werden, um zu verdeutlichen, daß hier eine Generalisierung unmöglich ist.
Ein Drogist verkauft einen Markenweinbrand der gehobenen Preisklasse unter dem gebundenen Preis. Die ihn dazu veranlassenden Überlegungen können recht verschiedenartig sein. Es können ihn natürlich Gründe der örtlichen Konkurrenz dazu gezwungen haben, wie die Bundesregierung als Beispiel anführt. Das wäre etwa der Fall, wenn eine qualitativ gleichartige Ware auf diesem regionalen Markt erheblich billiger verkauft wird, etwa weil ihre Herstellung in dieser Gegend erfolgt und damit die Absatzkosten erheblich niedriger sind. Dieser Fall ist sicherlich nicht unter § 17 Abs. I S. 1 Ziff. 3 GWB zu subsumieren, was die Bundesregierung ja auch durch das Postulat einer ausreichenden Quantität an Unterschreitungsfällen ausschalten wollte. Nicht ganz so unproblematisch sind aber andere Motivationen. So kann Ursache sein die Bekämpfung des sog. Beziehungshandels oder des Direktverkaufs durch den Großhandel unter Preis. Es kann auch sein, daß der Drogist nur zum Zwecke der Werbung für sein Geschäft so handelt, ohne daß es ihm gerade auf diesen konkreten preisgebundenen Artikel ankommt; auf diesen kann seine Wahl mehr zufällig gefallen sein. Seine Absicht ging nur dahin, die Werbekraft des Unterpreisverkaufs des im Preis gebundenen Markenartikels auszunutzen. Es kann ihm zu werbenden Zwecken aber auch speziell auf diesen Artikel angekommen sein, etwa weil er damit auf die besondere Ausrichtung und Leistungsfähigkeit seines Geschäfts in Spirituosen hinweisen wollte. Auch diese Fälle sind aber keine Folge überhöhter Preise infolge überhöhter Handelsspannen, denn der "Verlust" aus diesem Unterpreisverkauf ist gerade nicht konkret auf diese Artikelspanne zu beziehen, sondern auf den Werbeetat dieses Unternehmens. Ein weiterer Fall ist das Ausnutzen fremder Vertragstreue. Würde der Artikel im Preis niedriger gebunden sein, so würde der Drogist ihn unter Umständen mit Verlust verkaufen müssen, z. B. wenn eine Aufgabe dieses Artikels aus Gründen der Vollständigkeit des Sor-

timents nicht möglich ist.[271)] Aufgrund der Vertragstreue der Mitbewerber ist es den Preisunterbietern aber möglich, mit ihren Preisen unter die gebundenen zu gehen, da die Gewinneinbuße am einzelnen Artikel durch den höheren Umsatz, unter Umständen dann noch gekoppelt mit höheren Umsatzrabatten, mehr als ausgeglichen wird.[272)] In diesem Fall würde sich die Preis-Absatz-Funktion des preisbindenden Herstellers nicht verändern, da das Absatzvolumen bei diesem Artikel konstant bleibt und sich lediglich die Absatzverteilung bei den einzelnen Händlern ändert. Diese Fälle sind aber deshalb noch besonders problematisch, weil die Nachfrage bei einem solchen Artikel meist preiselastisch ist. Diese Preiselastizität kann dann zwar unzureichend sein, um einen wesentlich anderen als den gebundenen Preis zu rechtfertigen. Bei Ausnutzung der Vertragstreue der Wettbewerber kommt sie aber dem Unterbietenden neben dem Locken der Nachfrage von den Vertragstreuen auf sich zusätzlich zugute; indes ist eine Aufteilung seiner Umsatzzunahme nach diesen Faktoren praktisch unmöglich. Das bedeutet dann für den Hersteller, daß seine Preis-Absatz-Funktion nur in etwa gleich bleibt. Treten dagegen wesentliche Verschiebungen derselben auf, so ist das allerdings ein Zeichen ungerechtfertigter Preise.

Diese Reihe der möglichen Motivationen ließe sich noch beliebig erweitern. Stellt das BKartA nun in einem Verfahren fest, daß in einer bestimmten Zahl von Fällen am Markt die gebundenen Preise unterschritten werden, so weiß es noch nichts darüber, welche Motivation für die unterschreitenden Händler bestimmend gewesen ist. Das kann aber nicht zu Lasten der Anmelderin gehen. Daher wird das BKartA die Motivation bei der Festlegung der erforderlichen Quantität zu berücksichtigen haben. Hinzu kommt als weiteres, daß auch die Struktur des

---

271) Das würde wahrscheinlich, insbesondere infolge der intensiven Werbung der Markenartikelindustrie, recht häufig der Fall sein. Auf die hieraus erwachsende Stärke der Marktstellung des Preisbinders weist u.a. der BGH hin, BGH NJW 1968,402; andeutungsweise BGHZ 37,34.

272) Ob das BKartA Überlegungen dieser Art bei seinem Beschluß v.12.6.1964 "Puschkin" angestellt hat, ist aus dem Text der Entscheidung jedenfalls nicht zu entnehmen; WuW/E BKartA 841 ff., bes. 843.

Handels von Einfluß auf die Quantität der Fälle ist. Handelt es sich bei den Handelsunternehmen nämlich etwa um Mehrproduktunternehmen, denen die Praktizierung der Mischkalkulation möglich ist, so wird die erforderliche Zahl wieder höher anzusetzen sein, als wenn der Händler jeweils nur ein Produkt führt, wie z. B. teilweise im Automobilhandel.
Die Berücksichtigung all dieser Komponenten stellt für das BKartA sicherlich keine wesentliche Erleichterung dar. Vielmehr erscheint es ausgeschlossen, im konkreten Fall die jeweiligen Besonderheiten angemessen zu berücksichtigen. Als Ausweg bleibt dann aber nur, die entsprechende Zahl entsprechend hoch festzusetzen. Bei der nahezu unübersehbaren Anzahl von Ursachen für eine Preisunterbietung heißt das dann aber praktisch, daß sie so hoch festzusetzen ist, daß der ganze Indiztatbestand zu einem untauglichen Mittel wird. Ein Einschreiten wird erst dann möglich sein, wenn sich nahezu kein Handelsunternehmen mehr an den gebundenen Preis hält.

bb) Preisspaltung

Der zweite Indiztatbestand des § 17 Abs. I S. 2 GWB, der der sog. Preisspaltung [273], ist nicht weniger problematisch. Wirtschaftswissenschaftlich handelt es sich dabei um die Frage der Preisdifferenzierung. Sie liegt vor, "wenn ein Anbieter im Rahmen seines Wirtschaftsplanes in der Periode, auf die sich die Planung bezieht, das gleiche Gut verschiedenen Käufern bzw. Käufergruppen zu verschiedenen Preisen anbietet."[274/275]

---

273) Zur bürgerlich-rechtlichen Relevanz der Preisspaltung vgl. BGH, Urteil vom 20.11.1969 "Schallplatten II", NJW 1970, 858 ff.; Knöpfle NJW 1969,1001 ff.
274) Schneider II S. 142. Ebenso Gutenberg II S. 335; Paulsen II S. 133; Robinson S. 179.
275) Voraussetzungen einer Preisdifferenzierung sind:
a) Der Anbieter muß sich einer gegen ihn gerichteten konjekturalen Preis-Absatz-Funktion gegenübersehen,d.h.er muß einen 'eigenen Markt' für sein Gut besitzen.
b) Der Anbieter muß eine Differenzierung innerhalb seiner Abnehmerschaft vornehmen können u. eine Kommunikation zwischen den Gruppen verhindern.
c) Es muß verhindert werden,daß Produkte des Teilmarktes mit niedrigerem Preis auf den mit höherem Preis gelangen.
d) Unter dem Gesichtspunkt wirtschaftlich rationalen Verhaltens müssen auf der Nachfrageseite unterschiedliche

Hierin sieht die Bundesregierung bei entsprechender Quantität einen Fall ungerechtfertigter Preise. Sie räumt in der Regierungsbegründung zum Änderungsgesetz zum GWB vom 18.9.1964 zwar ein, daß dieselbe Ware, wenn sie ohne Marke oder auch unter einer anderen Marke mit geringerer Marktgeltung abgesetzt wird, in der Regel etwas billiger ist als der gebundene Markenartikel, etwa als Folge der geringeren Marktgeltung, dem billigeren Absatzweg o.ä. Sei dagegen der Unterschied zwischen dem gebundenen Preis und dem freien Marktpreis für dieselbe Ware erheblich, so zeige dies, daß die Preisbindung als solche geeignet ist, die gebundene Ware in einer durch die gesamtwirtschaftlichen Verhältnisse nicht gerechtfertigten Weise zu verteuern oder ein Absinken ihrer Preise zu verhindern. (§ 17 Abs. I S. 1 Ziff. 3).[276] Noch weiter geht die Auffassung des BKartA. Nach ihm stimmt in den meisten Fällen des zweispurigen Vertriebs von Markenware "- da andernfalls für den Hersteller weder Anlaß noch Interesse für einen zweispurigen Vertrieb gegeben wäre - der gebundene Verbraucherpreis nicht überein mit dem vom Händler frei kalkulierten, nach den Marktverhältnissen sich bildenden Preis, den der Verbraucher für die nicht preisgebundene, sondern unter vertikaler Preisbildung vertriebene Ware zahlt."[277] Als Beispiel wird der Markt für Damen-Feinstrümpfe in den Jahren 1957/58 angeführt. Dort wäre nach Auffassung des BKartA die Preissenkung und nicht die Preisspaltung das marktgerechte Mittel zum Auffangen des erheblichen Absatzrückgangs bei konstanter Produktion gewesen. In diesem Falle habe die Preisbindung verursacht, daß sich nur für einen Teil der Produktion, nämlich den ungebundenen, und nicht für die gesamte Produktion, ein den Markt-Verhältnissen entsprechender Preis gebildet habe. Außerdem sei eine Preisspaltung aber auch deshalb mißbräuchlich, weil die

---

Forts.
275) Elastizitäten bestehen bzw. es muß die Grenzkostenkurve der Belieferung der Märkte verschieden sein.
Vgl.Paulsen II S. 133;Schneider II S. 143 ff.;Schultes S.12.

276) Drucks. BT IV/2564 S. 14.
277) Brief des Vorsitzenden der 2. Beschlußabteilung des BKartA an den Markenverband und verschiedene andere Industrie- und Handelsverbände vom 28.12.1959, WuW/E BKartA 143 f. Ebenso etwa Busch in BKartA-Festschrift S. 165 f.; Christl BB 1960,297 ff.; Gentz WuW 1961,606; Mestmäcker WuW 1957, 95 f.; Sarnighausen S. 91; Völp,Preisbindung S. 114;Wörmer S. 297; Roidl BB 1960,1299.

Verbraucher in ihrem Vertrauen getäuscht würden, diese Markenware sei nur zu dem gebundenen Preis erhältlich. Dieser Vorstellung der Verbraucher bedürfe der Preisbinder aber gerade zur Durchführung der Preisspaltung.
Dieser Ansicht kann jedoch nicht gefolgt werden. Sie kommt zu diesem Ergebnis, weil sie die Komplexe 'vertikale Preisbindung' und 'Markenware' nicht klar voneinander trennt. § 17 GWB hat nämlich nur im ersten Komplex Bedeutung. Wenn man das beachtet, ergeben sich nur zwei Fälle, die kartellrechtlich für die Frage des Mißbrauchs relevant sind, einmal der Einsatz der Preisbindung als Mittel zur Produktdifferenzierung [278/279] und zum anderen die 'Finanzierung' der Preise des 'zweiten Gleises' mit Erträgen aus dem 'ersten Gleis'.
Bezüglich des ersten Falles könnte man zunächst an einen Mißbrauch denken mit dem Argument, die vertikale Preisbindung sei

---

278) Die Produktdifferenzierung ist ein Mittel zur Schaffung von Sondermärkten, die ihrerseits notwendige Voraussetzung einer Preisdifferenzierung sind; Fiuczynski S. 164 ff.

279) Unter Produktdifferenzierung versteht man "jene Maßnahmen des unternehmerischen Wettbewerbs, welche die Maximierung des Umsatzgewinns oder sonstiger Ziele der Unternehmer durch eine Veränderung der Produkte anstreben, die einem gemeinsamen Konsumzweck dienen und für die deshalb der Kreuselastizitätskoeffizient einen wesentlich von Null verschiedenen endlichen Wert hat." (Kruse S. 14) "Die Art der Präferenzen muß nicht in jedem Falle auf einer besseren Qualität einer Ware gegenüber Substitutionsgütern beruhen. Es kann auch eine Verschiedenheit zugrunde liegen, der das Attribut "besser" nicht zugebilligt zu werden braucht. Gerade bei Produkten, die von den Kunden in ihrer technischen Qualität sehr schwer oder überhaupt nicht beurteilt werden können,wird der Produzent in starkem Maße versuchen,Geschmack,Gefühl,Geltungsdrang u. andere außerökonomische Kaufmotive zu aktivieren, also auf emotionaler Basis für sein Produkt zu argumentieren.Die Spannweite einer möglichen Differenzierung ist demnach außerordentlich groß. Sie braucht sich nicht nur auf die Ware selbst zu beziehen, sondern kann auch Aufmachung, Verpackung, Kundendienst,z.B. bei notwendiger Montage des gekauften Gegenstandes,u.ä. umfassen. Außerdem ist es nicht einmal erforderlich, daß der Vorteil, den der Käufer in einem Produkt sieht,tatsächlich vorhanden ist.Damit ist der gesamte Bereich der Werbung,der Gedanke der Marke u. des Markenartikels berührt. So liegt Produktdifferenzierung auch dann vor,wenn technisch gleichartige Güter infolge verschiedener Markenbezeichnungen nicht als gleichwertig angesehen werden."(Krusche S. 36 f.) Vgl. auch Fiuczynski S. 25 ff.; Jacob-Steinorth S. 4 ff.;Mellerowicz,Markenartikel S. 86 ff.; Röper, IFO-Gutachten S. 32 f.

nur erlaubt zur Erreichung eines einheitlichen, konstanten Endverkaufspreises und werde hier demgemäß zweckentfremdet verwandt. Dabei wird aber übersehen, daß jede vertikale Preisbindung notwendig zur Produktdifferenzierung beiträgt. Mit der Zulassung der vertikalen Preisbindung durch das Gesetz ist daher auch dieser Effekt erlaubt, wenn die Zulassung nicht ihren Sinn verlieren soll. Damit bleibt nur der Fall, daß ein Markenwarenhersteller die vertikale Preisbindung ausschließlich einführt zum Zwecke der Produktdifferenzierung, um dann zweigleisig vertreiben zu können. Ein solcher Fall ist aber bisher noch nicht bekannt geworden; er dürfte auch nicht sehr wahrscheinlich sein, da ein ökonomischer Vorteil dafür nicht ersichtlich ist; überdies dürfte er auch nie nachweisbar sein. Übrig bleibt damit nur der Sachverhalt, daß die niedrigeren Preise aus Erträgen bei dem vertikal gebundenen Preis finanziert werden. Und auch das ist noch nicht ausreichend. Hinzu kommt weiter, daß diese Finanzierung über das erlaubte Maß der Mischkalkulation [280)] hinausgeht. Würde die Kartellbehörde einen solchen Fall feststellen können, so könnte sie im Wege der Mißbrauchsaufsicht einschreiten. Tatsächlich ist eine solche Feststellung jedoch nicht möglich, schon deshalb nicht, weil es keinen Maßstab für die gerechtfertigte Quantität der Mischkalkulation gibt.

Diesem einen Fall, der darüber hinaus nicht einmal nachweisbar ist, steht aber der ganze Komplex der Preisdifferenzierung [281)] gegenüber, der seine Ursache allein in der Markenwareneigenschaft bei der betreffenden Ware hat, nämlich insofern, als gerade die Markierung ein wesentliches Mittel der Produktdifferenzierung [282)] ist, die erst die Preisdifferenzie-

---

280) Diese muß zugelassen werden. Immerhin handelt es sich ja um zwei Waren, einmal um die im Preis vertikal gebundene Markenware A und zum anderen um die zu einem niedrigeren Preis gehandelte anonyme Ware bzw. Markenware B.

281) Zum Problem der Preisdifferenzierung in wirtschaftswissenschaftlicher Sicht vgl. Fiuczynski S. 167 ff.; Gutenberg II S. 335 ff.; Jacob-Steinorth S. 9 ff.; Schneider II S. 142 ff. Vgl. ferner Mitchell WuW 1962, 387 ff., der die Preisdifferenzierung allerdings nur unter dem Gesichtspunkt des § 26 Abs. II GWB untersucht.

282) Insofern ist der Auffassung Ballerstedts, Teil B III 2, zuzustimmen, daß die Preisdifferenzierung einen Mißbrauch darstellt, "die über den der marktmäßigen Qualitätsgarantie seitens des Kunden beigelegten Wertunterschied hinausgeht." Ihr Mangel liegt nur darin, daß das adäquate Maß der Preisdifferenzierung in praxi nicht bestimmbar ist.

rung ermöglicht, zum Teil sogar postuliert. Auch hier ist daher die Arbeit der Kartellbehörde nur dann erleichtert, wenn sie sich an die Buchstaben des Gesetzes hält, nicht aber dann, wenn sie von den verfehlten gesetzgeberischen Vorstellungen ausgeht und eine Untersuchung der wirtschaftlichen Fakten vornimmt. Dann nämlich dürfte der zweigleisige Vertrieb als solcher kaum jemals zu einem Eingriff der Kartellbehörde führen, da die Differenz zwischen den Preisen im ersten und zweiten Glied wieder die gesamten Unsicherheiten zu berücksichtigen hat und dementsprechend hoch festzusetzen ist.[283)]

i) Zusammenfassung

Die Novelle hat damit durch die Einführung der beiden Indiztatbestände nicht die Arbeit der Kartellbehörde erleichert. Bei vernünftiger Anwendung ist von ihr weder ein zügigeres noch ein zahlreicheres Einschreiten zu erwarten.
Damit bleiben als praktikable Mittel in der Überzahl von Fällen die before and after theory und/oder bei richtiger Auslegung des Tatbestandsmerkmals Preiswettbewerb in § 16 Abs. I Ziff. 1 GWB die yardstick theory.
Ergibt sich mit Hilfe dieser Verfahren eine Überhöhung des gebundenen Preises, so ist die Preisbindung mißbräuchlich gehandhabt, da § 16 GWB nur die Bindung des Wettbewerbspreises gestattet. Rechtsgrundlage der Mißbrauchsverfügung ist § 17 Abs. I S. 1 Ziff. 3 GWB, da der durch derartiges Verhalten Geschädigte der Endverbraucher ist. Ziff. 2 kann nicht angenommen werden, da die Nachfrageelastizität nicht so groß sein dürfte, daß von einer unter dem Gesichtspunkt der Verhältnismäßigkeit hinreichenden Schädigung der Händler gesprochen werden kann. Dagegen steht der Anwendung der Ziff. 2 nicht entgegen, daß unter Umständen auch die Handelsspannen überhöht sind, da der Schaden der Händler sich im Gewinn ausdrückt und die Handelsspanne nur ein Element desselben ist.

Ergebnis ist somit, daß die vertikale Bindung des Preises in

---

283) Damit ist natürlich nicht gesagt, daß die über das zweite Gleis vertriebene Ware nicht im Rahmen der yardstick theory zu berücksichtigen ist. Im Rahmen dieser Theorie geht es nämlich um die völlig andere Frage, ob vergleichbare Waren - generell / und nicht wie bei der Preisspaltung eine einzige / billiger gehandelt werden.

ungerechtfertigter Höhe, das heißt abweichend von dem Preis, der bei Abwesenheit von vertikaler Preisbindung längerfristig am Markt erzielt werden könnte, eine mißbräuchliche Handhabung des Preisbindungsprivilegs gemäß § 17 Abs. I S. 1 Ziff. 3 GWB darstellt.

D. Lückenlosigkeit des Preisbindungssystems

1. Der Meinungsstand

Bereits mehrfach hatte sich das BKartA mit Fällen zu befassen, in denen der Preisbinder an einer lückenhaften oder lückenhaft gewordenen Preisbindung festgehalten hat.[284] Diese Sachverhalte wurden dabei stets dem § 17 Abs. I S. 1 Ziff. 2 GWB unterstellt.[285] Die jeweils vorgebrachten Gründe sind im wesentlichen im Beschluß des BKartA vom 12.6.1964 "Puschkin" wiedergegeben.[286] Dort wird zur Begründung ausgeführt, daß die unterbietenden Händler einen ungerechtfertigten Wettbewerbsvorsprung vor den vertragstreuen Händlern erhielten; ihr Vertragsbruch werde gleichsam belohnt. Weiter sieht das BKartA die allenthalben gleichmäßige Einhaltung der gebundenen Wiederverkaufspreise als Geschäftsgrundlage des Preisbindungsvertrages zwischen Lieferant und Abnehmer an; dies folge aus dem Wesen der vertikalen Preisbindung sowie aus § 26 Abs. II GWB. Diese Geschäftsgrundlage verletze der Markenwarenhersteller bei nicht gleichmäßiger Durchsetzung der Preisbindung. Darüber hinaus schaffe er sich bereits allein durch die Praktizierung einer vertikalen Preisbindung bei seinen Abnehmern das Vertrauen, daß er die Einhaltung der gebundenen Preise gewährleiste. Tue er das dann nicht, so täusche und mißbrauche er dieses Vertrauen. Desgleichen täusche er die Verbraucherschaft. Es bestehe nämlich bei preisgebundenen Markenwaren die Verkehrsanschauung, daß diese Ware überall zu demselben Preis erhältlich sei. Werde daher an einer lückenhaften Preisbindung festgehalten, so unterließen die Verbraucher die Vor-

---

284) Hierunter sind der gleichen Problematik wegen auch die Fälle zu verstehen, in denen der Preisbinder selbst sich gegenüber seinen eigenen Preisbindungsverträgen nicht vertragstreu verhält.

285) Das Problem der Lückenhaftigkeit im Rahmen von § 17 Abs. I S. 1 Ziff. 3 ist bereits oben erörtert worden.

286) WuW/E BKartA 841 ff.

nahme von Preisvergleichen. In den Genuß der preisgünstigeren Angebote käme nur ein Teil der Verbraucher, und zwar ohne rechtfertigenden Grund und überwiegend durch Zufall bedingt.[287]

Die "Pulverkaffee"-Entscheidung [288], die in der Begründung wörtlich mit der "Puschkin"-Entscheidung übereinstimmt, weist außerdem auf § 17 Abs. I S. 2 in Verbindung mit § 17 Abs. I S. 1 Ziff. 3 hin, der dort ebenfalls bejaht wurde.[289] Dieser Auffassung hat sich weitgehend die Literatur angeschlossen.[290]

2. Kritik und eigener Lösungsversuch

Indessen ist es zweifelhaft, ob die Lückenhaftigkeit des Preisbindungssystems überhaupt dem § 17 Abs. I S. 1 Ziff. 2 GWB unterfällt. Läßt sich nämlich ermitteln, daß das Postulat der Lückenlosigkeit Tatbestandsmerkmal des § 16 GWB ist, so kommt statt dessen ausschließlich § 17 Abs. I S. 1 Ziff. 1 GWB zur Anwendung. § 17 Abs. I S. 1 Ziff. 1 GWB jedenfalls steht zu den Ziff. 2 und 3 in einem Exklusivitätsverhältnis.[291]

Eine Meinung sieht in § 16 GWB eine enumerative Aufzählung der Tatbestandsvoraussetzungen einer vertikalen Preisbindung. Das ergebe sich, so wird argumentiert, einmal daraus, daß das BKartA gemäß § 17 Abs. I Ziff. 3 GWB ein lückenhaftes Preisbindungssystem nur dann für unwirksam erklären könne, wenn es sich um eine bewußt lückenhaft gehaltene Preisbindung handele, die insbesondere durch den Vertrieb gebundener Ware zu unter dem Festpreis liegenden Preisen auf dem grauen Markt einen Rückschluß auf das Hochhalten der Preise durch die Preisbindung im Sinne von § 17 Abs. I Ziff. 3 GWB zulasse. "Die unver-

---

287) WuW/E BKartA 842.
288) WuW/E BKartA 1043 f.
289) WuW/E BKartA 1044.
290) Baumbach-Hefermehl § 17 Rdn. 7 ff.;Frankfurter Kommentar § 17 Tz.29; Langen § 16 Rdn. 50;Schwartz in GemKomm § 17 Rdn. 20 f.;Fikentscher,Preisempfehlung S. 31; Jacob-Steinorth S. 62;Klaue S. 47; Völp,Preisbindung S. 109 ff.; Völp WRP 1958,356.
291) Bei Sarnighausen heißt es dazu:"Den Unterschied zwischen Mißbrauch u. Rechtsüberschreitung betont das GWB in der alternativen Gegenüberstellung des § 17 Abs. 1 S. 1 Ziff.1 mit Ziff. 2. Daraus wird ersichtlich,daß Mißbrauch etwas anderes sein soll als ein Gebrauch ohne die erforderlichen Zulässigkeitsvoraussetzungen des § 16".Sarnighausen,Diss. S. 88.

schuldete Lückenhaftigkeit [292] bedeutet dann im Regelfall keine mißbräuchliche Handhabung der Preisbindung im Sinne von § 17 Abs. I Ziff. [293] 2."[294] Hiergegen ist zu sagen, daß die Annahme, § 17 Abs. I S. 1 Ziff. 2 bzw. Ziff. 3 verlangten eine schuldhaft vorwerfbare oder auch nur bewußte Lückenhaftigkeit, in nichts eine gesetzliche Grundlage oder Rechtfertigung findet; gerade das Gegenteil ist richtig.[295]

Weiterhin wird auf die Stellungnahme der Bundesregierung auf den Vorschlag des 'Rates des Deutschen Handels' hingewiesen [296], wonach beim preisbindenden Unternehmen eine besondere Verpflichtung zur Lückenloserhaltung des Preisbindungssystems gegenüber dem BKartA verlangt und dessen Verletzung als Mißbrauchstatbestand statuiert werden sollte. Die Bundesregierung führt dort aus, daß bei Verletzung eines Preisbindungsvertrages das preisbindende Unternehmen gegen den preisunterbietenden Händler gegenwärtig aufgrund des bürgerlichen Rechts, insbesondere des Gesetzes gegen den unlauteren Wettbewerb (UWG), vorgehen könne, Es bestehe kein Anlaß, das zu ändern und die Preisunterbietung bei preisgebundenen Markenwaren als einen Verstoß gegen das Kartellrecht zu qualifizieren; sie sei eine für die kartellrechtliche Beurteilung irrelevante Handlung. Zweck des Gesetzes g e g e n Wettbewerbsbeschränkungen sei es gerade, Wettbewerbsbeschränkungen zu verhindern und im Falle ausnahmsweise zulässiger Wettbewerbsbeschränkungen deren Voraussetzungen zu bestimmen und Auswirkungen zu begrenzen. "Es müßte daher auch widersinnig erscheinen, wenn gerade der Behörde, welche die gesetzmäßige Handhabung ausnahmsweise zulässiger Wettbewerbsbeschränkungen überwachen soll, die Aufgabe der Aufrechterhaltung und Sicherung wettbewerbsbeschränkender Praktiken übertragen werden würde."[297]

---

292) Im Text steht wohl irrtümlich "Lückenlosigkeit".
293) Im Text steht wohl irrtümlich "Satz 2".
294) Müller, Diss. S. 223. Auf einen Schuldvorwurf stellen ebenfalls ab Völp, Preisbindung S. 109 f. und Völp WRP 1958, 356 (Wörtlich übereinstimmend).
295) So die ganz herrschende Meinung, die nur auf das objektive Vorliegen der Umstände abstellt,die den Mißbrauch ausmachen.Vgl. statt vieler Frankfurter Kommentar § 17 Tz.24 mit weiteren Nachweisen.
296) Jacob-Steinorth S. 62 f.; Müller, Diss. S. 224.
297) Drucks. BT IV/617 S. 37.

Auch diese Begründung beruht jedoch auf einem nicht unbeachtlichen Irrtum. Sie wäre nur dann zutreffend, wenn nach diesem Vorschlag das BKartA neben dem preisbindenden Unternehmen gegen vertragsuntreue Preisunterbieter vorgehen sollte, also den vom Preisbinder auszuübenden bzw. tatsächlich ausgeübten Zwang vornehmen, unterstützen oder verstärken sollte. Das ist aber nicht Inhalt der Forderung, schon deshalb nicht, weil der Preisbinder und nicht der Preisgebundene sich dem BKartA gegenüber zur Lückenloserhaltung des Preisbindungssystems zu verpflichten hätte. Hat die Kartellbehörde aber, wie es allein dem Vorschlag entspricht, gegen den Preisbinder vorzugehen, das heißt, hat sie eine Preisbindung insgesamt bei mangelnder Lückenloserhaltung für nichtig zu erklären, so dient ihre Tätigkeit nicht der "Aufrechterhaltung und Sicherung wettbewerbsbeschränkender Praktiken", wie die Bundesregierung meint.[298] Vielmehr wird eine Beschleunigung in der Beseitigung der in jeder vertikalen Preisbindung liegenden Wettbewerbsbeschränkung in einem der Fälle erreicht, in denen die Zubilligung des Privilegs nicht mehr gerechtfertigt ist, nämlich bei Lückenhaftigkeit des Preisbindungssystems.
Als letzter Gesichtspunkt wird angeführt, daß das Erfordernis der Lückenlosigkeit sich aus der Anwendung von §§ 157, 242, 826 BGB, § 26 Abs. II GWB ergebe, woraus folge, daß es kartellrechtlich nur im Rahmen von § 26 Abs. II GWB Bedeutung habe und im übrigen ausschließlich bürgerlich-rechtlicher Natur sei.[299] Ob es sich aber tatsächlich nur aus diesen Grundlagen herleitet, ist bisher, soweit ersichtlich, noch nicht umfassend untersucht worden. Darüber hinaus beinhalten §§ 157, 242, 826 BGB allgemeine Rechtsgrundsätze, sind also keineswegs in ihrer Anwendbarkeit nur auf das Bürgerliche Recht begrenzt, so daß auch die daraus hergeleitete Schlußfolgerung nicht einmal zwingend ist.
Richtig an dieser letztgenannten Meinung ist, daß sich das Erfordernis der Lückenlosigkeit eines Preisbindungssystems

298) Richtig ist insofern die Regierungsbegründung zum GWB, wenn es dort heißt, mit der Aufhebung der Preisbindung stelle "die Kartellbehörde den Zustand her,der bestehen würde,wenn für Markenartikel nicht das Privileg des § 11 (jetzt § 16), sondern der Grundsatz des § 10 (jetzt § 15) maßgeblich wäre". Drucks. BT II/1159 S. 37.

299) Schwartz in GemKomm § 16 Rdn.19,81 ff. u.§ 17 Rdn.21; Völp,Preisbindung S. 109.

aus jeder der dort aufgeführten Vorschriften (§§ 157, 242, 826 BGB, § 26 Abs. II GWB) allein als auch aus ihnen in ihrem Zusammenspiel begründen läßt. Daraus ergibt sich aber weder zwingend, daß die Lückenlosigkeit ungeschriebenes Tatbestandsmerkmal des § 16 GWB ist, noch, daß sie ausschließlich im bürgerlich-rechtlichen Bereich Bedeutung hat. Zur Beantwortung dieses Problems ist es vielmehr erforderlich, die Frage nach der Identität von Sinngehalt und Wortlaut des § 16 GWB zu stellen, das heißt zu fragen, ob der in § 16 GWB zum Ausdruck gekommene Sinn der Vorschrift insofern über ihren Wortlaut hinausgeht, als er ohne das Erfordernis der Lückenlosigkeit illusorisch wäre.
Dies ist in der Tat der Fall. Es ergibt sich aus folgender Überlegung: § 16 GWB postuliert als Gegenstand der Preisbindung einer Markenware (und gestattet für sie abweichend vom Regelverbot des § 15 GWB) die Bindung b e s t i m m t e r Preise. Beim ersten Lesen dieser Bestimmung fragt man sich unwillkürlich: Warum nur Markenwaren, und warum nicht auch Höchst- und/oder Mindestpreisbindungen? Die einzige Antwort auf diese Frage ist die für Markenwaren besonders günstige, längerfristige Preiskonstanz und Preiseinheitlichkeit. Wird dieses Ziel nicht angestrebt und erreicht, so verliert § 16 GWB seinen Sinn und damit seine Existenzberechtigung. Dieses Ziel ist aber einzig erreichbar bei ausnahmslosem Fordern des gebundenen Preises auf dem Markt, das heißt bei Lückenlosigkeit.[300)] Ist diese aber essentielles Erfordernis des Sinnes der Vorschrift und damit ihrer Existenzberechtigung, so muß sie, auch wenn es nicht ausdrücklich im Text der Vorschrift steht, als ungeschriebenes Tatbestandsmerkmal gefaßt werden. Die Lückenlosigkeit ist also Tatbestandsmerkmal des § 16 GWB.[301)]

Bei dieser Auslegung des § 16 GWB ist die Lückenlosigkeit dann aber im Rahmen von § 17 Abs. I S. 1 GWB keine Frage der Ziff.2 und 3, um die es in dieser Arbeit ausschließlich geht, sondern eine solche der Ziff. 1. Daher soll auf sie hier nicht weiter eingegangen werden.

---

300) So führt z.B. der BGH aus:"Ein Preisbindungssystem kann in Wahrheit seinen Zweck nur erfüllen,wenn es lückenlos ist."Urteil des BGH v.10.12.1957 "Waldbaur",WuW/E BGH 205 ff.,215.

301) Im Ergebnis ebenso Fikentscher,Preisempfehlung S. 24,30 ff.;Linhard-Stöhr BB 1957,1023;Schwartz in GemKommI§ 16 Rdn.60.

E. Durchsetzung der Preisbindung

I. Einleitung

Die Formen und Mittel, deren sich preisbindende Unternehmen zur Realisierung von Preisbindungen bedienen, sind sehr vielgestaltig. An Formen seien genannt: die Aufnahme der Preisbindungsverpflichtung in jeden einzelnen Kaufvertrag teils direkt, teils mittels der Niederlegung in den Allgemeinen Geschäftsbedingungen, der Abschluß von Einzel- und Sammelreversverträgen. Die angewandten Mittel sind etwa die Androhung von Vertragsstrafe, von Unterbrechung oder gänzlichem Abbruch der Belieferung mit der betreffenden Markenware oder Abbruch der gesamten Geschäftsbeziehung. Der Drohung wird zum Teil noch dadurch besonderer Nachdruck verliehen, daß mehrere preisbindende Unternehmen kollektiv vorgehen. Diese Aufzählung erhebt keinerlei Anspruch auf Vollständigkeit; sie kann auch allein schon wegen der Dynamik des Wirtschaftslebens nicht abschließend sein. Die in diesem Zusammenhang interessierende Fragestellung ist, ob die praktizierten Formen und Mittel eine mißbräuchliche Handhabung der Preisbindung darstellen. Dabei kann natürlich nicht jede Möglichkeit separat und in Kombination mit anderen Möglichkeiten dargestellt werden. Vielmehr sollen nur einige, unter diesem Gesichtspunkt besonders problematische Praktiken dargestellt und erörtert werden.

II. Sammelreverse, Nachtragslisten Treuhandbüro

1. Der Meinungsstand

Bei Sammelreversen handelt es sich um Sammellisten von Preisbindungen mehrerer Unternehmen einer Branche, die von ihnen oder einer von ihnen betrauten Person (evtl. Großhändler, Treuhänder) den zu Bindenden zur Unterzeichnung vorgelegt werden. Das BKartA hat sich gleich in seinen beiden ersten gemäß § 50 Abs. I GWB erstatteten Tätigkeitsberichten skeptisch zum Problem der Sammelreverse geäußert.
Es führt aus, daß zwar für die Durchführung der Preisbindung auf der Grundlage eines Sammelreverses vielfach betriebswirt-

schaftliche Erwägungen über Kosteneinsparungen bei Reverseinholung und Überwachung der Preisbindung maßgeblich sein können. Bedenklich sei eine solche Handhabung aber, weil mit ihr oft andere Ergebnisse verfolgt oder zumindest erreicht werden. So würde der Markenware eines schwächeren Unternehmens durch Aufnahme in den Revers Geltung zu verschaffen versucht. Nicht in dem Sammelrevers aufgenommene Firmen könnten Nachteile haben, weil der Handel deren Erzeugnisse dann etwa nicht als Markenware ansieht. Die in dem Revers aufgeführten gemeinsamen Konditionen aller beigetretenen Firmen könnten leicht den Charakter eines Konditionenkartells annehmen. Insbesondere dürfe es nicht der den Sammelrevers herausgebenden Stelle überlassen werden, die Konditionen der einzelnen Firmen eigenmächtig anzupassen bzw. derartige Anpassungen durch die betreffenden Firmen zu erwirken. Weiterhin sei die zum Teil übliche Praxis der Nachtragslisten [302] sehr bedenklich.[303]

Zu diesen "grundsätzlichen kartellrechtlichen Bedenken gegen die Durchführung der vertikalen Preisbindung mit Hilfe eines Sammelreversverfahrens" heißt es im Tätigkeitsbericht 1960, daß sie durch die bisherigen Erfahrungen nicht bestätigt worden seien, weil sich die Unternehmen an die im Tätigkeitsbericht 1959 genannten Grundsätze gehalten hätten.[304]

Die Auffassung des BKartA geht also dahin, daß Sammelreverse als solche kartellrechtlich grundsätzlich unbedenklich sind.[305] Dem hat sich weitgehend die Literatur angeschlossen.[306]

---

302) Hierbei verpflichten sich die Abnehmer mit der Unterschrift unter den Sammelrevers auch zur Einhaltung der Konditionen derjenigen Firmen, die ihnen von Zeit zu Zeit in Nachtragslisten mitgeteilt werden.

303) BKartA TB 1958 S. 53; BKartA TB 1959 S. 38. Im gleichen Sinne Brief des Präsidenten des BKartA vom 1.4.1958 "Markentreuhand", WuW/E BKartA 1 f.

304) BKartA TB 1960 S. 42.

305) Ebenso OLG Frankfurt, Urteil vom 2.8.1962, WuW/E OLG 522 "Weinbrand".

306) Vgl. etwa Fikentscher in GWB-Festschrift S. 267; Baumbach-Hefermehl § 16 Rdn. 51; Langen § 16 Rdn. 130; Müller-Gries-Giessler § 16 Rdn. 40 f.; Schwartz in GemKomm § 16 Rdn. 20; differenzierend Frankfurter Kommentar § 17 Tz.34.

2. Kritik und eigener Lösungsversuch

Von der Seite der preisbindenden Unternehmen wird die Einrichtung des Sammelreverses stets mit dem betriebswirtschaftlichen Argument der Kostenersparnis begründet, die durch die technische Vereinfachung der Abschlüsse der Preisbindungsverträge zwischen den einzelnen preisbindenden mit den jeweils im Preis zu bindenden Unternehmen erreicht wird. Nun ist es zwar nicht Aufgabe des Kartellrechts, kostensparende Verfahrensweisen zu unterbinden. Andererseits ist der kostendegressive Effekt aber keine Rechtfertigung kartellrechtlich relevanter Verhaltensweisen.

Bei der Untersuchung der kartellrechtlichen Relevanz ist als Ausgangspunkt wiederum der Grundgedanke des § 16 GWB zu wählen. Dazu schreibt der Präsident des BKartA, daß durch § 16 GWB nur solchen Unternehmen die selbständige Festsetzung der Verbraucherpreise ihrer Erzeugnisse ermöglicht werden solle, "die aufgrund ihrer Stellung am Markt als Hersteller 'echter' Markenwaren in der Lage sind, eine Preisbindung selbständig einzuführen und durchzusetzen."[307)]

Diese Begründung ist deshalb unzureichend, als sie bereits eine Eingriffsbefugnis statuieren will bei der bloßen Möglichkeit einer das Privileg übergreifenden Wirkung; der Gesichtspunkt würde dann eine Entscheidung nicht mehr tragen, wenn die zusammengehenden Unternehmen ihre Fähigkeit nachweisen könnten, auch je für sich allein Preisbindungssysteme aufzubauen. Indes wird man aber im wesentlichen aus drei Gründen im Ergebnis dem Inhalt des Briefes zustimmen und auch diesen Fall kartellrechtlich mißbilligen müssen.

Als erstes ist die psychologische Wirkung zu nennen, die von der durch den Sammelrevers zusammengeschlossenen, vereinten Gruppe preisbindender Unternehmen ausgeht. Zu einer solchen Gruppe werden sich nur zusammenschließen bzw. in eine solche werden nur aufgenommen werden solche Unternehmen, die sowohl die Preisbindung als auch den Preis ihrer Partner in der Gruppe gutheißen. Daß das auch das im Preis zu bindende bzw. gebundene Unternehmen weiß, wird man unterstellen können. Daher wird ein solches Unternehmen einen gewissen, zwar nicht näher meßbaren, sicher aber existenten Zwang verspüren, einmal von

307) WuW/E BKartA 1.

der Möglichkeit, einige im Sammelrevers verzeichnete Artikel auszustreichen, keinen Gebrauch zu machen. Zum anderen wird es sich an die Reversverpflichtung halten, und zwar evtl. selbst dann noch, wenn es sonst sich nicht mehr an den Preisbindungsvertrag gebunden fühlen würde, etwa weil es der Auffassung ist, daß das Preisbindungssystem in hohem Maße lückenhaft oder der Preis extrem zu hoch festgesetzt ist.[308)]
Der zweite in diesem Zusammenhang beachtenswerte Gesichtspunkt ist die Besserstellung gegenüber anderen Branchen. Nicht immer und überall ist eine Übereinkunft bezüglich der Verwendung von Sammelreversen möglich. Grenzen werden hier etwa gesetzt durch die Beschaffenheit des Produkts und, zum Teil damit zusammenhängend, die Transportwege, die Standort- und Absatzgebietverteilung der Preisbinder. In diesen Fällen können preisbindende Unternehmen nicht in den Genuß der Vorteile der Kostendegression kommen. Es würde sich daher allein durch die Art der Praktizierung der vertikalen Preisbindung mittels Sammelreversen eine Verzerrung bei der Kostenstruktur und damit eine Verschiebung der wettbewerblichen Ausgangslage der Preisbinder ergeben. Diese könnte nur dann als gerechtfertigt angesehen werden, wenn auf andere Weise das Ziel der Zulassung der vertikalen Preisbindung nicht erreicht werden könnte. Allenfalls könnte man diesen Einfluß auf die Kostenverteilung innerhalb preisbindender Unternehmen evtl. dann noch hinnehmen, wenn sonst der Gesichtspunkt der Unverhältnismäßigkeit eingriffe. Beides ist jedoch, wie die Praxis zeigt, nicht der Fall.
Als letztes ist auf die wohl wichtigste Wirkung, den Zwang zum Beitritt zu der einen Sammelrevers praktizierenden Gruppe einzugehen. Ein wesentlicher Anreiz für preisbindende Unternehmen, hinsichtlich der gemeinsamen Herausgabe eines Sammelreverses übereinzukommen, ist der betriebswirtschaftliche Vorteil der Kostenersparnis. Daraus folgt dann aber, daß die Unternehmen, die ihre Preisbindungen allein ein- und durchführen, nicht in den Genuß dieses Kostenvorteils kommen, und

---

308) Außerdem mag auch noch eine gewisse Trägheit hinzukommen. Manche Unternehmer werden sich gar nicht erst die Mühe machen,sich die Listen genau anzusehen und nach sorgfältiger Auswahl ein oder mehrere preisbindende Unternehmen auszustreichen.

das heißt weiter, entweder mit geringerem Gewinn zufrieden sein müssen oder den wettbewerblichen Nachteil höherer Preise in Kauf nehmen müssen. Will man das umgehen, so muß man sich einer existenten Gruppe anschließen oder eine neue Gruppe bilden. Ist die Gründung einer neuen Gruppe, aus welchen Gründen auch immer, nicht möglich [309], so kann eine existente Gruppe, da man keinen Aufnahmezwang wird begründen können, über die Ertrags- und Wettbewerbslage eines 'Außenseiters' entscheiden und unter Umständen eine Vernichtung desselben herbeiführen.

Schließlich soll hier noch auf eine Gefahr hingewiesen werden, die mit der Verwendung von Sammelreversen nicht verbunden sein muß, aber sehr leicht und darüber hinaus realiter fast nicht nachweisbar verbunden sein kann. Es ist hier der Effekt gemeint, der von den sog. open price systems her bekannt ist. Dazu soll hier jedoch nicht näher Stellung genommen werden, da das zu sehr von der Ausgestaltung des Einzelfalles abhängt.
Gegen diese allein durch die besondere Praktizierung der vertikalen Preisbindung mittels Sammelreversen auftretenden wettbewerblichen Nachteile und Gefahren bietet auch die vom BKartA geforderte Möglichkeit des Ausstreichens einzelner Firmen keinen wirksamen Schutz. Es ist daher die Praktizierung der vertikalen Preisbindung mittels Sammelreversen als eine mißbräuchliche Handhabung des Privilegs abzulehnen.
Ermächtigungsgrundlage für das BKartA kann in einem solchen Falle nur § 17 Abs. I S. 1 Ziff. 2 GWB sein, da der durch die Praktizierung des Sammelreversverfahrens unmittelbar Betroffene nur der Gebundene ist.

III. Kollektive Durchsetzung

1. Der Meinungsstand

Mit einem Fall kollektiver Durchsetzung hatte es das BKartA in den Jahren 1960/61 auf dem Spirituosenmarkt zu tun.[310]
Dort hatten nahezu alle Hersteller bei Feststellung von Preisbindungsverstößen u.a. Liefersperren verhängt, und zwar auch

---

309) Ein Grund könnte z.B. sein, daß einer existenten Gruppe bereits mit einer Ausnahme alle am Markt befindlichen Unternehmen angehören.
310) Vgl. BKartA TB 1960 S. 43; BKartA TB 1961 S. 44.

gegenüber solchen Händlern, die lediglich gegen die Preisbindung anderer Hersteller verstoßen hatten. Das BKartA hatte in dieser Praxis eine mißbräuchliche Handhabung der Preisbindung erblickt. Diese Auffassung des BKartA wird in der Literatur unter anderem von Baumbach-Hefermehl und von Schwartz geteilt. Bei Baumbach-Hefermehl heißt es dazu, daß sich mehrere Hersteller bei der Durchsetzung ihrer vertikalen Preisbindung nicht gegenseitig durch Liefersperren unterstützen dürften. Von den Umständen des Einzelfalles hänge es ab, ob auch gegenseitige Benachrichtigungspflichten zu beanstanden seien. Auch Verbände dürften nicht die Durchführung und Beaufsichtigung der Preisbindungen ihrer Mitglieder zentral übernehmen. Unbedenklich sei es dagegen, wenn sich mehrere Hersteller unabhängig voneinander einer bestimmten Treuhandstelle zur technischen Erleichterung der Aufsicht bedienten.[311] Schwartz hält diese Ansicht ebenfalls für "zweifelsfrei."[312] Der Frankfurter Kommentar dagegen vertritt den Standpunkt, daß diese Auffassung der Einschränkung bedürfe. "Die Verweigerung weiterer Belieferung wird regelmäßig nicht mißbräuchlich sein, da es dem preisbindenden Unternehmen oft nicht zuzumuten ist, einen Händler zu beliefern, der sich bereits, wenn auch einem anderen Unternehmen gegenüber, als vertragsuntreu erwiesen hat."[313]

2. Eigene Stellungnahme

Zuzustimmen ist der vom BKartA vertretenen Auffassung. Die Durchführung der vertikalen Preisbindung mittels kollektiv angewandter Zwangsmittel ist nicht erforderlich zur Erreichung der mit ihrer Zulassung angestrebten Ziele. Sie führt andererseits aber zu denselben nachteiligen Ergebnissen, die bereits im vorigen Titel dargestellt worden sind. Auch hier kann der kostendegressive Effekt keine Rechtfertigung kartellrechtlich relevanter Verhaltensweisen sein. Und auch der vom Frankfurter Kommentar ins Spiel gebrachte Gesichtspunkt der in zahlreichen Einzelfällen möglichen Unzumutbarkeit anderen Verhaltens vermag nicht zu überzeugen. An anderer Stelle dieser Arbeit ist bereits auf die verschiedenartigen Motivationen

---

311) Baumbach-Hefermehl § 17 Rdn. 9.
312) Schwartz in GemKomm § 17 Rdn. 24.
313) Frankfurter Kommentar § 17 Tz. 34.

hingewiesen worden, die einen Gebundenen zur Vertragsuntreue veranlassen können. Verletzt daher ein gebundener Händler H seinen Vertrag mit X bezüglich der Ware A, so können Y und Z nicht wissen, was für H ausschlaggebend gewesen ist, und damit auch nicht, ob er bezüglich ihrer Markenwaren B und C auch vertragsbrüchig werden wird. Eine Sperrung des H durch sie ist daher nicht einmal mit Sicherheit die Abwehr einer existenten Gefahr - wobei noch zweifelhaft ist, ob das bereits ausreichen würde -, sondern bereits die Absicherung gegen eine möglicherweise bestehende Gefahr. Das wird man aber angesichts des Wettbewerbseinflusses von Kollektivsperren nicht als schutzwürdig betrachten können.

Vielmehr wird man das hinter solchen Maßnahmen regelmäßig stehende Interesse der Gruppe sehen müssen, die Effizienz ihrer Sanktionen zu erhöhen. In diesem Zusammenhang könnte man argumentieren, wesentliches Erfordernis einer vertikalen Preisbindung sei die Lückenlosigkeit des Preisbindungssystems. Diese werde durch das System der Kollektivsperren besonders wirkungsvoll gesichert. Daher seien die Kollektivsperren im Interesse vertikaler Preisbindung förderungswert. Eine solche Argumentation übersieht jedoch wieder das Ziel des Preisbindungsprivilegs. Es geht nicht darum, die vertikale Preisbindung zu gewährleisten, sondern es geht ausschließlich, wie sich aus der Ausnahme vom generellen Verbot vertikaler Verträge des § 15 GWB für Preisbindungen nach § 16 GWB ergibt, darum, sie für die Fälle zu gewähren, wo sie aufgrund bereits gegebener Fakten möglich ist, da sie überhaupt nur in diesen Fällen gerechtfertigt ist.

Ergebnis ist daher, daß auch die kollektive Durchsetzung vertikaler Preisbindungen eine mißbräuchliche Handhabung darstellt. Diese beurteilt sich nach § 17 Abs. I S. 1 Ziff. 2 GWB, da einzig die Gebundenen unmittelbar betroffen werden.

F. Kopplung mit anderen Wettbewerbsbeschränkungen nach dem GWB

1. Einleitung

§ 17 Abs. I S. 1 GWB bestimmt in seiner Ziff. 3, daß das BKartA eingreifen kann, wenn es u.a. feststellt, daß die Verbindung der vertikalen Preisbindung mit anderen Wettbewerbsbeschränkungen geeignet ist, marktschädigende Folgen zu bewirken. Daraus ist zum Teil der Schluß gezogen worden, Kopplungstatbestände seien nur im Rahmen der Ziff. 3 und nicht auch der Ziff. 2 kartellrechtlich relevant.[314] Hiergegen wendet sich mit Recht die ganz herrschende Meinung [315] unter Wiedergabe der vom Wirtschaftspolitischen Ausschuß vertretenen Auffassung. In seinem schriftlichen Bericht heißt es nämlich in der Stellungnahme zu den einzelnen Vorschriften zu § 12 des Regierungsentwurfes (§ 17 des Gesetzes): Die Mißbrauchsvorschrift "muß nach Auffassung des Ausschusses zu einer Erfassung aller für die Preisbildung bzw. die Erzeugungs- und Absatzverhältnisse erheblichen Tatbestände - also nicht nur der Handelsspannenfestsetzung - sowie ferner aller Fälle mißbräuchlicher Handhabung der Preisbindung, insbesondere auch solcher Umgehungstatbestände führen, bei denen durch Kombination der Preisbindung 2. Hand mit anderen vertikalen und horizontalen Wettbewerbsbeschränkungen dem Gesetzeszweck zuwiderlaufende Wirkungen erzielt werden". Zu Absatz I Nr. 2 heißt es: "Bei den Beratungen des Ausschusses hat ein Teil der Abgeordneten vor allem jenen Mißbrauchstatbestand generell verboten wissen wollen, der in der Kombination von vertikalen Preisbindungsverträgen mit anderen wettbewerbsbeschränkenden Vertikal- oder Horizontalverträgen liegt. Der Ausschuß glaubt, diesem Anliegen durch die Vorschrift der Nr. 2 in etwa gerecht zu werden. Die allgemein auf die mißbräuchliche Handhabung abgestellte Fassung ist gewählt worden, um neben den bekannten Praktiken, wie z.B. die Verknüpfung von Preis- und Vertriebsbindung oder der kollektiven Anwendung der Preisbindung durch horizontal sich zu diesem Zweck zusammenfindende Unternehmen, auch alle die mißbräuchlichen Anwendungsformen zu erfassen, die etwa künftig entgegen dem Gesetzeszweck entwickelt und praktiziert werden." In der Stellungnahme zu Abs. I Ziff. 3 wird ausgeführt: Im Fall der Kombination der Preisbindung 2. Hand mit

---

314) So etwa Schwartz in GemKomm I § 17 Rdn.5; Markenverband MA 1957,436 f.,der darüber hinaus auch der Auffassung ist, auch im Wege der Interpretation könne der Kopplungstatbestand nicht unter Ziff. 2 gebracht werden.

315) Baumbach-Hefermehl § 17 Rdn.12;Frankfurter Kommentar § 17 Tz.35;Langen § 17 Rdn.21;Schwartz in GemKomm § 17 Rdn.17 unter ausdrücklicher Aufgabe der Meinung in der Vorauflage; ohne Begründung Müller-Gries-Giessler § 17 Rdn.9.

anderen Wettbewerbsbeschränkungen "wird in der Regel die Gefahr preis- oder mengenpolitisch unerwünschter Auswirkungen deshalb besonders groß sein, weil der Gesamteffekt der kombinierten Maßnahmen den Wettbewerb gewöhnlich weitergehend beschränkt, als es gemäß § 11 GgW oder gemäß den Vorschriften über andere erlaubte Wettbewerbsbeschränkungen zulässig ist."[316)]
In diesem Abschnitt sollen nun nicht alle möglichen Gestaltungen von Wettbewerbsbeschränkungen im Hinblick auf § 17 GWB untersucht werden. Vielmehr soll hier vornehmlich der Frage nachgegangen werden, ob es bestimmte Typen von Wettbewerbsbeschränkungen gibt, die ein Eingreifen der Kartellbehörde in jedem Fall, also unabhängig von ihrer näheren Ausgestaltung, rechtfertigen. Wegen der jeweils unterschiedlichen Problemkonstellation kann auch keine einheitliche Modifizierung des Mißbrauchs für alle Kopplungsfälle gegeben werden. Vielmehr sind die möglichen Kopplungen jeweils im einzelnen zu untersuchen.

2. Rabattkartelle, § 3 GWB

Die häufigste, mit einer vertikalen Preisbindung gleichzeitig praktizierte, horizontale Wettbewerbsbeschränkung stellt das Rabattkartell dar. Bezüglich dieser Kombination befürchtete der Wirtschaftspolitische Ausschuß bei der Beratung des GWB, daß sie zur Umgehung des Verbotes von Preiskartellen praktiziert würde.[317)] An anderer Stelle dieses Berichtes heißt es: "Ferner war der Wirtschaftspolitische Ausschuß darüber einig, daß in den Fällen der Zulassung der autonomen Preisbindung der zweiten Hand Rabattkartelle nicht zugelassen sein sollen,[318)] weil eine solche Verbindung zu einer unerwünschten Erstarrung des Marktgefüges führen werde und den Anreiz für die Hersteller, sich der Preisbindung der zweiten Hand zu bedienen, noch wesentlich verstärken würde."[319)] In der gleichen Richtung gehen die Überlegungen des BKartA in zahlreichen Entscheidun-

---

316) zu Drucks. BT II/3644 S. 22.
317) zu Drucks. BT II/3644 S. 22.
318) Ebenso Günther in BKartA-Festschrift S. 16.
319) zu Drucks. BT II/3644 S. 16. Vgl. auch Abg. Kurlbaum, Verhandlungen BT II S. 13130.

gen.[320] Dennoch hält das BKartA an seiner Auffassung fest, daß eine gleichzeitige Praktizierung von vertikaler Preisbindung und Rabattkartell nicht notwendig eine mißbräuchliche Handhabung der Preisbindung darstelle.[321] Ob diese Auffassung gerechtfertigt ist, ist die hier zu untersuchende Frage.

Zur Beantwortung dieser Frage ist davon auszugehen, was die Ausnahmeregelung des § 3 GWB für Rabattkartelle gerechtfertigt erscheinen läßt gegenüber der durch sie legalisierten Wettbewerbsbeschränkung. Genannt werden u. a. Erhöhung der Markttransparenz, Neutralisierung der von nachfragemonopolistischen Unternehmen ausgehenden Wettbewerbsstörung [322] und damit zusammenhängend Verhinderung von Rabattschleuderei und Rabattdiskriminierung und schließlich die Wiederherstellung des oftmals durch den Rabattwettbewerb verdrängten unmittelbaren Preiswettbewerbs.[323] Dieser letztgenannte Grund ist der Ansatzpunkt für die hier anzustellenden Überlegungen. Aus ihm ergibt sich, daß unter gesamtwirtschaftlichem Aspekt auf der Erzeugerstufe dem Rabattwettbewerb der Preiswettbewerb vorzuziehen ist. Der dahin führende Gedankengang ist, daß durch das Rabattkartell den einzelnen Herstellern die Möglich-

---

320) Vgl. WuW/E BKartA 13,45 ff., 889 ff. Ebenso schon Günther WuW 1957, 687 f.

321) So bezüglich § 12 Abs. I Ziff. 1 GWB WuW/E BKartA 158. Ebenso die herrschende Meinung, etwa Frankfurter Kommentar § 17 Tz. 40; Baumbach-Hefermehl § 17 Rdn. 14; Schwartz in GemKomm § 17 Rdn. 19 jeweils mit zahlreichen weiteren Nachweisen.

322) Darauf weist vor allem der Abgeordnete Hellwig hin; Verhandlungen BT II S. 13132.

323) Dazu sagt der Abg. Hellwig in der Bundestags-Sitzung vom 3.7.1957: "Es ist im Ausschuß klar genug geworden, daß die Ersetzung und Verdrängung des Preiswettbewerbs - mit gültigen und aufrechterhaltenen Preisen - durch den Rabattwettbewerb durchaus nicht im Interesse der Verbraucher zu liegen braucht, an vielen Stellen sogar gerade nicht im Interesse der Verbraucher erfolgt ist, sondern daß diese bestimmte Form des Rabattwettbewerbs zu einer wesentlichen Erhöhung der Handelsspannen, zu einer Zusatzrente für die Verteilerzweige geführt hat, der Rabatt aber nicht wirklich im Verbraucherpreis zum Ausdruck gekommen ist." Verhandlungen BT II S. 13132. Sehr kritisch hierzu BKartA-Festschrift S. 115 ff., dessen Untersuchung in der Forderung gipfelt, Zulassungszweck und Inhalt der Ausnahmevorschrift des § 3 GWB neu zu überdenken.

keit einer autonomen, detaillierten Rabattdifferenzierung genommen wird. Die makro-ökonomische Funktion dieser Differenzierung, nämlich die Versorgung des Marktes zu einem angemessenen Preis, übernimmt stattdessen der Preis; wird beim Hersteller durch die systemnotwendig grobere Differenzierung der Rabatte im Rabattkartell eine Kostenminderung (bzw. Minderung der Erlösschmälerungen) verursacht, so wird der Wettbewerb ihre Berücksichtigung im Herstellerabgabepreis erzwingen. Erforderlich ist daher stets ungestörter Wettbewerb hinsichtlich der Herstellerabgabepreise.

Zunächst einmal ist mit Christl [324] darauf hinzuweisen, daß bereits rein tatsächlich viele Märkte, auf denen ein Rabattkartell praktiziert wird, oligopolistisch oder teiloligopolistisch strukturiert sind und daß bereits aufgrund dieser Tatsache in Verbindung mit dem hohen Marktanteil und der relativen Homogenität der Güter die unter wettbewerblichen Gesichtspunkten an sich wünschenswerte hohe Markttransparenz, gekoppelt eben mit einem Rabattkartell, zu einer völligen Ausschaltung des Wettbewerbs führt.[325] Daraus ergibt sich, daß bereits die Zulässigkeit der Rabattkartelle als solche aufgrund der tatsächlichen Gegebenheiten erheblichen Bedenken unterliegt. Trotz dieser Bedenken ist die gesetzgeberische Entscheidung, wie sie in § 3 GWB ihren Niederschlag gefunden hat, zu respektieren.

Die Kopplung von Rabattkartell und vertikaler Preisbindung könnte folglich allenfalls dann als statthaft angesehen werden, wenn auch dann noch der für das Rabattkartell erforderliche Preiswettbewerb auf der Herstellerstufe unbeeinflußt bliebe. Daß das jedoch entgegen einer weit verbreiteten Meinung nicht der Fall ist, ist bereits oben dargelegt worden.

Wendet man nun die im ersten Hauptteil herausgearbeitete Mißbrauchsformel hier an, so ergibt sich folgendes: Die vertika-

324) Christl in BKartA-Festschrift S. 115 ff., insbes. S. 135.

325) Insofern erscheint es angebracht,auch in diesem Bereich zwischen vollkommener u. optimaler Markttransparenz zu unterscheiden,wobei unter letzterer die wettbewerblich intensivste Form verstanden werden soll.Danach fielen vollkommene u.optimale Markttransparenz nur in dem Modell der vollkommenen Konkurrenz zusammen.Zum Problem der Markttransparenz vgl.u.a. Brandt ZHR Bd.127 (1965)S.200 ff.;Behrend; Hoppmann WuW 1966,97 ff.;Menze WuW 1963,578 ff.;Mestmäcker Probleme S.313 ff.;Phlips WuW 1964,205 ff.;Schmidt WuW 1963, 97 ff.;Woll in Festschr. f.Wessels S. 199 ff.;neuestens aus volkswirtschaftl. Sicht sehr ausführlich Lindemann.

le Preisbindung ist nur insofern gerechtfertigt, als sie zur Festlegung einheitlicher Verkaufspreise in einer Handelsstufe erforderlich ist. Insoweit sind auch die mit dem Praktizieren notwendig verbundenen Wettbewerbsbeschränkungen gedeckt. Gerade in der Kopplung von vertikaler Preisbindung und Rabattkartell liegt aber eine zusätzliche, wettbewerblich negative Auswirkung. Die vertikale Preisbindung ist nämlich notwendig verbunden mit einer Wettbewerbsminderung hinsichtlich des Herstellerabgabepreises, und dieser nicht zu eliminierende Effekt nimmt dem Rabattkartell seine wirtschaftliche Rechtfertigung. Die gleichzeitig mit einem Rabattkartell praktizierte vertikale Preisbindung gibt diesem eine veränderte Wirkrichtung, und zwar die einer starren, hinsichtlich seiner Höhe weitgehend wettbewerblich nicht kontrollierten Preisregelung. Durch die Kopplung wird also durch die vertikale Preisbindung nicht nur das Ziel der Preiseinheitlichkeit erreicht, sondern gleichzeitig der Effekt der Verstärkung der wettbewerbsbeschränkenden Effizienz des Rabattkartells durch erhebliche Abschwächung des Preiswettbewerbs auf der Erzeugerstufe. Damit aber ist diese Praktizierung der vertikalen Preisbindung mißbräuchlich, da sie mehr bewirkt, als das Privileg umfaßt. Ermächtigungsgrundlage für ein Einschreiten der Kartellbehörde ist allein § 17 Abs. I S. 1 Ziff. 3 GWB, da nur der Verbraucher unmittelbar betroffen wird.

3. Konditionenkartelle, § 2 GWB

Anders als die Kopplung mit Rabattkartellen wird man die der vertikalen Preisbindung mit einem Konditionenkartell nicht zu beanstanden haben. In diesen Fällen ist nicht ersichtlich, daß gerade aus der Verbindung ein zusätzlicher, negativ zu bewertender Wettbewerbseinfluß resultiert, insbesondere deshalb, weil § 2 Abs. I S. 2 GWB Preise und Preisbestandteile ausdrücklich aus dem Regelungskomplex des Konditionenkartells ausnimmt.

So begründet der Bundesrat die Zulassung der Konditionenkartelle damit, daß sie den Geschäftsabschluß vereinfachen, die Vergleichbarkeit der Angebote fördern, die Vertragsabwicklung erleichtern und oft sogar noch wettbewerbsfördernden Charakter haben.[326] Nach Auffassung des Wirtschaftspolitischen Ausschusses handelt es sich bei Konditionenkartellen um Kartellabmachungen geringerer Art, bei denen nur durch die gesetzliche Regelung Sorge dafür getragen werden müsse und worden sei, daß sie nicht einseitig festgelegt werden können, mißbräuchlich grundlegende allgemeine Rechtsvorschriften außer Kraft setzen, Diskriminierungen ermöglichen, Außenseiter ausschließen und unmittelbare Wirkungen über den Preis eintreten.[327] Gewiß wird man einen Zusammenhang ebenso wenig zwischen Preis und Kondition leugnen können, wie es zwischen Preis und Qualität geschehen ist. Auch hier ist aber infolge der ausdrücklichen Eliminierung des Preises und der Preisbestandteile aus den Konditionenkartellen dieselbe Überlegung bezüglich der wettbewerblichen Wirkung geboten, wie bei dem Qualitätswettbewerb. Eine gerade aus der Verbindung von Konditionenkartell und vertikaler Preisbindung resultierende wettbewerblich relevante und damit kartellrechtlich zu ahndende Wirkung, die etwa zu einer Steigerung der wettbewerbsbeschränkenden Effizienz des einen oder des anderen Instituts führen würde, ist aber nicht ersichtlich. Daher wird man diese Kombination für zulässig erachten müssen.[328]

4. Rationalisierungs-, Spezialisierungs- und Exportkartelle

Rationalisierungskartelle, Spezialisierungskartelle und Exportkartelle sind in ihrer Kombination mit der vertikalen Preisbindung generell kartellrechtlich nicht relevant.[329] Grund dafür ist bei den beiden erstgenannten Kartellarten das Fehlen einer unmittelbaren Beziehung zum Preis und beim letztgenannten Kartelltyp seine weder deutsche Händler noch Endab-

---

326) Drucks. BT II/1158 S. 60.
327) Drucks. BT II/3644 S. 15.
328) Ebenso Frankfurter Kommentar § 17 Tz.40.
329) Dabei soll hier durchaus nicht verkannt werden,daß in einem konkreten Fall die spezielle Ausgestaltung dieser Kartelle in Verbindung mit der Praktizierung einer vertikalen Preisbindung kartellrechtlich relevant werden kann. Das kann im Rahmen dieser Untersuchung aber nicht mehr geprüft werden, da es hier nur um die Frage der unter kartellrechtlichem Aspekt generellen Erheblichkeit der Kombination von vertikaler Preisbindung u. sonstigen vertraglichen Wettbewerbsbeschränkungen geht.

nehmer unmittelbar berührende Auswirkung.

5. Sonstige Verträge, § 18 GWB

Bei den sonstigen vertikalen Wettbewerbsbeschränkungen des § 18 GWB wird man differenzieren müssen, einmal zwischen den einzelnen Ziffern dieses Paragraphen, zum anderen zwischen vertraglichen Beschränkungen, die der Preisbinder seinen Abnehmern im Interesse einer funktionsgerechten Durchführung der vertikalen Preisbindung auferlegt, und den sonstigen vertraglichen, vertikalen Beschränkungen.[330)]

Zu den der ersten Gruppe zugehörigen Beschränkungen ist insbesondere die Vertriebsbindung zu nennen, die dem Preisbinder die Überwachung der Lückenlosigkeit seines Preisbindungssystems ermöglichen soll und die auch diesem Zwecke adaequat ausgestaltet ist.[331)] Die Kombination der vertikalen Preisbindung mit dieser Art vertikaler Wettbewerbsbeschränkung ist nicht als mißbräuchliche Handhabung der vertikalen Preisbindung zu qualifizieren, da sie lediglich bewirkt, daß dieser konkrete Hersteller einer Markenware deren Preis überhaupt vertikal binden kann.[332)] Hiergegen schlägt der Einwand nicht durch, daß dieser Hersteller, wenn er ohne Vertriebsbindung nicht auskommt, seine Preise eben überhaupt nicht binden dürfe, da das dem Anliegen des Gesetzes g e g e n Wettbewerbsbeschränkungen am meisten entspräche. Eine solche Forderung würde nämlich eine Ungleichbehandlung der Hersteller von Markenwaren bedeuten ohne hinlängliche Rechtfertigung. Allein die bessere oder schlechtere Überwachungsmöglichkeit ist kein hinreichender Differenzierungsgrund dafür, ob ein Unternehmen das Privileg der vertikalen Preisbindung in Anspruch nehmen darf oder ob er darauf verzichten muß.

Innerhalb der zweiten Gruppe sind die in den einzelnen Ziffern des § 18 GWB aufgeführten Praktiken gesondert zu betrachten.

Die Ziff. 1 befaßt sich mit den relativ seltenen Verwendungs-

---

330) Diese Unterscheidung nimmt ebenfalls vor Schwartz in GemKomm § 17 Rdn. 17.

331) Dieser Kombination kommt nach Busch in BKartA-Festschrift S. 171 angesichts der vorherrschenden Käufermarktsituation keine besondere Bedeutung zu,da sie eine Erschwerung der Umsatzveränderung bedeutet.

332) So Günther WuW 1957,687;Baumbach-Hefermehl § 17 Rdn. 12.

beschränkungen. Man wird sie in Verbindung mit der vertikalen Preisbindung nicht als mißbräuchlich charakterisieren können. Eine gerade aus der Kopplung resultierende Wettbewerbsbeeinflussung ist nicht ersichtlich.
Ebenfalls liegt in der Kopplung der vertikalen Preisbindung mit der in Ziff. 2 behandelten Ausschließlichkeitsbindung keine eigene Wettbewerbsbeschränkung, die über die Summierung der einzelnen Wettbewerbsbeschränkungen hinausgeht. Derartige Bindungen sind insbesondere im technischen Bereich erforderlich, wo die Warenpflege und Beratung sehr komplizierte Geräte, ein außerordentlich großes Ersatzteillager und besonders qualifizierte Fachkräfte verlangt.[333)]
Von der Vertriebsbindung der Ziff. 3 wird wohl am häufigsten Gebrauch gemacht. Derartige Beschränkungen finden ihre Ursache meist in der Ware selbst (z.B. leichte Verderblichkeit, Erfordernis besonderer Lagerung, fachgerechte Kundenberatung, den Kundenwünschen entsprechendes repräsentatives Verkaufslokal) und sind daher für Markenwaren geradezu prädestiniert.[334)]
Bedenken können hier nur im Einzelfall unter dem Gesichtspunkt von § 17 Abs. I S. 1 Ziff. 3 GWB, Absatzbeschränkung, bestehen. Auch hier kann jedoch in der Kopplung generell keine selbständige Wettbewerbsbeeinflussung gesehen werden.[335)]
Das gleiche gilt für die in Ziff. 4 behandelte Kopplungsverpflichtung. Jedoch wird sie kaum in Verbindung mit einer vertikalen Preisbindung praktiziert werden.
Ergebnis ist somit, daß die Kopplung von vertikaler Preisbindung und einer vertikalen vertraglichen Wettbewerbsbeschränkung des § 18 GWB regelmäßig keine mißbräuchliche Handhabung der vertikalen Preisbindung darstellt.

---

333) Weitere Anwendungsbereiche nennt Busch in BKartA-Festschrift S. 173 f.

334) Hieran hat auch die Bundesregierung gedacht, wenn es in der Regierungsbegründung zu § 13 der Vorlage heißt:"Beim Vertrieb von Markenwaren besteht vielfach ein berechtigtes Interesse, durch derartige Vereinbarungen sicherzustellen,daß gewisse Artikel nur in solchen Geschäften erhältlich sind,die eine nach Art der Ware erforderliche fachliche Beratung des Verbrauchers gewährleisten." Drucks. BT II/1158 S. 37.

335) So die ganz herrschende Meinung, vgl. BKartA, Beschluß vom 4.7.1962 "Kindernährmittel", WuW/E BKartA 497 ff.; Baumbach-Hefermehl § 17 Rdn.12; Frankfurter Kommentar § 17 Tz. 39; Schwartz in GemKomm § 17 Rdn.17; Westrick WuW 1957,761.

6. Marktbeherrschende Unternehmen, § 22 GWB

Die Durchführung einer vertikalen Preisbindung durch ein marktbeherrschendes Unternehmen des § 22 GWB war bis zur Kartellgesetznovelle 1965 nicht möglich.[336] Bis dahin unterlag ein solches Unternehmen dem § 22 GWB nämlich nur mit der Ware, bezüglich derer es marktbeherrschend war. In einem solchen Falle fehlt es aber immer an dem von § 16 Abs. I Ziff. 1 GWB geforderten Preiswettbewerb.[337] Die Neufassung des § 22 Abs. III S. 1 GWB erweiterte dann die Mißbrauchsaufsicht über marktbeherrschende Unternehmen dahin, daß die Kartellbehörde einschreiten kann, soweit diese Unternehmen ihre Stellung auf dem Markt für diese oder andere Waren oder - was für die vertikale Preisbindung aber ohne Bedeutung ist - gewerbliche Leistungen mißbräuchlich ausnutzen. Das bedeutet, daß ein für mindestens eine Ware marktbeherrschendes Unternehmen bezüglich seines gesamten Sortiments der Mißbrauchsaufsicht nach § 22 GWB unterliegt.

Die hier interessierende Frage ist nun, ob auch die Praktizierung der vertikalen Preisbindung durch ein dem § 22 GWB unterfallendes Unternehmen als mißbräuchliche Handhabung der Preisbindung zu qualifizieren ist. Die Frage ist dann zu bejahen, wenn sich feststellen läßt, daß gerade aus der Verbindung ein eigener Wettbewerbseinfluß erwächst.

Die Lösung dieses Problems ergibt sich aus der Betrachtung der Überlegungen zu § 22 GWB und seiner Änderung durch die Novelle 1965. Grundsätzlich bewertet der Gesetzgeber Marktmacht neutral, das heißt, er ist der Auffassung, daß von Marktmacht ausgehende negative Auswirkungen auf den Wettbewerb durch die positiven Folgen autonomen Unternehmenswachstums und optimaler Unternehmensgrößen egalisiert werden. Ein Ausgleich findet aber dann nicht mehr statt - das heißt die neutrale Bewertung schlägt in eine negative um -, wenn das marktbeherrschende Un-

---

336) Hierbei wird von einem möglichen lokalen und/oder temporalen Auseinanderfallen von dem Markt,der beherrscht wird,u. dem Markt,auf dem die Preise gebunden werden,abgesehen.Insoweit wird im folgenden stets unterstellt,daß die untersuchten Märkte identisch sind.Untersucht werden soll lediglich das Problem für den Fall,daß ein Unternehmen auf lokal u. temporal demselben Markt bezgl. eines Gutes marktbeherrschend ist u. bezüglich eines anderen Gutes eine vertikale Preisbindung praktiziert.

337) Christl WRP 1962,351; Griesbach MA 1964,917 ff.

ternehmen seine Marktmacht zu marktschädigenden Praktiken gebraucht. Der zur Novelle 1965 führende Gedanke war dann, daß das marktbeherrschende Unternehmen keineswegs gezwungen ist, sich bezüglich solcher Praktiken auf eine Ware zu beschränken, mit der es marktbeherrschend ist, sondern daß sich praktisch dieselben, für das Unternehmen positiven Ergebnisse erzielen lassen, wenn sich das Unternehmen anderer Waren und diesen entsprechender Praktiken bedient; daher war es geboten, auch diese Fälle § 22 GWB zu unterstellen.
Diese zutreffende Ansicht des Gesetzgebers bedarf einer genaueren Analyse, um sie für die Lösung des hier anstehenden Problems fruchtbar machen zu können.
Grundsätzlich vermag bei wirksamer Konkurrenz der Wettbewerb zu verhindern, daß ein Unternehmen sich so verhält, daß marktschädigende Folgen eintreten. Seine Stellung im Wettbewerb ist also derart, daß es selbst bei seinen wirtschaftlichen Entscheidungen auf den Wettbewerb erheblich mehr achten muß, als der Markt durch die Realisierung seiner wirtschaftlichen Entscheidung beeinflußt wird. Das heißt mit anderen Worten, die Marktstellung des betreffenden Unternehmens ist relativ schwach.
Ist dagegen ein Unternehmen bezüglich eines Gutes marktbeherrschend, so liegt das Verhältnis genau umgekehrt; das Unternehmen wird dem Wettbewerb geringere Bedeutung beimessen, als es den Markt durch die Realisierung seiner wirtschaftlichen Entscheidung bezüglich dieses Gutes beeinflußt. Insofern kann man sagen, das Unternehmen hat eine erhebliche Marktstellung.
Das Besondere nun, dem die Novelle 1965 im Rahmen des § 22 GWB Rechnung trägt, ist die Tatsache, daß ein marktbeherrschendes Unternehmen bei der Wahl der entsprechenden Praktiken jedes Gut einsetzen kann, um einen bestimmten ökonomischen Vorteil zu erreichen, und darin nicht etwa auf ein Gut beschränkt ist, bezüglich dessen es marktbeherrschend ist. Bezieht man diese Erkenntnis auf die Marktstellung, so bedeutet das aber nichts anderes, als daß allein durch die Tatsache, daß ein Unternehmen bezüglich eines Gutes marktbeherrschend ist, seine Marktstellung insgesamt erheblich ist. Bei der rechtspolitischen Bewertung dieses Faktums haben den Gesetzgeber vornehmlich zwei Motive geleitet, den Wettbewerbseinfluß, der aus

dieser besonderen Marktstellung resultiert, hinzunehmen: Der Gesetzgeber erkennt einmal an, daß es in jeder funktionierenden Wirtschaft Machtstellungen gibt und auch geben muß und daß man durch ihre Zerschlagung mehr Schaden als Nutzen erzielen würde. Der zweite, daraus resultierende Gesichtspunkt ist, daß, wenn man schon die Existenz wirtschaftlicher Macht gestattet, man ihren Gebrauch nicht negativ bewerten könne, insbesondere, um nicht die Initiative marktstarker Unternehmen zu lähmen.[338)] Die maßgeblichen Kriterien sind also Notwendigkeit optimaler Unternehmensgrößen und Notwendigkeit unternehmerischer Initiative auch bei Großunternehmen.
Bezieht man nun die vertikale Preisbindung in die Betrachtung ein, so ergibt sich, daß gerade durch die Verbindung ein Wettbewerbseinfluß perpetuiert und das heißt in diesem Zusammenhang: vertikal fortgesetzt wird, wofür aber kein Rechtfertigungsgrund besteht. Durch die vertikale Preisbindung dehnt nämlich der Preisbinder seinen Aktionsradius in preislicher Hinsicht bis auf die letzte gebundene Stufe aus. Hat dabei das preisbindende Unternehmen keine erhebliche Marktstellung, so tritt dadurch nur der notwendig mit der vertikalen Preisbindung verbundene Wettbewerbseinfluß auf, der durch die Gründe für die Privilegierung gerechtfertigt ist. Führt nun aber ein Unternehmen mit einer erheblichen Marktstellung eine vertikale Preisbindung durch, so treten drei Wettbewerbseinflüsse auf. Das sind einmal der von der erheblichen Marktstellung ausgehende und der von der vertikalen Preisbindung ausgehende, die beide gerechtfertigt sind. Hinzu kommt aber der Wettbewerbseinfluß, der daraus resultiert, daß mittels der vertikalen Preisbindung gerade eine erhebliche Marktstellung, wenn auch nur in preislicher Hinsicht, perpetuiert wird. Für diesen Umstand sind eigene Rechtfertigungsgründe nicht ersichtlich. Es könnten sich also nur die bereits für die beiden anderen Wettbewerbseinflüsse geltenden Rechtfertigungsgründe auch hierfür verwenden lassen. Das ist indes nicht der Fall. Dieser zusätzliche Wettbewerbseffekt hat weder etwas mit den für die Zulassung der vertikalen Preisbindung ausschlaggebenden Gesichtspunkten zu tun noch mit den Notwendigkeiten optimaler

---

338) Vgl. dazu etwa Rasch § 22 Anm. 24; Bartholomeyczik im GemKomm § 22 Anm. 76; von Hahn BB 1959,1281; Frankfurter Kommentar § 22 Anm. 2.

Unternehmensgrößen oder unternehmerischer Initiative. Vielmehr resultiert allein aus der Verbindung: marktbeherrschendes Unternehmen und vertikale Preisbindung für das marktbeherrschende Unternehmen bis auf die letzte gebundene Stufe eine erhebliche Marktstellung; die so praktizierte Kopplung verschafft ihm ohne jede Gegenleistung und ohne gesamtwirtschaftliche Erforderlichkeit eine zusätzliche, autonome Einflußmöglichkeit auf den Markt.
Die vertikale Preisbindung bewirkt somit allein dadurch, daß sie von einem marktbeherrschenden Unternehmen praktiziert wird, selbst in dem Fall, daß die Marktbeherrschung nicht bezüglich der im Preis gebundenen Ware besteht, eine Potenzierung der Marktmacht, indem sie der auf der Erzeugerstufe bestehenden Marktmacht ein auf andere Weise legal nicht erreichbares vertikales Durchsetzungsvermögen verschafft. Dieses Ergebnis geht aber über den durch die Privilegierung eingeräumten Effekt hinaus. Da er sich allein daraus herleitet, daß die vertikale Preisbindung zusätzlich zur existenten Marktbeherrschung praktiziert wird, ist darin eine mißbräuchliche Handhabung der vertikalen Preisbindung zu sehen.[339]
Gegen diese Argumentation könnte der Einwand vorgebracht werden, sie ignoriere die neutrale Bewertung von Marktmacht durch den Gesetzgeber. Das wird man jedoch aus folgenden zwei Gründen ablehnen können.
Oben ist bereits gesagt worden, daß die Erforderlichkeit optimaler Unternehmensgrößen und unternehmerischer Initiative zwar als Rechtfertigung für die neutrale Bewertung von Marktmacht auf dem beherrschten Markt herangezogen werden können. Es ist jedoch verfehlt, hieraus den Schluß zu ziehen, wenn das auf dem beherrschten Markt so sei, müsse das auch generell gelten. Im Rahmen eines Gesetzes gegen Wettbewerbsbeschränkungen liegt das Gegenteil zumindest näher. Das bedeutet dann aber, daß die Marktmacht nur quantitativ so weit gerechtfertigt ist, wie sie ohne gleichzeitige Hinnahme volkswirt-

339) Bei einer solchen Auslegung erübrigt sich natürlich die Fragestellung nach dem Verhältnis der §§ 17 u. 22 Abs.III GWB zueinander,insbesondere nach welcher Vorschrift im Einzelfall bei einem konkreten Mißbrauch eingeschritten werden kann.Ein derartiger konkreter Mißbrauchsfall ist vielmehr denknotwendig ausgeschlossen,wenn schon die Verbindung der Institute marktbeherrschendes Unternehmen und vertikale Preisbindung generell mißbräuchlich ist.

schaftlicher Nachteile der oben genannten Art nicht untersagt werden kann. Bei Überschreitung dieser quantitativen Grenze ermangelt die Marktbeherrschung einer Rechtfertigung. Eine Überschreitung dieser Grenze ist aber gerade die Ausdehnung der Marktmacht - wenn auch nur im Hinblick auf einen Aktionsparameter, den Preis - auf mindestens eine weitere nachgelagerte Wirtschaftsstufe.[340] Sie ist weder erforderlich, um optimale Unternehmensgrößen zu erreichen, noch vermag sie Grund dafür zu sein, unternehmerische Initiative zu lähmen.

Die quantitative Komponente, die gerade im Hinblick auf vertikale Expansion (mittels vertikaler Preisbindung) dargelegt worden ist, wird heute zum Teil bereits bei der horizontalen Expansion (mittels externen Unternehmenswachstums) anerkannt. Dort wird ausgeführt, daß die Frage der Marktmacht und damit auch der Marktbeherrschung auch eine graduelle ist, das heißt, es gibt nicht die Beeinflussung der Marktstruktur und damit des Wettbewerbs durch ein marktbeherrschendes Unternehmen schlechthin, sondern das geschieht quantitativ vielfach gestuft.[341] Ist nun ein marktbeherrschendes Unternehmen daran beteiligt, die Marktstruktur weiter zu beeinflussen, etwa durch einen Zusammenschluß mit einem oder mehreren weiteren Unternehmen derselben Wirtschaftsstufe, so sieht man in dieser Handlung einen Mißbrauch der marktbeherrschenden Stellung.[342] Ist aber die weitere Beeinflussung der Marktstruktur durch ein marktbeherrschendes Unternehmen im Rahmen des § 22 GWB selbst als Mißbrauch anzusehen,[343] dann ist nicht einzusehen, warum eine Ausweitung einer erheblichen Marktstellung auf nachgeordnete Wirtschaftsstufe nicht als Sperre gegenüber einer ausnahmsweisen gesetzlichen Zulassung verwandt werden kann. Im übrigen bleibt rein tatsächlich darauf hinzuweisen, daß die vertikale Preisbindung ja auch nur ein Mittel zur Erhal-

---

340) Zum Parallelfall der Ausdehnung nicht auf eine andere Wirtschaftsstufe,sondern auf einen anderen Markt,heißt es bei Mestmäcker, AcP 168,252: "Das marktbeherrschende Unternehmen soll seine Macht nicht auf andere Märkte übertragen,indem es durch die besonderen, ihm aufgrund seiner marktbeherrschenden Stellung offenstehenden Handlungsmöglichkeiten Vorsprünge im Wettbewerb erzielt."

341) Mestmäcker, Das marktbeherrschende Unternehmen S. 14; Mestmäcker, Unternehmenszusammenschlüsse S. 330.

342) Bezogen auf Art. 86 EWG-Vertrag vgl. Mestmäcker, Unternehmenszusammenschlüsse passim.

343) So Mestmäcker DB 1968,1801.

tung von Preiskonstanz ist und als solches zur Erhaltung des Goodwill zugelassen ist, was bedeutet, daß es auch noch andere Mittel gibt. Gerade diese anderen Mittel aber, etwa eine entsprechende Absatzorganisation oder eine entsprechende Werbung, stehen einem marktbeherrschenden Unternehmen, auch aufgrund seiner besonderen finanziellen Stärke, in besonderem Maße zur Verfügung, so daß sich auch nicht argumentieren läßt, das marktbeherrschende Unternehmen bedürfe der vertikalen Preisbindung in demselben Maße wie jedes andere Unternehmen.
Festzustellen ist somit, daß die Durchführung einer vertikalen Preisbindung durch ein marktbeherrschendes Unternehmen einen Mißbrauch der vertikalen Preisbindung darstellt. Der Eingriff der Kartellbehörde hat in einem solchen Falle nach Ziff. 2 des § 17 Abs. I S. 1 GWB zu erfolgen, da der gebundenen Stufe faktisch unüberwindbare Fesseln eines marktbeherrschenden Unternehmens auferlegt werden.

G. Vertragsverweigerung

1. Einleitung

Das Problem der Vertragsverweigerung kann im Rahmen einer vertikalen Preisbindung unter mehreren Aspekten betrachtet werden. So können in einem konkreten Fall die Fragen auftauchen,

- ob ein preisbindendes Unternehmen mit einem bestimmten preisgebundenen Abnehmer bezüglich der im Preis gebundenen Markenware kontrahieren muß
- ob ein preisbindendes Unternehmen mit einem preisgebundenen Unternehmen bezüglich einer nicht im Preis gebundenen Ware kontrahieren muß
- ob ein preisbindendes Unternehmen mit einem nicht preisgebundenen Unternehmen - unter Umständen unter gleichzeitiger Bindung dieses Unternehmens - bezüglich der preisgebundenen Markenware kontrahieren muß
- ob ein preisbindendes Unternehmen mit jedem Unternehmen bezüglich jeder Ware seines Sortiments kontrahieren muß
- ob ein preisbindendes Unternehmen mit jedem Lieferanten von Vorprodukten bezüglich dieser kontrahieren muß, sofern sie

solche für die Markenware oder solche auch für andere Waren des Sortiments des Preisbinders sind.
Diese jeweils auf einen bestimmten Einzelfall abgestellten Praktiken dürften aber noch nicht als Mißbrauch der vertikalen Preisbindung zu qualifizieren sein. Da es in dieser Arbeit aber nur um eben einen solchen Mißbrauch geht, sollen sie hier auch nicht untersucht werden.
Anders ist es dagegen, wenn der Preisbinder eine ganze Abnehmergruppe von der Belieferung ausschließt, was rechtlich expressis verbis innerhalb des Preisbindungsvertrages oder auch nur rein tatsächlich durch Vertragsverweigerung erfolgen kann. Auch hier sind wieder sämtliche oben aufgeführten Fragestellungen möglich. Indessen soll hier allein der Fall untersucht werden, daß der Preisbinder den Vertragsschluß mit einer Abnehmergruppe, mit der ein Preisbindungsvertrag besteht bzw. die zum Abschluß eines solchen bereit ist, bezüglich der im Preis gebundenen Markenware ohne sachlichen Grund ablehnt. Sollte nämlich in diesem Falle bereits nachweisbar sein, daß die Verweigerung des Vertragsabschlusses keine mißbräuchliche Handhabung darstellt, so kann mit Hilfe eines a maiore ad minus - Schlusses argumentiert werden, daß dann in den anderen Konstellationen erst recht kein Mißbrauch gesehen werden kann.

2. Der Meinungsstand

Vor etwa drei Jahren hatte sich der BGH [344] mit der Frage zu befassen, ob die Einstellung der Weiterbelieferung eines Großhändlers mit einer preisgebundenen Markenware durch einen die Endverkaufspreise bindenden Hersteller wegen geschäftlicher Differenzen, die der BGH aber nicht als ausreichende Rechtfertigung angesehen hat, einen Verstoß gegen das Diskriminierungsverbot des § 26 Abs. II GWB bedeutet; er hat diese Frage bejaht. Obgleich es in dieser Entscheidung nicht exakt um die hier interessierende Fallgestaltung geht, enthält sie eine Reihe allgemeiner Feststellungen, die die Auffassung des BGH auch zu dieser deutlich werden läßt.
Der BGH leitet den Abschlußzwang des Preisbinders allein aus § 26 Abs. II GWB her. Die Benennung des preisbindenden Unternehmens als Normadressat dieser Vorschrift beruhe auf seiner

---

344) BGH, Urteil vom 9.11.1967, NJW 1968,400 ff.

Stellung auf dem Markt, die der eines marktbeherrschenden Unternehmens ähnlich sei.[345] Zwar seien preisbindende Unternehmen nicht wie marktbeherrschende Unternehmen keinem oder zumindest keinem wesentlichen Wettbewerb ausgesetzt. "Die Stärke der Marktstellung eines preisbindenden Unternehmens kann insbesondere darin zutage treten, daß die Handelsunternehmen des betreffenden Bereichs infolge der - durch Qualitätsgarantie und Werbung beeinflußten - Nachfrage ihrer Abnehmer nach den Markenwaren jenes Unternehmens darauf angewiesen sind, diese Waren in ihrem Sortiment zu führen." Gerade diese Marktstärke aber, die auf einer derartigen Abhängigkeit der Handelsunternehmen basiere, berge die Möglichkeit in sich, daß von ihr "Störungen des Marktgeschehens von der Art, wie der Gesetzgeber sie durch das Diskriminierungsverbot bekämpfen wollte, ausgehen." "Gefahren dieser Art hat der Gesetzgeber ersichtlich bei der Erstreckung des Diskriminierungsverbots auf preisbindende Unternehmen im Auge gehabt, wobei er in der Möglichkeit der Einführung und Durchsetzung einer Preisbindung in verallgemeinernder Betrachtungsweise den Ausdruck von Marktstärke des preisbindenden Unternehmens erblickt hat. Daß auf der einen Seite nicht alle preisbindenden Unternehmen eine entsprechend starke Marktstellung haben, während auf der anderen Seite auch durchaus marktstarke Unternehmen von Preisbindung absehen, steht dem nicht entgegen." Diese Überlegungen zur Diskriminierung durch Vertragsverweigerung im Einzelfall lassen sich unverändert übertragen auf Diskriminierungen ganzer Abnehmergruppen durch Vertragsverweigerung. Dann aber ist eine Quantität erreicht, bei der eine mißbräuchliche Handhabung einer vertikalen Preisbindung, nämlich mittels diskriminatorischen Verhaltens, angenommen werden kann. Es läßt sich daher aus dieser Entscheidung auf die Auffassung des BGH schließen, daß die Verweigerung von Vertragsschlüssen ohne rechtfertigenden Grund in erforderlicher Quantität infolge der auf einem Meinungsmonopol basierenden Marktstellung durch ein preisbindendes Unternehmen eine mißbräuchliche Handhabung mittels diskriminatorischen Verhaltens darstellt.

Die überwiegende Meinung in der Literatur sieht, soweit sie einen Abschlußzwang befürwortet,[346] seinen Grund wie der BGH in

---

345) Vgl. zum folgenden BGH NJW 1968,402.
346) Kartte WuW 1962,245 ff.

der Machtstellung des Preisbinders auf dem Markt. Diese basiere auf der Marktgeltung der Ware, welche noch besonders durch die Werbung gefördert werde.[347] Daß der preisgebundene Markenartikel eine solche Marktgeltung besitze, manifestiere sich bereits allein in der Tatsache, daß der Preisbinder in der Lage sei, ein gedanklich und praktisch lückenloses Preisbindungssystem ein- und durchzuführen. Sie stelle sich dar als "ein rein subjektives, vielfach sogar irrationales Moment, das - wie die Erfahrung zeigt - auch wirksam ist, wenn objektiv gleichartige Produkte auf dem Markt sind."[348] Als Korrelat dieser Marktgeltung und des damit verbundenen Angewiesenseins des Handels auf diese Ware sei daher die Verpflichtung der preisbindenden Unternehmen zum Vertragsabschluß erforderlich.[349]

Belke [350] schließlich sieht die Notwendigkeit des Abschlußzwangs bei preisbindenden Unternehmen darin begründet, daß nur auf diese Weise der letzte Rest Stufenwettbewerb vor dem Ersticken bewahrt werden kann.[351] Der Preisbinder sei nämlich aufgrund des Erfordernisses der gedanklichen und praktischen Lückenlosigkeit gehalten, sein System gegen Außenseiter hermetisch abzuriegeln. Durch den Abschlußzwang käme aber jeder vertriebsbereite Händler in den Genuß eines vollständigen Sortiments, was gleichzeitig eine optimale Verbraucherversorgung impliziere. Außerdem wirke ein Abschlußzwang der Zementierung der Absatzwege unter einigen privilegierten, preisgebundenen Händlern entgegen.[352]

Die gegenteilige Meinung geht dahin, daß § 26 Abs. II GWB ergänzt werden müsse durch das Erfordernis "soweit sie den Wettbewerb beschränken".[353] Durch die Bindung der Einzelhandels- und/oder Großhandelsabgabepreise werde der Wettbewerb jedoch

---

347) Vgl. dazu etwa Kartte WuW 1962,245 ff.; Krahe BB 1961,1303 ff.;Pickel BB 1965,652 f.; v.Köhler BB 1959, 689 ff.; Fikentscher WuW 1958,257 ff.

348) Kartte WuW 1962,246.

349) Insoweit relativiert u.a. Fikentscher entsprechend der Marktstellung. "Je weniger Markteinfluß ein Markenartikelhersteller hat,desto mehr darf man ihm diskriminierende Praktiken erlauben,damit er sich eine optimal wirksame Absatzorganisation in Übereinstimmung mit §§ 16 ff.GWB aufbauen kann."Fikentscher WuW 1968,264;ebenso Ewald WRP 1957,252 ff.

350) Belke, bes. S. 302 ff.

351) Belke S. 310.

352) Belke S. 311.

353) Lutz-Steiner BB 1958,1154 ff.;Völp MA 1961,279 ff.;Grupp, Diss. S. 133.

nur auf diesen Wirtschaftsstufen beschränkt bzw. ausgeschlossen, und das auch erst nach Vertragsabschluß. Daher könne ein Kontrahierungszwang bei preisbindenden Markenartikelherstellern mangels Beschränkung irgendeines Wirtschaftssubjektes nicht begründet werden. Dieses Ergebnis sei im übrigen auch wegen des Erfordernisses des Preiswettbewerbs nach § 16 Abs. I Ziff. 1 GWB gerechtfertigt, da die Händler ja aufgrund dessen die Auswahlmöglichkeit zwischen verschiedenen Anbietern hätten und keineswegs auf einen bestimmten Hersteller angewiesen, also nicht in einer Zwangslage wären.[354)] Das bei den Verbrauchern bestehende Meinungsmonopol, das einen gewissen Zwang auf den Händler ausübe, sich eine bestimmte Ware zu verschaffen, habe seine Ursache nicht in der vertikalen Preisbindung, sondern in der Bekanntheit der Marke [355)]; daran knüpfe der Gesetzgeber aber gerade nicht die Folge des Diskriminierungsverbotes.[356)] Im übrigen würde durch eine gegenteilige Entscheidung den Kartellbehörden und Gerichten eine nur vom jeweiligen Unternehmen zu treffende Entscheidung abverlangt, wodurch diese völlig überfordert würden.[357)]

3. Eigene Stellungnahme

Unserer grundsätzlich auf der Vertragsfreiheit basierenden Rechtsordnung ist zwar nicht jeglicher Kontrahierungszwang fremd. Seine Zulassung bedarf aber stets eines besonderen Grundes. Es ist daher stets von der Vertragsfreiheit, das heißt von der Abschluß- und Inhaltsfreiheit, auszugehen, die nur dann zu durchbrechen ist, wenn besondere Gründe es zwingend erforderlich machen. Es sind daher die möglichen - und in der Literatur genannten - Gründe auf ihre Stichhaltigkeit in dieser Beziehung zu überprüfen. Sollte sich dabei kein schwerwiegendes Argument für einen Kontrahierungszwang finden lassen, so muß auch im

---

354) Völp MA 1961,290.
355) Vgl. auch Völp,Preisbindung S. 74,wo es heißt:"Grundsätzlich bestimmt allein der Hersteller als der Inhaber des good will, wem er den Vertrieb anvertrauen will.Niemand hat Anspruch darauf, am good will eines Markenartikels zu partizipieren,zu dem er als Händler nichts beigetragen hat. Außerdem muß der Hersteller frei darüber entscheiden können,ob die Rationalisierung des Vertriebs eine Beschränkung von Wiederverkäufern erforderlich macht (z.B. Ausschluß des Großhandels)."
356) Völp MA 1961, 293.
357) Völp MA 1961, 294.

Rahmen der vertikalen Preisbindung von der Vertragsfreiheit ausgegangen werden.
Die wohl überwiegende Meinung sieht die Rechtfertigung des Kontrahierungszwanges in der besonderen Machtstellung des preisbindenden Markenartikelherstellers auf dem Markt. Diese Meinung ist aber aus mehreren Gründen unhaltbar:
Die Machtstellung des Markenartikelherstellers auf dem Markt basiert nicht auf der Preisbindung, sondern auf dem Goodwill der Markenware. Gerechtfertigt wäre daher nur eine Anknüpfung des Kontrahierungszwanges an das Merkmal Markenware, nicht aber an das Faktum der Praktizierung einer vertikalen Preisbindung.

Bereits die marktbeherrschende Stellung eines Unternehmens unterliegt vielfachen quantitativen Abstufungen. Immerhin läßt sich bei ihr aber noch eine, wenn auch nicht scharfe, Grenze ziehen, ab welcher die marktbeherrschende Stellung beginnt. Eine solche Grenze ist aber bei der nur an die vertikale Preisbindung anknüpfenden Marktstellung nicht möglich. Sicher ist nur, daß sie unterhalb der marktbeherrschenden Stellung liegen muß, da sonst die vertikale Preisbindung bereits nach § 16 Abs. I Ziff. 1 GWB nicht zulässig wäre. Die Durchsetzung eines gedanklich und praktisch lückenlosen Preisbindungssystems vermag dafür deshalb keine Hilfestellung zu leisten, da, wie die Erfahrung zeigt, oft gerade die Marktgegenseite die vertikale Preisbindung gegen den Willen des Herstellers durchzusetzen vermag;[358] dann kann aber nicht mehr von einer besonderen Marktmacht des Preisbinders gesprochen werden, sondern nur noch von einer besonderen Schwäche.
Die Verfassungsmäßigkeit des § 26 Abs. II GWB wäre unter dem Gesichtspunkt des Art. 3 GG zumindest fraglich, wollte man die Rechtfertigung des Diskriminierungsverbotes für preisbindende Markenwarenhersteller in ihrer Marktmacht sehen, da es durchaus Fälle marktstarker Markenwarenhersteller gibt, die ihre Markenware nicht im Preis gebunden haben, u.a. insbesondere

358) Ein besonderes Beispiel ist etwa die fair trade-Bewegung in den USA; vgl. dazu Hollander in Yamey S. 68; Kronstein-Miller-Dommer S. 207; Völp, Preisbindung S. 3 ff. Zur Lage in Deutschland vgl. Büntig WuW 1957,151 ff.; Günther WuW 1957, 686; Loos BB 1958,1217 ff.; Wörmer S. 14 f.; mit Einschränkungen, insbesondere hinsichtlich der zukünftigen Entwicklung, auch Eckstein in GWB-Festschrift S. 216.

aus dem Grunde, weil sie aufgrund ihrer Marktstellung unmittelbar oder mittelbar eine Preiskonstanz auch ohne vertikale Preisbindung erreichen können.
Damit bleibt die These Belke's von der Aufrechterhaltung des Stufenwettbewerbs. Diese These ist zunächst, insbesondere innerhalb eines Gesetzes g e g e n Wettbewerbsbeschränkungen, bestechend. Doch lassen sich auch hier mehrere Bedenken geltend machen:
Zunächst ist nicht einzusehen, was der Stufenwettbewerb mit der Unabhängigkeit der Händlerzahl vom Herstellerwillen zu tun haben soll. Wenn ein Hersteller meint, seine Ware sollte von x Händlern vertrieben werden, wird der Stufenwettbewerb wohl kaum schwächer sein, als wenn x+100 Händlern der Vertrieb gewährt wird. Das gilt insbesondere deshalb, weil eine größere Distributionsdichte ohnehin bereits für das Tatbestandsmerkmal Überallerhältlichkeit der Markenware erforderlich ist.

Weiterhin ist nicht einzusehen, welches Interesse ein Hersteller an der Ausschaltung des Stufenwettbewerbs haben sollte. Ihm geht es regelmäßig um die Einhaltung eines bestimmten, von ihm für absatzpolitisch opportun gehaltenen Preises. Ein daneben bestehender Stufenwettbewerb, der wegen des Erfordernisses der Bestimmtheit des Preises nur ein Nichtpreiswettbewerb sein kann, kann ihm doch ziemlich gleichgültig sein.
Das Aufkommen neuer Vertriebsformen kann der Preisbinder auch bei Bestehen von Kontrahierungszwang blockieren, da in derartigen Fällen ein sachlicher Grund für die unterschiedliche Behandlung gegeben ist.[359]
Bei der Bestimmung der sachlichen Rechtfertigung treten unüberwindbare Schwierigkeiten auf. Das zeigt z. B. folgender Fall: Ein Hersteller eines Markenartikels mit einer begrenzten Haltbarkeit ist der Auffassung, daß bei der gegenwärtigen Absatzlage infolge des Erfordernisses einer bestimmten Umschlaggeschwindigkeit die Höchstzahl der zu beliefernden Händler x be-

---

359) Insofern ist die Entscheidung des OLG Düsseldorf vom 20.1.1961, WuW/E OLG 383, bedenklich, wie v. Renthe-Fink auch in seiner Besprechung, WuW/E OLG 384, zum Ausdruck bringt. Wie OLG Düsseldorf auch Busch in BKartA-Festschrift S. 164 (aber vgl. auch S. 169), der aber insofern einschränkt,als er nur den grundsätzlichen Belieferungsausschluß als Diskriminierung ansieht.

trage. Wer sollte anhand welcher Maßstäbe darüber entscheiden, ob etwa nicht 2 oder 20 oder 200 gleichartige Händler vom Preisbinder beliefert werden müssen? Würde man diese Aufgabe dem BKartA übertragen, so wäre es einmal überfordert und zum anderen hätte es typische Unternehmerentscheidungen zu treffen, die sich unter Umständen auch nicht nur auf die Zahl beschränken ließen, sondern etwa auch noch den Vertriebsweg des Herstellers selbst umfassen würden, etwa wenn durch einen zumutbar anderen Vertriebsweg des Herstellers auch noch die Händlerzahl von x+200 möglich wäre.

Weitere Argumente sind bisher nicht für einen Kontrahierungszwang eines preisbindenden Markenwarenherstellers vorgebracht worden und auch sonst nicht ersichtlich. Ergebnis ist damit, daß sich allein aus dem Institut der vertikalen Preisbindung eine ausnahmsweise Anerkennung eines Kontrahierungszwanges nicht begründen läßt.

ZUSAMMENFASSUNG

Das Institut der vertikalen Preisbindung ist dem Markenartikelproduzenten als ein Mittel zur Erreichung einer längerfristigen Preisstabilität und einer damit notwendig zusammenhängenden Preiseinheitlichkeit gegenüber dem Endabnehmer zur Verfügung gestellt. Seine Handhabung wird mißbraucht, wenn die Bindung

a) qualitativ weitergeht, als es zur Erreichung dieser ihr vom Gesetz zuerkannten Funktion erforderlich ist und
b) quantitativ Ursache nicht gerechtfertigter Wettbewerbsbeschränkungen ist.

Die Mißbrauchsaufsicht bezweckt sowohl den Schutz des Gebundenen als auch des Endabnehmers. Das hat seinen Niederschlag u.a. in der Fassung der einzelnen Ziffern des § 17 Abs. I S. 1 GWB gefunden:

Ziff. 1: Rechtsanmaßung als Fehlen der Voraussetzungen des § 16 Abs. I bis III GWB
Ziff. 2: Mißbräuchliche Handhabung gegenüber den Vertragspartnern der Preisbindungsverträge
Ziff. 3: Mißbräuchliche Handhabung mit der Konsequenz der Eignung zu negativen Auswirkungen auf den Markt.

Daraus ergibt sich für die wohl wichtigsten Fallgruppen:

<u>1.</u> Eine Preisbindung für gewerbliche Leistungen stellt in jedem Falle eine Rechtsanmaßung dar, da es an den Voraussetzungen des § 16 GWB fehlt. Dasselbe gilt für die vertikale Bindung von Geschäftsbedingungen und für das Praktizieren einer lückenhaften Preisbindung.

<u>2.</u> Die Bindung von Preisen für unvollständige Ware ist mißbräuchlich, da der mit der Preisbindung angestrebte Effekt mit einer solchen Bindung nicht erzielt werden kann.

<u>3.</u> Eine Bindung der genossenschaftlichen Warenrückvergütung ist nicht möglich. Die Tätigkeit von auch genossenschaftlichen Händlern auf der gebundenen Stufe schränkt aber den Preisbinder auch nicht in der Gestaltungsfreiheit hinsichtlich seiner Preisbindungsverträge ein.

<u>4.</u> Der Preisbinder hat den Wettbewerbspreis zu binden. Theoretisch ist das der Preis, der sich als gewogener Durchschnittspreis längerfristig auf dem Markt ohne Preisbindung erzielen ließe. Da auf den Märkten der Wirklichkeit aber nie vollkommene

Konkurrenz herrscht, wird dieses nie exakt ein Preis, sondern stets ein Intervall von Preisen sein. Ob der vom Preisbinder festgesetzte Preis bereits außerhalb dieses Intervalls liegt und seine Preisbindung damit mißbräuchlich gehandhabt wird, läßt sich bei richtigem Verständnis des Preiswettbewerbs (§ 16 GWB) mit Hilfe der before and after theory und der yardstick theory ermitteln. Dagegen bringen die Indiztatbestände des § 17 Abs. I S. 2 GWB keine wesentliche Erleichterung.

5. Die mit der Durchführung einer vertikalen Preisbindung mittels Sammelreverses verbundenen wettbewerblichen Nachteile lassen eine solche Praktizierung mißbräuchlich erscheinen. Dasselbe gilt bezüglich der kollektiven Durchsetzung.

6. Bezüglich der Kopplung mit anderen Wettbewerbsbeschränkungen ist zu differenzieren:

a) Die Kopplung mit einem Rabattkartell ist wegen der Verstärkung der wettbewerblichen Effizienz des Rabattkartells durch erhebliche Abschwächung des Preiswettbewerbs auf der Erzeugerstufe mißbräuchlich. Desgleichen ist die Preisbindung eines marktbeherrschenden Unternehmens, die sich wegen § 16 GWB ohnehin nur auf eine Ware beziehen könnte, bezüglich derer das Unternehmen nicht marktbeherrschend wäre, wegen der damit verbundenen Ausweitung einer erheblichen Marktstellung auf nachgeordnete Wirtschaftsstufen mißbräuchlich.

b) Die Kopplung mit Konditionen-, Rationalisierungs-, Spezialisierungs- und Exportkartellen und den 'sonstigen Verträgen' des § 18 GWB stellt keinen Mißbrauch der Preisbindung dar.

7. Die Vertragsverweigerung kann im Einzelfall nur unter das Diskriminierungsverbot des § 26 Abs. II GWB fallen, nicht aber unter § 17 GWB.

Bei einer solchen Handhabung der Mißbrauchsaufsicht ist es zumindest vorschnell, davon zu sprechen, auch die Mißbrauchsaufsicht sei nicht in der Lage, selbst Auswüchsen wirksam entgegenzutreten. Vielmehr sollte einmal überprüft werden, ob nicht dann sogar ein Nebeneinander von vertikaler Preisbindung und frei kalkulierten Preisen des Handels sinnvoll sein kann. Erst wenn man sich mit dieser Frage beschäftigt hat, kann man überhaupt ein Werturteil über das Institut der vertikalen Preisbindung abgeben.

Amtliche Veröffentlichungen

Entwurf eines Gesetzes gegen Wettbewerbsbeschränkungen (Bundesregierung) vom 13.6.1952 mit Begründung
Drucks. BT I/3462 (identisch mit Drucks. BT II/1158)

Entwurf eines Gesetzes gegen Wettbewerbsbeschränkungen (Bundesregierung) vom 22.1.1955 mit Begründung und mit Änderungsvorschlägen des Bundesrates vom 21.5.1954
Drucks. BT II/1158

Zusammenstellung des Entwurfs eines Gesetzes gegen Wettbewerbsbeschränkungen - Drucksache 1158 - mit den Beschlüssen des Ausschusses für Wirtschaftspolitik (21. Ausschuß) vom 22.6.1957
Drucks. BT II/3644

Schriftlicher Bericht des Ausschusses für Wirtschaftspolitik (21. Ausschuß) über den Entwurf eines Gesetzes gegen Wettbewerbsbeschränkungen vom 28./29.6.1957
zu Drucks. BT II/3644

Antrag der Abgeordneten Schmücker, Brand, Kurlbaum und Lange (Essen), Dr. Atzenroth und Genossen betr. Bericht über Änderungen des Gesetzes gegen Wettbewerbsbeschränkungen vom 21.6.1961
Drucks. BT III/2886 (darauf erging Drucks. BT IV/617)

Bericht der Bundesregierung über Änderungen des Gesetzes gegen Wettbewerbsbeschränkungen vom 22.8.1962
Drucks. BT IV/617

Antrag der Fraktion der SPD zum Entwurf eines Gesetzes zur Änderung des Gesetzes gegen Wettbewerbsbeschränkungen vom 3.6.1964
Drucks. BT IV/2337

Begründung der Bundesregierung zum Entwurf eines Gesetzes zur Änderung des Gesetzes gegen Wettbewerbsbeschränkungen vom 18.9.1964
Drucks. BT IV/2564

Schriftlicher Bericht des Wirtschaftsausschusses (16. Ausschuß) über den von der Bundesregierung eingebrachten Entwurf eines Gesetzes zur Änderung des Gesetzes gegen Wettbewerbsbeschränkungen - Drucksache IV/2564 - über den von der Fraktion der SPD eingebrachten Entwurf eines Gesetzes zur Änderung des Gesetzes gegen Wettbewerbsbeschränkungen - Drucksache IV/2337 - vom 10.6.1965
Drucks. BT IV/3533

Bericht des Bundeskartellamts über seine Tätigkeit im Jahre . . . sowie über Lage und Entwicklung auf seinem Aufgabengebiet

BKartA TB 1958	Drucks. BT III/1000
BKartA TB 1959	Drucks. BT III/1795
BKartA TB 1960	Drucks. BT III/2734
BKartA TB 1961	Drucks. BT IV/ 378
BKartA TB 1962	Drucks. BT IV/1220
BKartA TB 1963	Drucks. BT IV/2370
BKartA TB 1964	Drucks. BT IV/3752
BKartA TB 1965	Drucks. BT V/ 530
BKartA TB 1966	Drucks. BT V/1950
BKartA TB 1967	Drucks. BT V/2841

Literaturverzeichnis

Abbott	Abbott, Lawrence Qualität und Wettbewerb Ein Beitrag zur Wirtschaftstheorie (Deutsche Übersetzung von 'Quality and Competition', An Essay in Economic Theory, New York 1955) München 1958
Ballerstedt	Ballerstedt, Kurt Der Mißbrauchsbegriff im systematischen Aufbau des Gesetzes gegen Wettbewerbsbeschränkungen. Thesenhafte Zusammenfassung des Referates auf der Tagung des Arbeitskreises Kartellrecht am 28./29.3.1968 in Berlin Unveröffentlicht
Ballerstedt in Böhm-Festschrift	Ballerstedt, Kurt Handlungsunwert und Erfolgsunwert im Gesetz gegen Wettbewerbsbeschränkungen in: Wirtschaftsordnung und Rechtsordnung, Festschrift für Franz Böhm S. 179 - 198 Karlsruhe 1965
Basson	Basson, Claus-Peter Nachwort zum Urteil des KG Berlin vom 14.3.1961 MA 1961, 299-305
Batzer	Batzer, Erich Zur Bedeutung und Problematik des Funktionsrabattes Berlin 1962 (Schriftenreihe des IFO-Instituts für Wirtschaftsforschung, Nr. 48)
Baumbach-Hefermehl	Baumbach, Adolf - Hefermehl, Wolfgang Wettbewerbs- und Warenzeichenrecht Kommentar GWB 8. Auflage 1960 sonst Bd. I 9. Auflage 1964 II 9. Auflage 1967 München
Behrens	Behrens, Friedrich-St. Marktinformation und Wettbewerb Wirtschaftliche und rechtliche Grundlegung des Open Price System Köln 1963 (FIW-Schriftenreihe, Heft 13)

Belke	Belke, Rolf Die Geschäftsverweigerung im Recht der Wettbewerbsbeschränkungen. Eine vergleichende Untersuchung zum deutschen und französischen Recht Tübingen 1966 (Tübinger Rechtswissenschaftliche Abhandlungen, Band 16)
Boekle	Boekle, Hein Manfred Anmerkung zum Urteil des OLG Frankfurt vom 16.1.1958 "Elastofixo" WuW/E OLG 212-214
Bormann	Bormann, H. H. Barzahlungsrabatt und Markenartikel MA 1954, 812-819
Bormann	Bormann, H. H. Umstrittene Preisbindung in der Großhandelsstufe MA 1955, 697 - 702
Brandt	Brandt, Karl Information, Marktform und Wettbewerb ZHR Bd. 127 (1965) S. 200-213
Brauchitsch-Ule	Brauchitsch, Max von/Ule, Carl Hermann Verwaltungsgrundsätze des Bundes und der Länder. Band VIII Abschnitt VIII: Wirtschaftsverwaltungsrecht II Kartellrecht. Bearbeitet von Uwe Jessen, Günter Reimann, Kurt Zweigert Köln 1965
Bredt	Bredt, Otto Die volks- und betriebswirtschaftliche Bedeutung der vertikalen Preisbindung. Ein Beitrag zur Sozialen Marktwirtschaft Düsseldorf 1965
Büntig	Büntig, Heinz Kartellersatz durch vertikale Preisbindung WuW 1957, 143-165
Busch in BKartA-Festschrift	Busch, Arnd Die allgemeine Wettbewerbssituation in der Konsumgüterindustrie. Preisbindung, Vertriebsbindung, sonstige Geschäftspraxis in: Zehn Jahre Bundeskartellamt. Beiträge zu Fragen und Entwicklungen auf dem Gebiet des Kartellrechts S.161-179 Köln 1968

Buschmann	Buschmann, Ernst-Friedrich Barzahlungsrabatt und erlaubte Zugaben als Geschäftsbedingungen DB 1961, 731-732
Buschmann	Buschmann, Ernst-Friedrich Die Maßnahmen des Bundeskartellamtes bei Fehlen sachlicher Wirksamkeitsvoraussetzungen einer angemeldeten Preisbindung für Markenwaren. Gutachten BB 1961, 434 - 436
Christl	Christl, Artur Einzelfragen der Mißbrauchsaufsicht über die Preisbindung WRP 1962, 349-353
Christl	Christl, Artur Mißbrauch der Preisbindung durch Preisspaltung (Zugleich ein Beitrag zum Mißbrauch im GWB) BB 1960, 297 - 302
Christl in BKartA-Festschrift	Christl, Artur Die Rabattkartelle. Untersuchung einiger Entwicklungs- und Strukturmerkmale in: Zehn Jahre Bundeskartellamt. Beiträge zu Fragen und Entwicklungen auf dem Gebiet des Kartellrechts S. 115-136 Köln 1968
Diederichs Reform	Diederichs, Erich H. Der genossenschaftliche Gewinn und seine Verteilung unter besonderer Berücksichtigung der Warenrückvergütung in: Zur Reform des Genossenschaftsrechts, Referate und Materialien, 2. Band. Hrsg. vom Bundesjustizministerium Bonn 1958
Dörinkel	Dörinkel, Wolfram Der Rabatt als Mittel des Wettbewerbs und als Gegenstand der Wettbewerbsbeschränkung GRUR 1960, 7-14
Droste	Droste, Hans Die Regelung der vertikalen Preisbindung im neuen Kartellgesetz DB 1958, 99-102
Eckstein in GWB-Festschrift	Eckstein, Wolfram Vertikale Preisbindung und Produzentenwettbewerb unter besonderer Berücksichtigung des Preiswettbewerbs in § 16 GWB. in: Wettbewerb als Aufgabe. Nach zehn Jahren Gesetz gegen Wettbewerbsbeschränkungen. S. 209-255 Bad Homburg 1968 (Wirtschaftsrecht und Wirtschaftspolitik, Bd.7)

Erhard	Erhard, Ludwig Markenwesen und Wettbewerb. Vortrag auf der Jahrestagung des Markenverbandes e.V. Wiesbaden MA 1954, 795-802
Ewald	Ewald, Heinz Kontrahierungszwang für preisbindende Hersteller von Markenartikeln? WRP 1957, 252-254
Fikentscher	Fikentscher, Wolfgang Zum Recht der Diskriminierungen im Gesetz gegen Wettbewerbsbeschränkungen WuW 1958, 257-269
Fikentscher in GWB-Festschrift	Fikentscher, Wolfgang Die Preisbindung für Markenartikel im Blickwinkel der Mißbrauchsaufsicht in: Wettbewerb als Aufgabe. Nach zehn Jahren Gesetz gegen Wettbewerbsbeschränkungen. S. 157-300 Bad Homburg 1968 (Wirtschaftsrecht und Wirtschaftspolitik, Band 7)
Fikentscher Preisempfehlung	Fikentscher, Wolfgang Die vertikale Preisempfehlung München 1960 (Schriften des Instituts für Wirtschaftsrecht an der Universität Köln, Band 11)
Fischer	Fischer, Curt Ed. Laufende Kundendienst-Inspektionen bei Personenkraftwagen zu Festpreisen und das neue Wettbewerbsgesetz DB 1958, 887-889
Fiuczynski	Fiuczynski, Hans-W. Die Produkt- und Preispolitik der Markenartikelhersteller Freiburg 1960 (Schriftenreihe des Forschungsinstituts für das Markenwesen Berlin i.V.m. der Gesellschaft zur Erforschung des Markenwesens e.V. Wiesbaden, Band 6)
Frankfurter Kommentar	Kaufmann, Rautmann, von Hahn, Hoffmann, Kreifels, Frühauf, Lehmann Kommentar zum Gesetz gegen Wettbewerbsbeschränkungen Frankfurter Kommentar Loseblatt Köln seit 1958
Gabriel	Gabriel, Siegfried L. Noch einmal "Parallelverhalten" und Preiswettbewerb MA 1965, 442-444

Gabriel	Gabriel, Siegfried L. Preise und Wettbewerb MA 1964, 627-654
Gabriel	Gabriel, Siegfried L. Zum Begriff des "Preiswettbewerbs" MA 1958, 717-724
v. Gamm	von Gamm, Otto-Friedrich Frhr. Wettbewerbsrecht. Ein allgemein verständliches Handbuch Köln 1964
GemKomm I	Müller-Henneberg, Hans - Schwartz, Gustav (Hrsg.) Gesetz gegen Wettbewerbsbeschränkungen Gemeinschaftskommentar, 1. Auflage Köln 1958
GemKomm	Müller-Henneberg, Hans - Schwartz, Gustav (Hrsg.) Gesetz gegen Wettbewerbsbeschränkungen und europäisches Kartellrecht Gemeinschaftskommentar, 2. Auflage Köln 1963
Gentz	Gentz, Günther Das Diskriminierungsverbot in § 26 Abs. II GWB und § 9 KartVO WuW 1961, 587-614
Gleiss	Gleiss, Alfred Darf der Markenartikelhersteller die Skonti seiner Abnehmer binden? MA 1954, 411-412
Gleiss	Gleiss, Alfred Ist die Bindung von Rabatten bei Markenartikeln zulässig? NJW 1953, 1456-1459 und 1582
Gleiss-Hootz	Gleiss, Alfred - Hootz, Christian Warenrückvergütung der Einkaufsgenossenschaft und Preisbindung NJW 1965, 1357-1360
Gleiss-Kracht	Gleiss, Alfred - Kracht, Friedrich Formen und Inhalt der vertikalen Preisbindung MA 1964, 843-863
Griesbach	Griesbach, Bernhard Mißbrauchstatbestände bei Preisbindungen MA 1964, 917-924
Gross	Gross, Herbert Die Preisbindung im Handel. Neue Eindrücke aus Nordamerika und Westeuropa Düsseldorf 1957

Grosse Reform	Grosse, Wolfram Der genossenschaftliche Gewinn und seine Verteilung unter besonderer Berücksichtigung der Warenrückvergütung in: Zur Reform des Genossenschaftsrechts, Referate und Materialien, 2. Bd. hrsg. vom Bundesjustizministerium Bonn 1958
Grupp, Diss.	Grupp, Hans-Joachim Kontrahierungszwang nach dem Kartellgesetz Juristische Dissertation Köln 1965
Günther	Günther, Eberhard Das neue Kartellgesetz und seine Auswirkungen auf die Unternehmen WuW 1957, 677-695
Günther in BKartA-Festschrift	Günther, Eberhard Zehn Jahre Bundeskartellamt: Rückblick und Ausblick in: Zehn Jahre Bundeskartellamt. Beiträge zu Fragen und Entwicklungen auf dem Gebiet des Kartellrechts, S. 11-37 Köln 1968
Gutenberg, 3. Aufl.	Gutenberg, Erich Grundlagen der Betriebswirtschaftslehre Zweiter Band: Der Absatz 3. Auflage Berlin 1959 (Enzyklopädie der Rechts- und Staatswissenschaft)
Gutenberg I und II	Gutenberg, Erich Grundlagen der Betriebswirtschaftslehre Erster Band: Die Produktion, 12. Aufl. Zweiter Band: Der Absatz, 9. Aufl. Berlin 1966 (Enzyklopädie der Rechts- und Staatswissenschaft)
Gutzler	Gutzler, Helmut Das Anmeldeverfahren bei Preisbindungen und Preisempfehlungen BB 1964, 412-415
Hamann	Hamann, Andreas Genossenschaftliche Warenrückvergütung und Preisbindung DB 1962, 793-794
Hax	Hax, Herbert Vertikale Preisbindung in der Markenartikelindustrie Köln 1961 (Beiträge zur betriebswirtschaftlichen Forschung, Band 10)

HdSW	Handwörterbuch der Sozialwissenschaften (zugleich Neuauflage des Handwörterbuchs der Staatswissenschaften) 8. Band, Carl Ruberg: Rabattwesen S. 664 ff. Stuttgart/Göttingen 1964
Henzel	Henzel, Friedrich Die Kostenrechnung 4. Auflage Essen 1964
Henzler	Henzler, Reinhold Genossenschaftliche Rückvergütung und vertikale Preisbindung MA 1955, 703-707
Henzler Genossenschaft	Henzler, Reinhold Die Genossenschaft, eine fördernde Betriebswirtschaft Essen 1957
Henzler Reform	Henzler, Reinhold Der genossenschaftliche Gewinn und seine Verteilung unter besonderer Berücksichtigung der Warenrückvergütung in: Zur Reform des Genossenschaftsrecht, Referate und Materialien, 2. Bd. hrsg. vom Bundesjustizministerium Bonn 1958
Hoppmann	Hoppmann, Erich Preismeldestellen und Wettbewerb Einige Bemerkungen zu den wettbewerbstheoretischen Grundlagen der neueren Diskussion über Preismeldestellen WuW 1966, 97-121
Hoppmann in Festschrift für Wessels	Hoppmann, Erich Workable Competition als wettbewerbspolitisches Konzept in: Theoretische und institutionelle Grundlagen der Wirtschaftspolitik, Theodor Wessels zum 65. Geburtstag S. 145-197 Berlin 1967 (Quaestiones oeconomicae, Band 1)
Hoppmann Preisbindung	Hoppmann, Erich Vertikale Preisbindung und Handel Berlin 1957 (Volkswirtschaftliche Schriften, Heft 29)
Huber	Huber, Ernst Rudolf Grundgesetz und vertikale Preisbindung Stuttgart 1968

Immenga	Immenga, Ulrich Wettbewerbsbeschränkungen auf staatlich gelenkten Märkten. Eine Untersuchung zur rechtlichen Stellung der Verkehrs-, Bank- und Versorgungswirtschaft in der Wettbewerbsordnung Tübingen 1967 (Walter Eucken Institut Freiburg i.Br. Wirtschaftswissenschaftliche und wirtschaftsrechtliche Untersuchungen 4)
Jacobi	Jacobi, Dolf D. Preise, Preisbindung und Bundeskartellamt Gutachten BB 1961, 354-356
Jacob-Steinorth	Jacob-Steinorth, Karl Der zweigleisige Vertrieb von Markenwaren im deutschen und amerikanischen Recht Karlsruhe 1964 (Berkeley-Kölner Rechtsstudien Kölner Reihe, Band 5)
Kartte	Kartte, Wolfgang Vertikale Preisempfehlungen für Markenwaren und das Diskriminierungsverbot WuW 1962, 241-251
Kemmer	Kemmer, Hans-Georg "Personalrabatt" für preisgebundene Markenwaren? BB 1961, 467-468
Kirschstein	Kirschstein, Friedrich Preiswettbewerb mit gleichartigen Waren anderer Hersteller oder Händler nach § 16 Abs. I Nr. 1 GWB WRP 1968, 135-140
Kirschstein	Kirschstein, Friedrich Die Verstärkung der vertikalen Preisbindung durch zusätzliche Wettbewerbsbeschränkungen WuW 1959, 235-243
Klaue	Klaue, Siegfried Das Kartellrecht in der Praxis Rechtsprechung und Verwaltungspraxis zum Gesetz gegen Wettbewerbsbeschränkungen (GWB) Düsseldorf 1961 (WuW-Schriftenreihe, Heft 9)
Knöpfle	Knöpfle, Robert Zur Bedeutung der Lückenlosigkeit des Preisbindungssystems für den Bindungsvertrag NJW 1969, 1001-1009

v. Köhler	von Köhler, Karl-Heinz Das Diskriminierungsverbot im Gesetz gegen Wettbewerbsbeschränkungen und der Gleichheitssatz BB 1959, 689-692
Koenigs	Koenigs Preisbindungen, Diskriminierungen und Wettbewerbsregeln in der Praxis des Bundeskartellamts GRUR 1959, 578-582
Koenigs in GWB-Festschrift	Koenigs, Folkmar Einige Probleme des § 18 GWB in: Wettbewerb als Aufgabe, Nach zehn Jahren Gesetz gegen Wettbewerbsbeschränkungen, S. 301-331 Bad Homburg 1968 (Wirtschaftsrecht und Wirtschaftspolitik, Band 7)
Krahe	Krahe, H. Zur Anwendung des Diskriminierungsverbotes auf preisbindende Unternehmen BB 1961, 1303-1306
Kronstein-Miller-Dommer	Kronstein, Heinrich - Miller, John T. - Dommer, Paul P. Major American Antitrust Laws A Guide to Their Domestic and Foreign Application New York 1965
Krusche	Krusche, Dieter Marktverhalten und Wettbewerb. Eine Untersuchung zum Gesetz gegen Wettbewerbsbeschränkungen Berlin 1961 (Beiträge zur Verhaltensforschung, Heft 3)
Kruse	Kruse, Albrecht Die Produktdifferenzierung in Theorie und Praxis Freiburg 1960 (Schriftenreihe des Forschungsinstituts für das Markenwesen Berlin iVm. der Gesellschaft zur Erforschung des Markenwesens e.V. Wiesbaden, Band 2)
Lang-Weidmüller	Lang-Weidmüller Genossenschaftsgesetz Kommentar, 28. Auflage Bearb. von Horst Baumann, Dieter Feuerherdt, Egon Metz Berlin 1965 (Sammlung Guttentag, Band 29)

Langen	Langen, Eugen Kommentar zum Kartellgesetz 4. Auflage, unter Mitwirkung von Karl-Heinz Böckstiegel, Loseblatt Neuwied, Stand 1.2.1967
Lanzenberger	Lanzenberger, Fritz Wettbewerbsbeschränkungen in Vertikalverträgen und durch tatsächliches Verhalten (insbesondere Preisbindung, Diskriminierung und Boykott) GRUR 1958, 593-600
Lenel	Lenel, Hans Otto Ursachen der Konzentration unter besonderer Berücksichtigung der deutschen Verhältnisse, 2. Auflage Tübingen 1968 (Walter Eucken Institut Freiburg i.Br. Wirtschaftswissenschaftliche und wirtschaftsrechtliche Untersuchungen 2)
Ley	Ley, Rolf Die Preisbindung für Inspektionen in der Automobilindustrie DB 1958, 594-595
Lindemann	Lindemann, Egbert Markttransparenz und Preispolitik Betrachtungen zu Begriffen, Wirkungen und wirtschaftspolitischen Einflüssen, speziell auf Konsumgütermärkten Berlin 1968 (Volkswirtschaftliche Schriften,Heft 122)
Linhard-Stöhr	Linhard, H. - Stöhr, G. Zulässigkeit vertikaler Wettbewerbsbeschränkungen nach dem Gesetz gegen Wettbewerbsbeschränkungen BB 1957, 1021-1024
Loos	Loos, Gerold Preisbindung und horizontale Wettbewerbsbeschränkungen im Handel. Über das Verhältnis des § 15 zum § 1 des Gesetzes gegen Wettbewerbsbeschränkungen BB 1958, 1217-1220
Lukes	Lukes, Rudolf Aktuelle Probleme der Preisbindung zweiter Hand und der Preisempfehlung JuS 1962, 161-169/215-220
Lutz-Steiner	Lutz, Helmut - Steiner, Claus Umfang der Preisbindung und Diskriminierungsverbot, Gutachten BB 1958, 1154-1157
Markenverband	Gefährdete Markenartikelpreisbindung MA 1956, 39-41

Markenverband — Markenwarenpreisbindung unter Registerpflicht
MA 1956, 143-145

Markenverband — Süße Weihnachten, Sind Preise für Markenschokolade "überhöht"?
MA 1961, 939-943

Markenverband — Vertikale Preis- und Vertriebsbindungen im Kartellgesetz. Erläuterungen des Markenverbandes zu den §§ 15-18, 25,26,34, 38 und 106
MA 1957, 425,451

Mayer-Wegelin — Mayer-Wegelin, Heinz
Gesetz gegen Wettbewerbsbeschränkungen (Kartellgesetz), kommentiert, Loseblatt
Frankfurt, Stand 1966
(Die WK-Reihe, Band 73)

Mellerowicz Handelsspanne — Mellerowicz, Konrad
Die Handelsspanne bei freien, gebundenen und empfohlenen Preisen
Freiburg 1961
(Schriftenreihe des Forschungsinstituts für das Markenwesen Berlin iVm. der Gesellschaft zur Erforschung des Markenwesens e. V. Wiesbaden, Band 5)

Mellerowicz Markenartikel — Mellerowicz, Konrad
Markenartikel. Die ökonomischen Gesetze ihrer Preisbildung und Preisbindung
2. Auflage
München 1963

Menze — Menze, Hubert
Markttransparenz in Theorie und Wettbewerbsrecht
WuW 1963, 578-590

Menzel — Menzel, Bernhard
Preisbindung und Warenrückvergütung im einzelwirtschaftlichen und genossenschaftlichen Großhandel
WuW 1960, 174-180

Menzel — Menzel, Bernhard
Das Verhältnis der genossenschaftlichen Warenrückvergütung zu gebundenen Preisen
DB 1959, 507-509

Menzel Rückvergütung — Menzel, Bernhard
Überschußverteilung in der Genossenschaft in: Die genossenschaftliche Rückvergütung, Beiträge und Aufsätze zum Genossenschafts-, Steuer- und Wettbewerbsrecht
Karlsruhe 1961
(Quellen und Studien des Instituts für Genossenschaftswesen an der Universität Münster, Band 12)

Mestmäcker	Mestmäcker, Ernst-Joachim Diskriminierungen, Dirigismus und Wettbewerb WuW 1957, 21-40/92-101
Mestmäcker	Mestmäcker, Ernst-Joachim Das Rabattkartell im Gesetz gegen Wettbewerbsbeschränkungen ORDO Bd. XIII S. 233-280
Mestmäcker	Mestmäcker, Ernst-Joachim Über das Verhältnis des Rechts der Wettbewerbsbeschränkungen zum Privatrecht AcP 168, 235-262 (1968)
Mestmäcker	Mestmäcker, Ernst-Joachim Verpflichtet § 22 GWB die Kartellbehörde, marktbeherrschenden Unternehmen ein Verhalten aufzuerlegen, als ob Wettbewerb bestünde? DB 1968, 1800-1806
Mestmäcker, Diss.	Mestmäcker, Ernst-Joachim Verbandsstatistiken als Mittel zur Beschränkung und Förderung des Wettbewerbs in den Vereinigten Staaten und Deutschland Jur. Dissertation Frankfurt 1953
Mestmäcker, Das marktbeherrschende Unternehmen	Mestmäcker, Ernst-Joachim Das marktbeherrschende Unternehmen im Recht der Wettbewerbsbeschränkungen Tübingen 1959 (Walter Eucken Institut, Vorträge und Aufsätze 2)
Mestmäcker Probleme	Mestmäcker, Ernst-Joachim Probleme des Bestmöglichen in der Wettbewerbspolitik in: Probleme der normativen Ökonomik und der wirtschaftspolitischen Beratung S. 305-321 Berlin 1963 (Schriften des Vereins für Socialpolitik, NF Band 29)
Mestmäcker Unternehmenszusammenschlüsse	Mestmäcker, Ernst-Joachim Die Beurteilung von Unternehmenszusammenschlüssen nach Artikel 86 des Vertrages über die Europäische Wirtschaftsgemeinschaft in: Probleme des Europäischen Rechts, Festschrift für Walter Hallstein S. 322-354 Frankfurt 1966

Meyer-Meulenbergh	Meyer, E. H. - Meulenbergh, Gottfried Genossenschaftsgesetz Kurz-Kommentar, 10. Auflage München 1965 (Beck'sche Kurz-Kommentare, Band 11)
Mitchell	Mitchell, Matthew P. Unterschiedliche Behandlung im Sinne des § 26 Abs. 2 GWB WuW 1962, 387-393
Müller, Diss.	Müller, Heinz Die wettbewerbsrechtlichen und privatrechtlichen Voraussetzungen für die Inanspruchnahme des Preisbindungsprivilegs in § 16 GWB Jur. Dissertation Münster 1964
Müller-Gries-Giessler	Müller, Heinz - Gries, Gerhard - Giessler, Peter Kommentar zum Gesetz gegen Wettbewerbsbeschränkungen (Kartellgesetz) 2. Aufl. Loseblatt Frankfurt, Stand Februar 1967
Müller-Gries	Müller, Heinz - Gries, Gerhard Barzahlungsrabattverbot in Preisbindungsverträgen. Zum Beschluß des Kammergerichts vom 14. März 1961 WRP 1961, 176-179
Nibler	Nibler, Franz Über die Grenzen der vertikalen Bindung bei Markenwaren NJW 1954, 369-372
Nieschlag	Nieschlag, Robert Binnenhandel und Binnenhandelspolitik Berlin 1959
Nöcker	Nöcker, Klaus Der Zusammenhang zwischen Marktstruktur und Preiswettbewerb im Hinblick auf § 16 des Gesetzes gegen Wettbewerbsbeschränkungen WRP 1970, 415-418
Ohm Preispolitik	Ohm, Hans Die Genossenschaft und ihre Preispolitik. Eine theoretische Studie zur volkswirtschaftlichen Problematik der genossenschaftlichen Preispolitik Karlsruhe 1955 (Quellen und Studien des Instituts für Genossenschaftswesen an der Universität Münster, Band 8)

Ott Grundzüge	Ott, Alfred Eugen Grundzüge der Preistheorie Göttingen 1968 (Grundriß der Sozialwissenschaft, Band 25)
Ott Kompendium	Ott, Alfred Eugen Preistheorie in: Kompendium der Volkswirtschaftslehre Band I S. 120-188 Göttingen 1967
Ott Preisbildung	Ott, Alfred Eugen Vertikale Preisbildung und Preisbindung. Eine theoretische Analyse Göttingen 1966 (Grundriß der Sozialwissenschaft, Ergänzungsband 2)
Paul	Paul, Willy Die genossenschaftliche Rückvergütung im Wettbewerb NJW 1964, 889-896
Paul	Paul, Willy Nochmals: Preisbindung, Warenrückvergütung und Diskriminierungsverbot WRP 1963, 285-287
Paul	Paul, Willy Verbotene Diskriminierung der Einkaufsgenossenschaften? Dargestellt am Beispiel der Apotheker-Einkaufsgenossenschaften WRP 1962, 1-6
Paul	Paul, Willy Warenrückvergütung und Preisbindung BB 1958, 1229-1232
Paul	Paul, Willy Warenrückvergütung und vertikale Preisbindung DB 1959, 1307-1311
Paulick Genossenschaft	Paulick, Heinz Das Recht der eingetragenen Genossenschaft. Ein Lehr- und Handbuch Karlsruhe 1956 (Quellen und Studien des Instituts für Genossenschaftswesen an der Universität Münster, Band 9)
Paulick Rückvergütung	Paulick, Heinz Probleme der Warenrückvergütung in: Die genossenschaftliche Rückvergütung. Beiträge u. Aufsätze zum Genossenschafts-, Steuer- und Wettbewerbsrecht Karlsruhe 1961 (Quellen u. Studien des Instituts für Genossenschaftswesen an der Universität Münster, Band 12)

Paulsen I-IV	Paulsen, Andreas Allgemeine Volkswirtschaftslehre Bd. I-IV, 4.-2. Auflage Berlin 1962/1963 (Sammlung Göschen, Band 1169-1172)
Phlips	Phlips, Louis Markttransparenz in Theorie und Wirklichkeit WuW 1964, 205-211
Pickel	Pickel, Walter Diskriminierung durch preisbindende Unternehmen. Üblicherweise zugänglicher Geschäftsverkehr und Interessenabwägung BB 1965, 651-654
Rasch	Rasch, Harold Wettbewerbsbeschränkungen, Kartell- und Monopolrecht, Kommentar zum Gesetz gegen Wettbewerbsbeschränkungen Herne 1957
Rasch-Westrick	Rasch, Harold - Westrick, Klaus Wettbewerbsbeschränkungen, Kartell- und Monopolrecht, Kommentar zum Gesetz gegen Wettbewerbsbeschränkungen und Erläuterungen zum europäischen Kartellrecht, 3 Aufl. Herne 1966
Rauschenbach	Rauschenbach, Gerhard Wirtschaftsrecht mit Kartellrecht Stuttgart/Düsseldorf 1965 (Schaeffers Grundriß des Rechts und der Wirtschaft, Abteilung II: Öffentliches Recht, Band 41)
Reimann	Reimann, Günter Fragen aus dem Zugabe- und Rabattrecht WRP 1957, 69-72
Reimann	Reimann, Günter Preisbindung und Rabattausschluß MA 1959, 31-32
Reinhardt Rückvergütung	Reinhardt, Rudolf Rechtsprobleme der gewerblichen Einkaufsgenossenschaften angesichts ihrer Aufgaben in der modernen Wirtschaft in: Die genossenschaftliche Rückvergütung, Beiträge und Aufsätze zum Genossenschafts-, Steuer- und Wettbewerbsrecht Karlsruhe 1961 (Quellen und Studien des Instituts für Genossenschaftswesen an der Universität Münster, Band 12)

Rinck	Rinck, Gerd Wirtschaftsrecht Köln 1963 (Academia Juris / Lehrbücher der Rechtswissenschaft)
Robinson	Robinson, Joan The Economics of Imperfect Competition 13. Auflage London 1964
Röper	Röper, Burkhardt Kritisches zum IFO-Gutachten über die vertikale Preisbindung München 1964
Röper	Röper, Burkhardt Die vertikale Preisbindung bei Markenartikeln. Untersuchungen über Preisbildungs- und Preisbindungsvorgänge in der Wirklichkeit Tübingen 1955
Röper	Röper, Burkhardt Die vertikale Preisbindung ist kein Kartellersatz WuW 1957, 293-307
Roidl	Roidl, Walter Aktuelle Rechtsfragen der vertikalen Preisbindung BB 1960, 1297-1299
Rothschild	Rothschild, Kurt W. Preistheorie und Oligopol. Deutsche Übersetzung von 'Price Theory and Oligopoly' in: The Economic Journal, Bd. LVII (1947) S. 299-320 in: Alfred Eugen Ott (Hrsg.), Preistheorie, 2. Auflage Köln 1965 (Neue wissenschaftliche Bibliothek/ Wirtschaftswissenschaften Band 1)
Sandrock	Sandrock, Otto Grundbegriffe des Gesetzes gegen Wettbewerbsbeschränkungen München 1968 (Schriften des Instituts für Wirtschaftsrecht an der Universität Köln Band 23)
Sarnighausen, Diss.	Sarnighausen, Hans-Cord Der Mißbrauch im Recht der Wettbewerbsbeschränkungen Jur. Dissertation Göttingen 1961
Schenk	Schenk, Hans-Otto Preisbindung und freie Kalkulation als Alternative oder Synthese MA 1966, 791-805

Schenk	Schenk, Hans-Otto Vertikale Preisbindung, freie Kalkulation und Leistungswettbewerb WuW 1966, 791-805
Schmidt	Schmidt, Ingo Markttransparenz als Voraussetzung für Wettbewerbsbeschränkungen WuW 1963, 97-106
Schmidt	Schmidt, Ingo Preisbindung und Preiswettbewerb MA 1965, 435-442
Schmidt	Schmidt, Ingo Zum Begriff des Preiswettbewerbs nach § 16 GWB WuW 1964, 120-153
Schmidt	Schmidt, Ingo Zum Nachweis des Mißbrauchs einer rechtlichen oder faktischen Wettbewerbsbeschränkung. Eine Analyse der im amerikanischen Recht entwickelten Theorien zur Schadenshöhe in den 'civil damage suits' und zur 'performance'-Kontrolle in den 'public regulates industries' WuW 1967, 635-658/777-799
Schneider I-III	Schneider, Erich Einführung in die Wirtschaftstheorie Bd. I-III, 13./11./10. Auflage Tübingen 1967
Schopp, Diss.	Schopp, Claus Warenrückvergütung bei Genossenschaften und vertikale Preisbindung Jur. Dissertation Tübingen 1964
Schubert	Schubert, Rolf Die Warenrückvergütung im Steuerrecht BB 1959, 225-229
Schubert Rückvergütung	Schubert, Rolf Die steuerliche Problematik der Warenrückvergütung in: Die genossenschaftliche Rückvergütung. Beiträge und Aufsätze zum Genossenschafts-, Steuer- und Wettbewerbsrecht Karlsruhe 1961 (Quellen und Studien des Instituts für Genossenschaftswesen an der Universität Münster, Band 12)
Schultes	Schultes, Werner Preisdifferenzierung unter wettbewerbspolitischem Aspekt Köln 1963 (FIW-Schriftenreihe, Heft 14)

Schumpeter	Schumpeter, Joseph A. Kapitalismus, Sozialismus und Demokratie (Original New York 1942) Bern 1946
Schwartz	Schwartz, Gustav Vergessene Mißbrauchsaufsicht, Bundeskartellamt zwischen Pflicht und Neigung MA 1961, 853-856
Schwartz Kartelle	Schwartz, Louis B. Parallel action in oligopolistic markets. Economic and legal problems in: Kartelle und Monopole im modernen Recht, Band II S. 433-453 Karlsruhe 1961
Scitovsky	Scitovsky, Tibor Ignorance as a Source of Oligopoly Power. The American Economic Review, Papers and Proceedings, Hrsg. The American Economic Association Cambridge/Mass. Vol 40 (1950) S. 48-53
Seitz	Seitz, Tycho Preisführerschaft im Oligopol Köln 1965 (Annales Universitatis Saraviensis Heft 14)
Sölter Rabattkartell	Sölter, Arno Das Rabattkartell. Die wirtschaftlichen und rechtlichen Grundlagen einer Ordnung im Rabattwesen Düsseldorf 1955 (WuW-Schriftenreihe, Heft 3)
Spengler	Spengler, Albrecht Preisbindung und Barzahlungsrabatt MA 1954, 3-6/405-411
Spengler	Spengler, Albrecht Wettbewerbsrechtliche Probleme des Großhandels DB 1963, 1749-1751
v. Stackelberg	von Stackelberg, Heinrich Grundlagen der theoretischen Volkswirtschaftslehre, 2. Auflage 1945 (Photomechanischer Nachdruck) Tübingen/Zürich 1951
Tetzner	Tetzner, Heinrich Kartellrecht. Ein Leitfaden, 2. Auflage München 1967
Trescher	Trescher, Karl Ausschluß der Warenrückvergütung durch vertikale Preisbindung? BB 1959, 100-103

Trescher | Trescher, Karl
Genossenschaftliche Rückvergütung und vertikale Preisbindung
DB 1962, 1682-1685

Trescher Rückvergütung | Trescher, Karl
Preisrechtliche und wettbewerbsrechtliche Fragen im Zusammenhang mit der Warenrückvergütung in: Die genossenschaftliche Rückvergütung. Beiträge und Aufsätze zum Genossenschafts-, Steuer- und Wettbewerbsrecht
Karlsruhe 1961
(Quellen und Studien des Instituts für Genossenschaftswesen an der Universität Münster, Band 12)

Völp | Völp, Fromut
Diskriminierungsverbot und Kontrahierungszwang bei preisgebundenen Markenartikeln
MA 1961, 279-294

Völp | Völp, Fromut
Die Lückenlosigkeit der Preisbindung für Markenartikel
WRP 1958, 353-363

Völp | Völp, Fromut
Markenartikel und Kartellrecht
WRP 1958, 1-9

Völp | Völp, Fromut
Preisbindung und Warenrückvergütung
DB 1965, 1127-1131

Völp | Völp, Fromut
Skonti, Rabattmarken und Zugaben bei preisgebundenen Markenartikeln
WRP 1959, 7-13

Völp | Völp, Fromut
Das Verbot von Barzahlungsnachlässen und Zugaben bei preisgebundenen Markenwaren
MA 1960, 614-622

Völp | Völp, Fromut
Warenrückvergütung und Preisbindung auf der Großhandelsstufe
WuW 1959, 708,715

Völp Preisbindung | Völp, Fromut
Preisbindung für Markenartikel
Münster 1961
(Aschendorffs Juristische Handbücherei Band 66)

von Hahn	von Hahn, Helmuth Mißbrauch marktbeherrschender Stellungen. Zum Mißbrauchsbegriff des § 22 des Gesetzes gegen Wettbewerbsbeschränkungen. Gutachten BB 1959, 1279-1282
Weissbuch	Die vertikale Preisbindung im Kartellbericht der Bundesregierung. Ein Weissbuch des Markenverbandes e. V. Wiesbaden 1962
Westermann Rückvergütung	Westermann, Harry Die Rechtsnatur der Warenrückvergütung in: Die genossenschaftliche Rückvergütung. Beiträge und Aufsätze zum Genossenschafts-, Steuer- und Wettbewerbsrecht Karlsruhe 1961 (Quellen und Studien des Instituts für Genossenschaftswesen an der Universität Münster, Band 12)
Westrick	Westrick, Klaus Vertriebsbindungen bei Markenwaren WuW 1957, 757-762
Wirtschaftslexikon	Dr. Gablers Wirtschaftslexikon Hrsg. R. und H. Sellien, 6. Auflage / 2 Bände Wiesbaden 1965
Wörmer	Wörmer, Peter Vertikale Preisbindung Berlin 1962 (Volkswirtschaftliche Schriften, Heft 68)
Wolff I	Wolff, Hans-Julius Verwaltungsrecht I. Ein Studienbuch 7. Auflage München 1968
Woll in Festschrift für Wessels	Woll, Artur Zur wettbewerbspolitischen Bedeutung der Markttransparenz in: Theoretische und institutionelle Grundlagen der Wirtschaftspolitik Theodor Wessels zum 65. Geburtstag S. 199-217 Berlin 1967 (Quaestiones oeconomicae, Band 1)
Yamey	Yamey, B. S. (Hrsg.) Resale Price Maintenance Studies London 1966

Zeitschriftenverzeichnis

AcP (Band, Seite)	Archiv für die civilistische Praxis In Gemeinschaft mit Hans Dölle und Arthur Nikisch hrsg. von Hellmut Georg Isele Tübingen
BB (Jahr, Seite)	Der Betriebs-Berater Heidelberg
DB (Jahr, Seite)	Der Betrieb Wochenschrift für Betriebswirtschaft, Steuerrecht, Wirtschaftsrecht, Arbeitsrecht Düsseldorf
GRUR (Jahr, Seite)	Gewerblicher Rechtsschutz und Urheberrecht Zeitschrift der Deutschen Vereinigung für gewerblichen Rechtsschutz und Urheberrecht Weinheim
JuS (Jahr, Seite)	Juristische Schulung Zeitschrift für Studium und Ausbildung München
MA (Jahr, Seite)	Der Markenartikel Hrsg. Hans Lutz München
NJW (Jahr, Seite)	Neue Juristische Wochenschrift München
ORDO (Band, Seite)	ORDO Jahrbuch für die Ordnung von Wirtschaft und Gesellschaft Hrsg. Franz Böhm, Friedrich A. Lutz, Fritz W. Meyer Düsseldorf
WRP (Jahr, Seite)	Wettbewerb in Recht und Praxis mit Kartellrecht und Werberecht Frankfurt
WuW (Jahr, Seite)	Wirtschaft und Wettbewerb Zeitschrift für Kartellrecht, Wettbewerbsrecht und Marktorganisation Düsseldorf
ZHR (Band, Seite)	Zeitschrift für das gesamte Handelsrecht und Wirtschaftsrecht Hrsg. Kurt Ballerstedt, Ernst Steindorff Stuttgart